SPANISH   Made Simple

The Made Simple series
has been created
primarily for self-education
but can equally well
be used as
an aid to group study.
However complex the subject,
the reader is taken
step by step,
clearly and methodically
through the course. Each volume
has been prepared by
experts,
using throughout the
Made Simple technique of teaching.
Consequently the gaining
of knowledge now becomes
an experience to be enjoyed.

SPANISH   Made Simple

Eugene Jackson and
Antonio Rubio, Ph.D.

Advisory editors
Geoffrey Braithwaite, M.A.(Cantab.)
Juan Bartolomé

Made Simple Books

W. H. ALLEN   London

A division of Howard & Wyndham Ltd

© 1955 by Doubleday & Company, Inc., and completely
reset and revised 1969 by W. H. Allen & Company, Ltd.

Made and printed in Great Britain
by Butler & Tanner Ltd, Frome and London
for the publishers W. H. Allen & Co. Ltd.,
44 Hill Street, London W1X 8LB

First edition, April 1969
Reprinted, July 1972
Reprinted, September 1973
Reprinted, April 1975

ISBN 0 491 01011 7 Paperbound

Foreword

Spanish holds a key position amongst the world's languages today. It is spoken not only in Spain and the Spanish possessions but also in Central and South America (with the exception of Brazil, where Portuguese is spoken), in Cuba and the Dominican Republic, and it is one of the three official languages of the Philippines. With English, French, Russian and Chinese it is also an official language at the United Nations. It is a language of prime importance to businessmen, and its varied and rich literature provides its readers with infinite enjoyment.

Whatever his reasons for learning the language, the beginner will find *Spanish Made Simple*, with its bilingual dialogues, numerous illustrative drills, exercises and answer keys, the ideal book for self-instruction. The essential grammatical facts of Spanish grow naturally out of the conversations and reading texts. The facts are clearly explained. Nonessentials are omitted. This book is equally suitable for use as an introductory course in evening institutes and schools. The book's frequent well-laid-out revision lessons and reading passages will also be of especial help to those who wish to consolidate their already acquired notion of the language.

Spanish pronunciation is not difficult. As a guide to pronunciation the symbols of the widely accepted International Phonetic Alphabet are used. Once known, these symbols will also help the student in his study of other languages.

The student who conscientiously works through this book will have at his command the basic structures of the language and a vocabulary of some 1,500 words. He will have laid a solid foundation for further study of the language to GCE O-level and beyond, and for the enjoyment of reading Spanish literature in the original. When visiting Spain he will find that his efforts to acquire the language have been more than amply rewarded when he meets the warm-hearted and hospitable people of the Peninsula and can talk with them in their own language.

GEOFFREY BRAITHWAITE

Table of Contents

and tin wares—Raw materials—Present of volver, volver a hablar—
Use of acabar de.—Two ways of saying *and* and two ways of saying *or*.

CHAPTER 1

MEET THE SPANISH LANGUAGE

1 *Spanish is not a complete stranger*

On your introduction to the Spanish language you will be glad to learn that you already know or can guess the meaning of many Spanish words.

actor	piano	canal	principal
hotel	gratis	auto	hospital
error	animal	conductor	director
doctor			

Then there are many Spanish words whose spelling is only a bit different from like words in English, and whose meaning is easily recognized. Thus:

aire	centro	mula	conversación
air	*centre*	*mule*	*conversation*
arte	barbero	profesor	color
art	*barber*	*professor*	*colour*

Many Spanish verbs differ from corresponding English verbs only in the matter of ending. Thus:

declarar	admirar	informar	dividir
declare	*admire*	*inform*	*divide*
adorar	usar	defender	
adore	*use*	*defend*	

English has borrowed words directly from the Spanish with or without changes in spelling. Thus:

adobe	fiesta	patio	siesta
adobe	*fiesta*	*patio*	*siesta*
rodeo	lazo	tomate	rancho
rodeo	*lasso*	*tomato*	*ranch*

Spanish has borrowed words directly from the English. This is especially true in the field of sports. You will recognize these words even in their strange spellings.

rosbif	pudín	fútbol
roastbeef	*pudding*	*football*
mitin	tenis	golf
meeting	*tennis*	*golf*

1

The similarities between the Spanish and English vocabularies will be a great help to you in learning Spanish. However, you must bear in mind that words of the same or similar spelling in the two languages are pronounced differently. Also you must be on the lookout for some Spanish words which are alike or similar in spelling to English words, but different in meaning.

2 *Spanish is not difficult to pronounce and spell*

Spanish is a phonetic language. This means that words are spelled as they are pronounced. There are no silent letters in Spanish except **h**, which is always silent, and **u**, which is silent under certain circumstances. How much simpler this is than English, where such words as *height, knight, cough, rough, rogue, weigh, dough,* and a host of others, give so much difficulty to the foreigner learning English.

When you see the letter **a** in Spanish words like **Ana, mapa, sala,** you know it is pronounced like *a* in *father*, because Spanish **a** is always like *a* in *father*. It is never like *a* in *cat, all,* or *fame*. Like **a,** the other letters of the Spanish alphabet are an accurate guide to the pronunciation of the words.

In Chapter 2, the pronunciation of the Spanish sounds and their spelling is explained in detail. Most of the Spanish sounds have like sounds in English, or sounds so similar that they are easy to learn. The description of the sounds should enable you to pronounce them quite well. If possible you should get some Spanish-speaking person to help you with your pronunciation, for it is important for you to hear the sounds correctly spoken and to have your own pronunciation checked.

You can improve your pronunciation and understanding of the spoken word by listening to Spanish recordings and radio broadcasts, and seeing Spanish films.

CHAPTER 2

SPANISH PRONUNCIATION

This chapter contains many useful words and expressions. If you follow the instructions for pronunciation practice carefully, you will acquire many of these without difficulty. It is not necessary to try to memorize all of them at this point as they will appear again in later chapters when you will have the opportunity to learn them thoroughly. However, it is desirable to memorize at once the numbers and the days of the week as these serve to illustrate most of the Spanish sounds.

PARTE PRIMERA (FIRST PART)
THE SOUNDS OF SPANISH

The pronunciation of Spanish sounds given here is that of most educated Spaniards. There are, however, some variations in pronunciation in different parts of Spain and in Central and South America. Follow carefully the instructions given here and learn to distinguish between the different phonetic symbols, and you will have a very acceptable pronunciation. To perfect your pronunciation you should try to get a Spaniard to help you with all the sounds and to converse with you in Spanish.

The Vowels

Spanish words are pure, that is they are not diphthongs as they often are in English, where, for example, the *a* in *face* often sounds like the *eigh* in *weight*, or the *o* in *go* like the *ow* in *bow-tie*. Pay especial attention to these sounds described in table form on page 4.

Stress is marked in the phonetic pronunciation by the sign ' placed before the syllable to be stressed (see also Part Four of this chapter).

Spanish letter	Phonetic symbol	Description of Sound	Example	Phonetic transcription
a	(a)	like the *a* in father, even in unstressed positions (NEVER like the *a* in *face*, or *sofa*)	**cuatro** (four) **una** (one, fem.)	('kwa-tro) ('u-na)
e	(e)	a pure vowel, not a diphthong, like the *e* in *café* (NEVER like the *e* in *scene*, and NEVER silent)	**siete** (seven) **nueve** (nine)	('sje-te) ('nwe-ve) *or* ('nwe-βe)
i, y	(i)	like the *i* in *machine* (NEVER like the *i* in *fine*, or the *y* in *try*)	**cinco** (five) **muy** (very) **y** (and)	('θiŋ-ko) (mwi) (i)
o	(o)	a pure vowel, not a diphthong, like the *o* in *tom* (NEVER like the *o* in *won*)	**dos** (two) **ocho** (eight)	(ðos) ('o-tʃo)
u	(u)	a pure vowel, like the *u* in *rule* (NEVER like the *u* in *tune* or *up*)	**uno** (one, masc.) **(lunes)** (Monday)	('u-no) ('lu-nes)

The Semivowels

i, y and **u** are also semivowels when they occur in diphthongs

i, y	(j)	like *y* in *you* (Be careful not to confuse the phonetic symbol (j) with the Spanish letter **j**, which is a different sound, and is dealt with below.)	**seis** (six) **siete** (seven) **rey** (king) **yo** (I)	(sejs) ('sje-te) (rrej) (jo)
u	(w)	like *w* in *wife*	**cuatro** (four) **caudillo** (leader)	('kwa-tro) (kaw-'ði-ʎo)

The Consonants

Take especial care with those consonants that resemble familiar English ones, but whose pronunciation is different.

b	(b)	at the beginning of a word if this word is the first word in a sentence or is spoken after a pause, like the English *b* also when preceded by m or n	**bien** (well) **boca** (mouth) **hombre** (man)	(bjen) ('bo-ka) ('om-bre)

Spanish letter	Phonetic symbol	Description of sound	Example	Phonetic transcription
	(β)	like an English *b* pronounced with the lips slightly open, in all other positions and when it is the first letter of a word with no pause before it	**sábado** (Saturday) **febrero** (February) **la boca** (the mouth)	('sa-βa-ðo) (fe-'βre-ro) (la'βo-ka)

(If in doubt, pronounce both these sounds like the English *b*. Many Spaniards do not distinguish between **v** and **b** in pronunciation (see below).)

Spanish letter	Phonetic symbol	Description of sound	Example	Phonetic transcription
(c)	(θ)	like English *th* in *thin* before **e** or **i** (In some parts of Spain and in Central and S. America it is pronounced like the *c* in *centre*.)	**catorce** (fourteen) **cinco** (five)	(ka-'tor-θe) ('θiŋ-ko)
	(k)	like the *c* in *can* before any other letter	**octubre** (October) **cuatro** (four)	(ok-'tu-βre) ('kwa-tro)
ch	(ʧ)	like *ch* in *chin*. NB **ch** is a separate letter in Spanish and comes after **c** in a dictionary	**ocho** (eight) **coche** (car)	('oʧo) ('ko-ʧe)
d	(d)	after **n** it is similar to an English *d*, but it is pronounced with the tip of the tongue against the upper teeth	**cuando** (when) **con dolor** (with pain)	('kwan-do) (kon do'lor)
	(ð)	like *th* in *this* in all other positions	**Madrid** **después** (after)	(ma-'ðrið) (ðes-'pwes)
f	(f)	as English *f*	**febrero** (February)	(fe-'βre-ro)
g	(g)	in initial position, after **n** or a pause or before **a, o** or **u**, like *g* in *go*	**grande** (big) **ponga** (put, imperative) **gusto** (pleasure)	('gran-de) ('poŋ-ga) ('gus-to)
	(ɣ)	between two vowels or when it is the first letter of a word with no pause before it, like an English *g* pronounced with the lips slightly open, so that it is scarcely audible	**pago** (I pay) **la gota** (the drop)	('pa-ɣo) (la'ɣo-ta)
	(x)	before **e** or **i**, very close to the *ch* in *loch* or *bach*	**gigante** (giant) **general** (general)	(xi-'ɣan-te) (xe-ne-'ral)

(Do not confuse the phonetic symbol (x) with the Spanish letter **x**, which is a different sound and is dealt with below.)

Spanish letter	Phonetic symbol	Description of sound	Example	Phonetic transcription
h	—	always silent	**hombre** (man) **hoy** (today)	('om-bre) (oj)
j	(x)	as *ch* in *loch* or *bach*	**garaje** (garage)	(ɣa-'ra-xe)
		(Do not confuse the Spanish letter **j** with the phonetic symbol (j) (see above), they represent two different sounds.)	**jamón** (ham)	(xa-'mon)
k	(k)	as in English, it occurs in a few words only and is not a true Spanish letter	**kilo** (kilogramme) **kilómetro** (kilometre)	('ki-lo) (ki-'lo-me-tro)
l	(l)	as in English	**lana** (wool)	('la-na)
ll	(ʎ)	as *lli* in *million* (in some parts of Spain and in other Spanish-speaking countries it is pronounced like the *y* in *you*) NB ll is a separate letter in Spanish, and comes after *l* in dictionaries	**calle** (street) **llamar** (to call)	('ka-ʎe) (ʎa-'mar)
m	(m)	as in English	**madre** (mother)	('ma-ðre)
n	(n)	similar to English *n*, but pronounced with the tip of the tongue touching the upper teeth	**cuando** (when)	('kwan-do)
	(ŋ)	like the *n* in *ink* before the sounds (k), (g) and (x)	**cinco** (five) **ángel** (angel) **pongo** (I put)	('θiŋ-ko) ('aŋ-xel) ('poŋ-go)
ñ	(nj)	as *ni* in *onion* NB this is a separate letter in Spanish, and comes after n in a dictionary	**mañana** (tomorrow)	(ma-'nja-na)
p	(p)	similar to the English *p*, but without the little puff of breath that follows the sound in English	**padre** (father)	('pa-ðre)
qu	(k)	as English *k*	**quince** (fifteen)	('kin-θe)

Spanish letter	Phonetic symbol	Description of sound	Example	Phonetic transcription
r	(r)	slightly trilled, except at the beginning of a word when this word begins a sentence or is spoken after a pause	sombrero (hat) la ropa (the clothing)	(som-'bre-ro) (la 'ro-pa)
	(rr)	similar to the *rr* in the exclamation of cold *brr!*, it is very strongly trilled when r is the first letter of a word when this word begins a sentence or when it is spoken after a pause, see example	Roberto dijo: soy Roberto (Robert said: I am Robert)	(rro-'βer-to 'ði-xo soj ro-'βerto)
rr	(rr)	the same sound as above NB the letter rr never begins a word; it is a separate letter, and comes after r in dictionaries	error (error) jarro (jug)	(e-'rror) ('xa-rro)
s	(s)	like the English *s* in *sat*	blusas (blouses) sastre (tailor)	('blu-sas) ('sas-tre)
	(z)	before b, d, m and sometimes l, like the z in *zoo*	las blusas (the blouses) desde (since)	(laz 'blu-sas) ('ðez-ðe)
t	(t)	similar to the English *t* but with the tip of the tongue against the upper teeth	tostada (toast)	(tos-'ta-ða)
v	(v)	similar to the English *v*, but many Spaniards do not make any distinction between this sound and (b) and (β); both pronunciations will be indicated in the phonetic transcriptions in this book	vivo (I live) viaje (journey)	('vi-vo) ('vja-xe) you will also hear: ('bi-βo) and ('bja-xe)
x	(ks) (s)	as *x* in *extra* between vowels as *s* in *sit*, in the prefix ex- followed by a consonant (Do not confuse the Spanish letter x with the phonetic symbol (x), they represent two entirely different sounds.)	examen (exam) excepto (except) explicar (to explain)	(ek-'sa-men) (es-'θep-to) (es-pli-'kar)
z	(θ)	as *th* in *think* (In some parts of Spain and in other Spanish-speaking countries it is pronounced like the *s* in *sit*.)	diez (ten) zumo (juice)	(ðjeθ) ('θu-mo)

PARTE SEGUNDA (SECOND PART)

The Numbers 1–21—The Days of the Week

Among the most important words in any language are the numbers. Let us start by learning the Spanish numbers 1–21. These numbers illustrate many of the Spanish sounds.

Pronounce each number aloud five times. Stress (emphasize) the syllable preceded by the mark ^{1}.

1 **uno** (^{1}u-no) *masculine*
  una (^{1}u-na) *feminine*
2 **dos** (ðos)
3 **tres** (tres)
4 **cuatro** (^{1}kwa-tro)
5 **cinco** (^{1}θiŋ-ko)
6 **seis** (sejs)
7 **siete** (^{1}sje-te)
8 **ocho** (^{1}o-tʃo)
9 **nueve** (^{1}nwe-ve) or (^{1}nwe-βe)
10 **diez** (ðjeθ)
11 **once** (^{1}on-θe)

12 **doce** (^{1}ðo-θe)
13 **trece** (^{1}tre-θe)
14 **catorce** (ka-^{1}tor-θe)
15 **quince** (^{1}kin-θe)
16 **diez y seis** (ðjeθ i sejs)
17 **diez y siete** (ðjeθ i ^{1}sje-te)
18 **diez y ocho** (ðjeθ i ^{1}o-tʃo)
19 **diez y nueve** (ðjeθ i ^{1}nwe-ve) or
  (ðjeθ i ^{1}nwe-βe)
20 **veinte** (^{1}vejn-te) or (^{1}bejn-te)
21 **veinte y uno** (^{1}vejn-te i ^{1}u-no) or
  (^{1}bejn-te i ^{1}u-no)

(The numerals from 16 to 19 and 21 to 29 may also be written in one word: **dieciséis diecisiete, dieciocho, diecinueve, veintiuno, veintidós, veintitrés, veinticuatro, veinticinco, veintiséis, veintisiete, veintiocho, veintinueve.** Note: the change into **c** of the **z** in **diez; veinte** loses its final **e**; as these combinations make one word each, the -*dós*, -*trés* and -*séis* are written with an accent to emphasize the stress on the last syllable—otherwise the stress would, according to the rules, be on the next-to-the-last syllable.)

Days of the Week and Months of the Year

Practise aloud and memorize

domingo (ðo-^{1}miŋ-go)	Sunday
lunes (^{1}lu-nes)	Monday
martes (^{1}mar-tes)	Tuesday
miércoles (^{1}mjer-ko-les)	Wednesday
jueves (^{1}xwe-ves) or (^{1}xwe-βes)	Thursday
viernes (^{1}vjer-nes) or (^{1}bjer-nes)	Friday
sábado (^{1}sa-βa-ðo)	Saturday
enero (e-^{1}ne-ro) .	January
febrero (fe-^{1}βre-ro)	February
marzo (^{1}mar-θo)	March
abril (a-^{1}βril)	April

mayo (ˈma-jo)	May
junio (ˈxu-njo)	June
julio (ˈxu-ljo)	July
agosto (a-ˈɣos-to)	August
septiembre (sep-ˈtjem-bre)	September
octubre (ok-ˈtu-βre)	October
noviembre (no-ˈvjem-bre)	
or (no-ˈβjem-bre)	November
diciembre (ði-ˈθjem-bre)	December

PARTE TERCERA (THIRD PART)

Useful Expressions for the Traveller

Here are some key words which every traveller needs:

1 **por favor** (por fa-ˈvor) or (por fa-ˈβor) please. This is most handy for introducing a question or request.

2 **señor** (se-ˈnjor) Mr., sir; **señora** (se-ˈnjo-ra) Mrs., madam; **señorita** (se-njo-ˈri-ta) Miss. It's polite to follow your **por favor** with one of these. **Por favor, señor, etc.**

3 **¿Cuánto cuesta?** (ˈkwan-to ˈkwes-ta) How much does it cost? For short, **¿Cuánto?** will do.

In this connection the following words are handy: **Es caro** (es ˈka-ro) It is dear. **Más barato** (maz βa-ˈra-to) cheaper.

NOTE: Spanish questions begin with an inverted question mark.

4 **¿Dónde está —?** (ˈðon-de es-ˈta) Where is —?

5 **Quiero** (ˈkje-ro) I want. **Deseo** (ðe-ˈse-o) I want. If you begin with **Por favor,** you won't sound too abrupt.

6 **¿A qué hora?** (a ke ˈo-ra) At what time? The Spanish says: At what hour?

REMEMBER: h in Spanish is always silent.

7 **Muchas gracias** (ˈmu-tʃaz ˈɣra-θjas) Many thanks. Thank you very much.

8 **De nada** (ðe ˈna-ða) or **No hay de qué** (no aj ðe ke). Don't mention it or you're welcome. You'll hear either of these in reply to your **gracias.**

9 **¿Cómo se llama usted?** (ˈko-mo se ˈʎa-ma us-ˈteð) What's your name? The Spanish says: What do you call yourself?

10 **Me llamo ...** (me ˈʎa-mo) My name is ... The Spanish says: I call myself ...

Some Useful Words

Repeat aloud, three times, the words listed under each heading. Then repeat each word with the heading under which it is listed. Thus:

¿Cuánto cuesta la alfombra? etc.   **¿Dónde está la Calle A? etc.**

¿Cuánto cuesta . . .?

1 la alfombra (al-ˈfom-bra) rug
2 el echarpe (e-ˈtʃar-pe) shawl
3 el sombrero (som-ˈbre-ro) hat
4 la blusa (ˈblu-sa) blouse
5 la camisa (ka-ˈmi-sa) shirt
6 el vestido (ves-ˈti-ðo) or (bes-ˈti-ðo) clothing
7 la cesta (ˈθes-ta) basket
8 el plato (ˈpla-to) plate
9 el jarro (ˈxa-rro) pitcher, jug
10 el coche (ˈko-tʃe) car

¿Dónde está . . .?

1 la Calle de Goya (ˈka-ʎe ðe ˈyo-ja) Goya Street
2 la Avenida de José Antonio (a-ve-ˈni-ða ðe xo-ˈse an-ˈto-njo) Jose Antonio Avenue
3 el hotel (o-ˈtel) hotel
4 los servicios de señores (ser-ˈvi-θjos) or (ser-ˈβi-θjos) men's toilet, also el lavabo de caballeros
5 los servicios (el lavabo) de señoras ladies' toilet
6 el correo (ko-ˈrre-o) post office
7 el museo (mu-ˈse-o) museum
8 el agente (a-ˈxen-te) agent
9 la oficina (o-fi-ˈθi-na) office
10 el garaje (ya-ˈra-xe) garage

NOTE: g, before e or i, is pronounced like Spanish j. Before any other letter it is hard as in *goat*.

Quiero . . . Deseo . . .

1 un cuarto con baño (ˈkwar-to kom ˈba-njo) a room with bath
2 agua caliente (ˈa-ɣwa ka-ˈljen-te) hot water
3 el jabón (xa-ˈβon) soap
4 toallas (to-ˈa-ʎas) towels
5 el menú (me-ˈnu) menu
6 la cuenta (ˈkwen-ta) bill
7 la revista (rre-ˈvis-ta) or (rre-ˈβis-ta) magazine
8 el periódico (pe-ˈrjo-ði-ko) newspaper
9 telefonear (te-le-fo-ne-ˈar) to telephone
10 cambiar dinero (kam-ˈbjar ði-ˈne-ro) to change money

Me llamo . . .

1 el señor Gómez (ˈyo-meθ) Mr. Gómez
2 la señora Gómez Mrs. Gómez
3 Pablo (ˈpa-βlo) Paul
4 Felipe (fe-ˈli-pe) Philip
5 Roberto (rro-ˈβer-to) Robert
6 José (xo-ˈse) Joseph
7 Juan (xwan) John
8 Isabel (i-sa-ˈβel) Isabelle
9 Ana (ˈa-na) Anna
10 María (ma-ˈri-a) Mary

The Numbers 20 to 100

Practise aloud:

20 veinte (ˈvejn-te) (ˈβejn-te)
22 veinte y dos
30 treinta (ˈtrejn-ta)
33 treinta y tres
40 cuarenta (kwa-ˈren-ta)
44 cuarenta y cuatro

50	cincuenta (θin-'kwen-ta)	80	ochenta (o-'tʃen-ta)
55	cincuenta y cinco	88	ochenta y ocho
60	sesenta (se-'sen-ta)	90	noventa (no-'ven-ta) or
66	sesenta y seis		(no-'βen-ta)
70	setenta (se-'ten-ta)	99	noventa y nueve
77	setenta y siete	100	ciento ('θjen-to), cien (θjen)

NOTE: **veinte y dos** can be made into one word **veintidós**, as can the numerals 23–29. Higher numerals cannot be thus contracted.

Practise aloud:

10	diez alfombras	60	sesenta vestidos
20	veinte echarpes	70	setenta cestas
30	treinta sombreros	80	ochenta platos
40	cuarenta blusas	90	noventa jarros
50	cincuenta camisas	100	cien garajes

NOTE: **cien** is used instead of **ciento** before a noun.

PARTE CUARTA (FOURTH PART)

The Stress in Spanish Words

The stressed syllable of a word is the syllable which is emphasized. In the word *father*, the syllable *fa-* gets the stress; in *alone*, *-lone* gets the stress; in *education*, the stressed syllable is *-ca-*. There are no good rules for stress in English.

In Spanish there are three simple rules by means of which you can tell which syllable of a word is stressed. They are:

RULE 1. If a word ends in **a o u e i n** or **s**, the next-to-the-last syllable is stressed.

som-**bre**-ro   a-ve-**ni**-da   **sie**-te   **quin**-ce   **lu**-nes   se-**ño**-ra
e-**char**-pe   **en**-tran

RULE 2. If a word ends in any consonant except **n** or **s**, the last syllable is stressed.

se-**ñor**   ho-**tel**   fa-**vor**   I-sa-**bel**   us-**ted**   cam-**biar**
te-le-fo-ne-**ar**

RULE 3. If the stress does not follow Rules 1 or 2, an accent mark shows which syllable is stressed.

sá-ba-do   **miér**-co-les   **Gó**-mez   ja-**bón**   Jo-**sé**   mi-**llón**

Dialogues for Pronunciation Practice

Directions for study of Dialogues.

1 Read the Spanish text silently, sentence by sentence, using the English translation to get the meaning.

2 Practise aloud the words which follow the text under the heading 'Practise These Words'.

3 Finally read the whole Spanish text aloud several times.

Diálogo 1 ('ðja-lo-ɣo)
¿Cómo está usted?

1 Buenos días, señor López. ¿Cómo está usted?
2 Muy bien, gracias. ¿Y usted?
3 Muy bien, gracias. ¿Y cómo está la señora López?
4 Muy bien, gracias. ¿Y cómo están su padre y su madre?
5 Muy bien, gracias. Hasta la vista, señor López.
6 Hasta mañana, Felipe.

How Are You?

1 Good day, Mr. López. How are you?
2 Very well, thank you. And you?
3 Very well, thank you. And how is Mrs. López?
4 Very well, thank you. And how are your father and mother?
5 Very well, thank you. Good-bye, Mr. López.
6 Until tomorrow, Philip.

Practise these Words

1 **Buenos días** ('bwe-noz 'ði-as). In this case pronounce the s of **buenos** like the English z instead of like the usual s sound.
2 **muy bien** (mwi βjen) **gracias** ('ɣra-θjas)
3 **cómo** ('ko-mo) **están** (es-'tan)
4 **padre** ('pa-ðre) **madre** ('ma-ðre)
5 **hasta la vista** ('as-ta la 'vis-ta)
6 **usted** (us-'teð)
7 **hasta** ('as-ta)

Diálogo 2
Los días de la semana   The Days of the Week

1 ¡Oiga, Jaime! ¿Cuántos días hay en una semana?
2 En una semana hay siete días.
3 Bueno. Dígame, los siete días, por favor.
4 Los siete días de la semana son lunes, martes, miércoles, jueves, viernes, sábado y domingo.
5 Muy bien. ¡Oiga, Jorge! ¿Qué día es hoy?
6 Hoy es lunes. Mañana, martes.
7 Carlos, ¿sabe usted los números desde el uno hasta el doce?

8 Sí, señor, los números son uno, dos, tres, cuatro, cinco, seis, siete, ocho, nueve, diez, once, doce.
9 Muy bien, Carlos.

1 Listen, James. How many days are there in one week?
2 There are seven days in one week.
3 Good. Tell me, please, the seven days.
4 The seven days of the week are Monday, Tuesday, Wednesday, Thursday, Friday, Saturday and Sunday.
5 Very good. Listen, George. What day is today?
6 Today is Monday. Tomorrow, Tuesday.
7 Charles, do you know the numbers from one to twelve?
8 Yes, sir, the numbers are one, two, three, four, five, six, seven, eight, nine, ten, eleven, twelve.
9 Very good, Charles.

Practise these Words

1 Oiga ('oj-ɣa) oi in Spanish is like *oi* in *oil*.
2 hoy (oj) oy is like Spanish oi
3 hay (aj) and ai are like *ai* in *aisle*.
4 semana (se-'ma-na)
5 dígame ('ði-ɣa-me)
6 Jorge ('xor-xe)
7 sabe ('sa-βe)
8 desde ('ðez-ŏe)

Diálogo 3
¿Habla usted español?   Do You Speak Spanish?

1 ¿Habla usted español, Claudio?
2 Sí, señor, yo[1] hablo español.
3 ¿Habla Pancho español?
4 Sí, señor, él habla español bien.
5 ¿Habla Paulina español?
6 Sí, señor, ella habla español bien.
7 ¿Habla ella inglés también?
8 No, señor, ella no habla inglés.
9 ¿Es Pablo español?
10 Sí, señor, él es español.

1 Do you speak Spanish, Claude?
2 Yes, sir, I speak Spanish.
3 Does Frank speak Spanish?
4 Yes, sir, he speaks Spanish well.
5 Does Pauline speak Spanish?
6 Yes, sir, she speaks Spanish well.
7 Does she speak English also?
8 No, sir, she does not speak English.

9 Is Paul Spanish?

10 Yes, sir, he is Spanish.

NOTE: 1. The subject pronouns **yo** I, **él** he, **ella** she, are usually omitted in Spanish. They are used here for emphasis. You will learn more about this later.

Practise these Words

1 **español** (es-pa-'njol)

2 **hablo** ('a-βlo), **habla** ('a-βla)

3 **yo** (jo), **él** (el), **ella** ('e-ʎa), **usted** (us-'teð) or (us-'te)

4 **Paulina** (paw-'li-na)

NOTE: **el** (without the accent) = the (masc. sing.); **él** (with the accent) = he.

Diálogo 4

¿Cómo se llama Vd.?   What Is Your Name?

1 ¿Cómo se llama Vd., joven?

2 Me llamo Pablo Rivera.

3 ¿Dónde vive Vd.?

4 Vivo en la calle de Jorge.

5 ¿Cuántas personas hay en su familia?

6 Hay cinco personas, mi padre, mi madre, mi hermano Carlos, mi hermana Ana, y yo.

7 Vd. habla bien el español. ¿Estudia Vd. la lengua en la escuela?

8 Sí, señor. Además hablamos español en casa. Mis padres son españoles

9 Adiós, Pablo.

10 Adiós, señor.

1 What is your name, young man?

2 My name is Paul Rivera.

3 Where do you live?

4 I live in George Street.

5 How many persons are there in your family?

6 There are five persons, my father, my mother, my brother Charles, my sister Anna, and I.

7 You speak Spanish well. Are you studying the language in school?

8 Yes, sir. Besides, we speak Spanish at home. My parents are Spanish.

9 Good-bye, Paul.

10 Good-bye, sir.

NOTE: **Vd.** is the normal abbreviation of **usted**. Originally this word is a contraction of **vuestra merced** = your honour. **Ud.** is also found.

Practise these Words

1 llama (ˈʎa-ma) calle (ˈka-ʎe)
2 joven (ˈxo-ven) or (ˈxo-βen)
  Rivera (rri-ˈve-ra) or (rri-ˈβe-ra)
3 vive (ˈvi-ve) or (ˈbi-βe)
  vivo (ˈvi-vo) or (ˈbi-βo)
4 personas (per-ˈso-nas) familia
  (fa-ˈmi-lja)
5 padre (ˈpa-ðre) madre (ˈma-ðre)

6 mi hermana (mi er-ˈma-na)
7 estudia (es-ˈtu-ðja) lengua
  (ˈleŋ-gwa)
8 en la escuela (en la es-ˈkwe-la)
9 hablamos (a-ˈβla-mos)
10 además (a-ðe-ˈmas)
11 españoles (es-pa-ˈnjo-les)
12 adiós (a-ˈðjos)

CHAPTER 3

¿QUIÉN ES LA SEÑORA ADAMS?

You now have a good working knowledge of Spanish pronunciation and are ready for a more intimate study of the language. However, pronunciation must at no time be neglected. Practise conscientiously the pronunciation aids after each conversational text and follow all directions for reading aloud and speaking. Remember: the only way you can learn to speak a language is by speaking it.

This chapter will introduce you to Mrs. Adams, a London business-woman who is eager to learn Spanish. You will also meet her teacher, Señor López, a Spaniard living in London. As he teaches Mrs. Adams he will also teach you in a pleasant and interesting way.

So **Buena Suerte** (Good Luck) and **Buen Viaje** (Happy Voyage) as you accompany Mrs. Adams on the road which leads to a practical knowledge of the Spanish language.

PARTE PRIMERA

¿Quién es la señora Adams?　Who is Mrs. Adams?
Instrucciones para estudiar　Instructions for study

1 Read the Spanish text silently, referring to the English only when necessary to get the meaning.
2 Cover up the English text and read the Spanish text silently.
3 Study the Pronunciation and Spelling Aids which follow the text. Then read the Spanish text aloud, pronouncing carefully.
4 Study the section 'Building Vocabulary'.
5 Do the exercise 'Completion of Test'.
6 Proceed to Parte Segunda (Part Second).
7 Follow these instructions with the conversational texts in succeeding chapters.

　1 La señora Adams es una comerciante de Londres. Es inglesa.
　2 Vive con su familia en uno de los suburbios de la ciudad.
　3 En la familia Adams hay seis personas: el padre, el señor Adams; la madre, la señora Adams; dos hijos, y dos hijas. El señor Adams es un hombre de cuarenta años de edad. La señora Adams es una mujer de treinta y cinco años.
　4 Los hijos se llaman Felipe y Guillermo. Las hijas se llaman Rosita y Anita.

16

5 La casa de la señora Adams tiene diez cuartos: el comedor, la sala, la cocina, cinco dormitorios y dos cuartos de baño. Hay también un vestíbulo.

6 Es una casa particular, y todos los cuartos están en un piso.

7 La oficina de la señora Adams está en la calle de Oxford.

8 Está en el quinto piso de un edificio muy grande.

9 El lunes, el martes, el miércoles, el jueves, y el viernes, la señora Adams va en tren a su oficina en la ciudad.

10 Allí trabaja activamente todo el día.

1 Mrs. Adams is a businesswoman of London. She is English.[1]

2 She lives with her family in one of the suburbs of the city.

3 In the Adams family there are six persons: the father, Mr. Adams; the mother, Mrs. Adams; two sons, and two daughters. Mr. Adams is a man forty years of age. Mrs. Adams is a woman of thirty-five years.

4 The sons are named Philip and William. The daughters are named Rosie and Annie.[2]

5 The house of Mrs. Adams has ten rooms: the dining-room, the living-room, the kitchen, five bedrooms, and two bathrooms. There is also a hall.

6 It is a private house and all the rooms are on one floor.

7 The office of Mrs. Adams is in Oxford Street.

8 It is on the fifth floor of a very big building.

9 On Monday, Tuesday, Wednesday, Thursday and Friday, Mrs. Adams goes by train to her office in the city.

10 There she works diligently all day.

NOTE: 1. *England* is **Inglaterra,** *English* = **inglés** (masculine singular), **inglesa** (feminine singular), **ingleses** (m. plural), **inglesas** (f. plural), *Scotland, Scottish* = **Escocia;** **escocés, escocesa.** *Ireland, Irish* = **Irlanda;** irlandés, irlandesa. *Wales, Welsh* = **el País de Gales;** **galés, galesa.** *Great Britain* = **Gran Bretaña.** 2. Literally (word for word): The sons call themselves Philip and William. The daughters call themselves Rosie and Annie. *Lit.* will be used hereafter as an abbreviation for literally.

Pronunciation Aids

1 Practise aloud:

instrucciones (in-struk-ˈθjo-nes)

comerciante (co-mer-ˈθjan-te)

familia (fa-ˈmi-lja)

inglesa (iŋ-ˈgle-sa)

suburbios (su-ˈβur-βjos)

comedor (ko-me-ˈðor)

dormitorio (ðor-mi-ˈto-rjo)

Guillermo (ɣi-ˈʎer-mo)

particular (par-ti-cu-ˈlar)

oficina (o-fi-ˈθi-na)

calle (ˈka-ʎe)

vestíbulo (ves-ˈti-βu-lo) or (bes-ˈti-βu-lo)

2 The **u** in **gui** (Gui-ller-mo) is silent. Its purpose is to show that the **g** is hard as in *gold*. Without silent **u**, it would be like **g** in **gente** ('xen-te). Remember: **g** before **e** or **i** is pronounced like Spanish **j**.

Building Vocabulary

A. La Familia   The Family

el padre	the father	el hermano	the brother
la madre	the mother	la hermana	the sister
el hijo	the son	el tío	the uncle
la hija	the daughter	la tía	the aunt
el niño	the child (little boy)	el señor	the gentleman, Mr.
la niña	the child (little girl)	la señora	the lady, Mrs.
el muchacho	the boy (teenage)	el hombre	the man
la muchacha	the girl (teenage)	la mujer	the woman, wife

B. Los Cuartos de la Casa   The Rooms of the House

el comedor	the dining-room	el dormitorio	the bedroom
la sala	the living-room	el cuarto de baño	the bathroom
la cocina	the kitchen	el vestíbulo	the vestibule
el cuarto	the room		

Expresiones Importantes   Important Expressions

en tren   by train   **todo el día**   all day

Exercise No. 1—Completion of Text

For maximum benefit follow these instructions carefully in all 'Completion of Test' exercises.

1 Complete each sentence by putting the English words into Spanish. Where you can, do this from memory.

2 If you do not remember the words refer to the Spanish text. There you will find the words in the order of their appearance in the sentences. You have only to re-read the text to find them easily.

3 When you have completed the sentence with the needed words, read the complete sentence aloud in Spanish.

4 It will be a great help to your memory if you write each completed sentence. This is true for all exercises.

5 The correct Spanish words for the 'Completion of Text' exercises are in the Answer Section of this book, along with the answers to all other exercises. Check all your answers.

WARNING: Never refer to the English text when you do the 'Completion of Text' exercise.

Ejemplo (Example): **1. La señora Adams es una comerciante de Londres.**

1 **La señora Adams es una** (businesswoman) **de Londres.**
2 ¿(Who) **es la señora Adams?**
3 **Vive** (with) **su familia.**
4 **El señor Adams es el** (father).
5 **La señora Adams es la** (mother).
6 (There are) **seis personas.**
7 **Los hijos** (are called) **Felipe y Guillermo.**
8 **En** (her) **familia hay seis personas.**
9 **Es una casa** (private).
10 (All the rooms) **están en un piso.**
11 **La oficina está en el quinto** (floor)
12 **Está en la** (street) **de Oxford.**
13 **El edificio es** (big).
14 (There) **trabaja la señora Adams** (all day).
15 **Su oficina está en la** (city).

PARTE SEGUNDA

Grammar Notes

1 *The Definite Article.* Note the four forms of the definite article.

	masculine		feminine	
Singular:	**el** padre	*the* father	**la** madre	*the* mother
Plural:	**los** padres	*the* fathers	**las** madres	*the* mothers

The definite article has four forms. These agree with their nouns in number and gender.

2 *The Gender of Nouns*

(a) Nouns are either masculine or feminine in gender. This is true for thing-nouns as well as person-nouns. Thus:

el señor	**el hijo**	**el cuarto**	**el piso**	**el comedor**
la señora	**la hija**	**la sala**	**la calle**	**la casa**

(b) Nouns ending in **-o** are usually masculine. Nouns ending in **-a** are usually feminine.

(c) The definite article must be repeated before each noun to which it refers. Thus: **el** padre y **la** madre *the* father and mother.

(d) Many nouns for persons have a masculine form in **-o** and a feminine form in **-a**. Thus: **el hermano** the brother, **la hermana** the sister; **el muchacho** the boy, **la muchacha** the girl; **el tío** the uncle, **la tía** the aunt; **el esposo (marido)** the husband, **la esposa (mujer)** the wife.

B

3 *The Plural of Nouns.* Note the singular and plural of the following nouns.

el padre	**el hermano**	**la casa**	**la mujer**
los padres[1]	**los hermanos**	**las casas**	**las mujeres**
el señor	**la ciudad**		
los señores	**las ciudades**		

To form the plural of nouns add -s if the nouns end in a vowel. Add **-es** if the nouns end in a consonant.

NOTE: 1. **los padres** means either *the fathers*, or *the parents*; **los hermanos** *the brothers*, or *brother(s) and sister(s)*; **los hijos** *the sons, son(s) and daughter(s)*, or *children*. In such words the plural masculine may include both genders.

4 *The Indefinite Article.* Note the four forms of the indefinite article.

un cuarto	*a room*	**una** casa	*a house*
unos cuartos	*some rooms*	**unas** casas	*some houses*

un *a* or *one*, is used before a masculine noun; **una** *a* or *one*, before a feminine noun; **unos** *some*, before a masculine plural; **unas** *some*, before a feminine plural.

5 *Some Common Verbs*

es	(he, she, it) is	**vive**	(he, she, it) lives
está	(he, she, it) is (located)	**tiene**	(he, she, it) has
están	(they) are (located)	**se llaman**	they are named, or their
hay	there is, there are		names are (*Lit.* they call themselves)

NOTE. 1. The subject pronouns corresponding to *he, she, it* and *they*, are usually omitted in Spanish, since the ending of the verb indicates the subject pronoun quite clearly. 2. **es** indicates an intrinsic, permanent quality of a person or thing: **es inglés, es simpático**, etc. Está, as well as indicating location, also shows a temporary quality or state: **está en Londres, está cansado** = he is tired (but he will not always be tired).

PARTE TERCERA

Ejercicios (Exercises) No. 2A–2B–2C

2A. Replace the English articles by the correct Spanish articles.

Ejemplo: (La) familia Adams vive en Londres.

1 (The) **familia Adams vive en Londres.**
2 **Londres es** (a) **ciudad grande.**
3 (The) **casa está en** (the) **suburbios.**
4 (The) **padre es el señor Adams;** (the) **madre es la señora Adams.**

5 Anita es (a) hija; Felipe es (a) hijo.
6 (The) dormitorio es grande.
7 (The) cuartos están en (one) piso.
8 (Some) muchachos están en (the) sala; (some) muchachas están en (the) cocina.
9 (The) niños están en (the) calle.
10 (The) hermanos y (the) hermanas están en (the) ciudad.

2B. Change the following nouns into the plural.

1 la calle	5 el dormitorio	9 la sala	13 la mujer
2 el comedor	6 la cocina	10 la hija	14 el hombre
3 el cuarto	7 la madre	11 la ciudad	15 el tío
4 el señor	8 el padre	12 el año	

2C. Translate into Spanish:

1 Mrs. Adams is English.
2 She lives in London.
3 There are six persons in the family.
4 The house has six rooms.
5 It is a private house.
6 Mrs. Adams is the mother.
7 Mr. Adams is the father.
8 The office is in Oxford Street.
9 She goes by train to the city.
10 There she works all day.

Exercise No. 3

Preguntas Questions   Respuestas Answers

Study and read aloud the questions and answers. Note: (a) the question words; (b) the inverted question mark which begins all Spanish questions; (c) the omission of subject pronouns in Spanish.

1 ¿Quién es la señora Adams?
  Es una comerciante de Londres.
2 ¿Es inglesa?
  Sí, señor, es inglesa.
3 ¿Dónde vive la señora Adams?
  Vive en los suburbios de la ciudad.
4 ¿Cuántas personas hay en su familia?
  Hay seis personas en su familia.
5 ¿Cómo se llaman sus hijos?
  Se llaman Felipe y Guillermo.
6 ¿Cómo se llaman sus hijas?
  Se llaman Rosita y Anita.
7 ¿Cuántos cuartos tiene la casa de la señora Adams?
  Tiene diez cuartos.
8 ¿Dónde están todos los cuartos?
  Están en un piso.

9 ¿En qué calle está la oficina de la señora Adams?
   Está en la calle de Oxford.
10 ¿Es grande el edificio?
   Sí, señor, es muy grande.

1 Who is Mrs. Adams?
   She is a businesswoman of London.
2 Is she English?
   Yes, sir, she is English.
3 Where does Mrs. Adams live?
   She lives in the suburbs of the city.
4 How many persons are there in her family?
   There are six persons in her family.
5 What are the names of her sons?
   They are named Philip and William.
6 What are the names of her daughters?
   They are named Rosie and Annie.
7 How many rooms has the house of Mrs. Adams?
   It has seven rooms.
8 Where are all the rooms?
   They are on one floor.
9 In what street is the office of Mrs. Adams?
   It is in Oxford Street.
10 Is the building big?
   Yes, sir, it is very big.

CHAPTER 4

¿POR QUÉ ESTUDIA EL ESPAÑOL?

PARTE PRIMERA

Instrucciones para estudiar. (See Chapter 3)

1 La Sra. Adams es importadora.

2 Importa objetos de arte y otros artículos de España.

3 En primavera la Sra. Adams va a hacer un viaje a España. Desea visitar a su agente en Madrid. Desea hablar con él en español.

4 También desea ver unos lugares de interés en España. Espera además ir a Tenerife, y tal vez a las otras Islas Canarias.

5 La Sra. Adams sabe leer el español un poco. Pero no habla español. Por eso estudia la lengua.

6 Su profesor es el Sr. López.

7 El Sr. López, amigo del Sr. y de la Sra. Adams, es español. Es un hombre de cuarenta y cinco años de edad.

8 Los martes y los jueves la Sra. Adams y el Sr. López tienen una cita, casi siempre en la casa de la Sra. Adams. Allí hablan español.

9 El Sr. López es un buen profesor.

10 La Sra. Adams es muy inteligente y aprende rápidamente.

11 En la primera conversación aprende de memoria este diálogo:

12 Buenos días, Sr. López. ¿Cómo está Vd?
Muy bien, gracias. ¿Y Vd?
Muy bien, gracias.

13 La Sra. Adams aprende también unos saludos y unas despedidas.

14 Buenos días. Buenas tardes. Buenas noches.

15 Adiós. Hasta la vista. Hasta luego. Hasta mañana.

1 Mrs. Adams is an importer.

2 She imports art objects and other articles from Spain.

3 In the spring Mrs. Adams is going to make a trip to Spain. She wants to visit her agent in Madrid. She wants to speak with him in Spanish.

4 She also wants to see some places of interest in Spain. She expects, moreover, to go to Tenerife, and perhaps to the other Canary Islands.

5 Mrs. Adams knows how to read Spanish a little. But she does not speak Spanish. Therefore she is studying the language.

6 Her teacher is Mr. López.

7 Mr. López, a friend of Mr. and Mrs. Adams, is a Spaniard. He is a man of forty-five.

8 On Tuesdays and Thursdays Mrs. Adams and Mr. López have an appointment, almost always in the house of Mrs. Adams. There they speak Spanish.

9 Mr. López is a good teacher.

10 Mrs. Adams is very intelligent and learns rapidly.

11 In the first lesson she learns this dialogue by heart.

12 Good day, Mr. López. How are you?
   Very well, thank you. And you?
   Very well, thank you.

13 Mrs. Adams also learns some salutations and farewells.

14 Good day. Good afternoon. Good night.

15 Good-bye. Until we meet again. So long. Until tomorrow.

NOTE: All the expressions in sentence 15 are ways of saying '*Good-bye*'.

Pronunciation and Spelling Aids

1 Practise:

importador (im-por-ta-ˈðor)	espera (es-ˈpe-ra)
importa (im-ˈpor-ta)	primavera (pri-ma-ˈve-ra) or
artículos (ar-ˈti-cu-los)	(pri-ma-ˈβe-ra)
Tenerife (te-ne-ˈri-fe)	allí (a-ˈʎi)
Islas Canarias (ˈis-las ka-ˈna-rjas)	inteligente (in-te-li-ˈxen-te)
ciudad (θju-ˈðað)	saludos (sa-ˈlu-ðos)
profesor (pro-fe-ˈsor)	despedidas (ðes-pe-ˈði-ðas)
rápidamente (ˈrra-pi-ða-ˈmen-te)	además (a-ðe-ˈmas)
desea (ðe-ˈse-a)	agente (a-ˈxen-te)
estudia (es-ˈtu-ðja)	luego (ˈlwe-ɣo)

2 el = the   él = he or him.

3 The names of countries are written with capital letters. The names of nationalities, languages (**español** Spanish), days of the week, and months are written with small letters.

Building Vocabulary

A. Synonyms (Words of the Same Meaning)

1 **el negociante = el comerciante** businessman **la negociante = la comerciante** businesswoman

2 **también = además** also, moreover

3 **el maestro = el profesor** teacher (*m*) **la maestra = la profesora** teacher (*f*)

B. Antonyms (Words of Opposite Meaning)

1 **grande** big **pequeño** small
2 **bueno** good **malo** bad
3 **allí** there **aquí** here

4 **importador** (*m*) **importadora** (*f*) importer **exportador** (*m*) **exportadora** (*f*) exporter
5 **el saludo** greeting **la despedida** farewell

C. Lenguas o Idiomas (Languages)

1 **el español, el castellano** Spanish
2 **el inglés** English
3 **el francés** French

4 **el portugués** Portuguese
5 **el alemán** German
6 **el italiano** Italian

Expresiones Importantes

1 **Buenos días** Good morning (day)
2 **Buenas tardes** Good afternoon
3 **Buenas noches** Good evening (night)
4 **adiós** good-bye
5 **hasta la vista** until we meet again
6 **hasta luego** so long
7 **hasta mañana** until tomorrow
8 **de memoria** by heart
9 **por eso** therefore
10 **tal vez** perhaps

Exercise No. 4—Completion of Text

Follow carefully the instructions given in Exercise No. 1.

1 ¿(Who) **es la Sra. Adams?**
2 **Es** (a businesswoman of London).
3 (Her office) **está en Londres.**
4 **Importa objetos de arte y** (other) **artículos.**
5 **En primavera** (she is going) **a hacer un viaje.**
6 (She wants) **visitar Madrid.**
7 **Espera** (moreover) **ir a Tenerife.**
8 (But) **no habla español.**
9 (She is studying) **la lengua.**
10 **Los** (Tuesdays) **y los** (Thursdays) **tienen una cita.**
11 **La Sra. Adams aprende** (rapidly).
12 **Es** (very intelligent).
13 **El Sr. López es** (Spanish).
14 **Es** (a good teacher).
15 **La Sra. Adams aprende un diálogo** (in the first conversation).

PARTE SEGUNDA

Grammar Notes

1 The use of es and está.

In Spanish there are two words for *to be*, **ser** and estar. The form **es** comes from ser. The form **está** comes from **estar**. Both mean *he*, *she*, or *it is*.

(a) The form **es** and other forms of **ser** are used in such questions and answers as:

¿Quién es la Sra. Adams?	Who is Mrs. Adams?
Es una comerciante de Londres.	She is a London businesswoman.
¿Qué es el Sr. López?	What is Mr. López?
Es un profesor de español.	He is a Spanish teacher.

(b) The form **está,** and other forms of **estar,** are used in questions and answers that have to do with place. They really mean *is* or *are located*. Thus:

¿Dónde está la Sra. Adams?	Where is Mrs. Adams?
Está en casa.	She is at home.

Later you will learn more about the uses of **ser** and **estar**.

2 Some Common Verbs

habla	(he, she, it) speaks	aprende	(he, she, it) learns
hablan	they speak	sabe	(he, she, it) knows how
no habla	(he, she, it) does not speak	hablar	to speak
		visitar	to visit
importa	(he, she, it) imports	leer	to read
estudia	(he, she, it) studies	ver	to see
desea	(he, she, it) wants	ir	to go
espera	(he, she, it) expects	va a hacer	he is going to make

NOTE: The verb endings **-a** and **-e** mean *he*, *she*, or *it*. The verb endings **-ar**, **-er** and **-ir** mean *to*.

3 Special uses of the Definite Article

(a) Use the definite article before titles when speaking about a person. Omit it when speaking to a person.

La Sra. Adams va a España.	Mrs. Adams is going to Spain.
Buenos días, Sra. Adams.	Good day, Mrs. Adams.

(b) Use the definite article before a language. Omit it generally if the language is used after the verb **hablar** or after **en**.

El francés es la lengua de Francia.	French is the language of France.
La Sra. Adams no habla francés.	Mrs. Adams does not speak French.
en español en francés en inglés	in Spanish in French in English

PARTE TERCERA

Ejercicios (Exercises) No. 5A–5B–5C

5A. Complete the sentences with **es** or **está** as the sense requires.

Ejemplo: 1. La Sra. Adams es importadora.

1 La Sra. Adams —— importadora.
2 ¿Dónde —— su oficina?
3 ¿Qué —— el Sr. López?
4 La familia —— en la sala.
5 ¿Quién —— inglés?

6 ¿—— Carlos español?
7 Su agente —— en España.
8 La ciudad de Londres· no —— en España.
9 ¿Qué —— la Sra. Adams?
10 Carlos —— inglés.

5B. Select from Column II the word groups that best complete the sentences begun in Column 1.

Ejemplo: (1 d) La Sra. Adams desea hablar con su agente en español.

I	II
1 La Sra. Adams desea hablar	(a) aprende rápidamente.
2 La Sra. Adams sabe leer	(b) de España.
3 Es muy inteligente y por eso	(c) en la casa de la Sra. Adams.
4 Importa objetos de arte	(d) con su agente en español.
5 La Sra. Adams y el Sr. López tienen una cita	(e) de cuarenta y cinco años de edad.
6 El Sr. López es un hombre	(f) el español un poco.

5C. Find the corresponding Spanish words in the text or in 'Building Vocabulary' and write them.

1 and	6 perhaps	11 almost	16 big
2 in	7 but	12 always	17 small
3 with	8 therefore	13 How are you?	18 good
4 also	9 there	14 very well	19 bad
5 to	10 here	15 thank you	20 rapidly

Exercise No. 6—Preguntas y Respuestas

Study and read aloud the questions and answers. Note: (a) the word order; (b) the omission of subject pronouns; (c) that all question words have an accent mark.

1 ¿Quién es el profesor?
El Sr. López es el profesor.
2 ¿Habla español?
Sí, señor, habla español.
3 ¿Quién es la comerciante?
La Sra. Adams es la comerciante.

4 ¿Habla español?
No, señor, no habla español.
5 ¿Dónde está la oficina de la Sra. Adams?
Está en la calle de Oxford.
6 ¿Importa coches?
No importa coches.
7 ¿Aprende rápidamente?
Sí, señor, aprende rápidamente.
8 ¿Cuándo tienen una cita?
Los martes y los jueves tienen una cita.
9 ¿Es inteligente la Sra. Adams?
Es muy inteligente.
10 ¿Por qué[1] estudia el español?
Porque desea hacer un viaje a España.

1 Who is the teacher?
Mr. López is the teacher.
2 Does he speak Spanish?
Yes, sir, he speaks Spanish.
3 Who is the merchant?
Mrs. Adams is the merchant.
4 Does she speak Spanish?
No, sir, she does not speak Spanish.
5 Where is the office of Mrs. Adams?
It is in Oxford Street.
6 Does she import cars?
She does not import cars.
7 Does she learn rapidly?
Yes, sir, she learns rapidly.
8 When have they an appointment?
On Tuesdays and Thursdays they have an appointment.
9 Is Mrs. Adams intelligent?
She is very intelligent.
10 Why is she studying Spanish?
Because she wants to make a trip to Spain.

NOTE: 1. **por qué** means *why*. **porque** means *because*.

CHAPTER 5

EN LA SALA DE LA SEÑORA ADAMS

PARTE PRIMERA

1 Es martes, 2 (dos) de enero de 1968.[1]

2 Son las 8 (ocho) de la tarde.

3 La señora Adams está sentada en la sala de su casa. El señor López está sentado cerca de ella.

4 El señor López dice a la señora Adams — Alrededor de nosotros hay muchas cosas; en la casa, en la calle, en la oficina, en el parque, en la ciudad y en el campo.

5 En Gran Bretaña y en los Estados Unidos es necesario saber los nombres de las cosas en inglés. En España y en Hispano-América es necesario saber los nombres de las cosas en español.

6 Estamos en la sala de su casa. Dígame, por favor ¿Qué es esto?

7 Es un piano. Mi esposo toca bien el piano.

8 Muy bien. ¿Y qué hay encima del piano?

9 Una lámpara y un libro de música.

10 ¿Y qué hay en la pared, sobre el piano?

11 El retrato de mi esposo.

12 Excelente. Dígame, por favor, los nombres de otros objetos en la sala y dónde están.

13 Con mucho gusto.

14 La estantería está delante de una ventana. El escritorio está cerca de la puerta. Una silla está cerca del escritorio. Encima del escritorio hay un lápiz, un bolígrafo, unos papeles, y unas cartas. Unos libros están en la mesita.

15 Bueno. Basta por hoy. Hasta la vista, señora Adams.

16 Hasta el jueves, señor López.

1 It is Tuesday, January 2, 1968.

2 It is eight o'clock in the evening.

3 Mrs. Adams is seated in the living-room of her house. Mr. López is seated near her.

4 Mr. López says to Mrs. Adams. 'Around us there are many things: in the house, in the street, in the office, in the park, in the city and in the country.'

5 In Great Britain and in the United States it is necessary to know the names of things in English. In Spain and in Spanish America it is necessary to know the names of things in Spanish.

6 We are in the living-room of your house. Tell me, please, what is this?

7 It is a piano. My husband plays the piano well.

8 Good (*lit.* very well). And what is on the piano?

9 A lamp and a music book (*lit.* a book of music).

10 And what is on the wall over the piano?

11 The picture of my husband.

12 Excellent. Tell me, please, the names of other objects in the living-room and where they are.

13 With pleasure.

14 The bookcase is in front of a window. The desk is near the door. A chair is near the desk. On the desk are a pencil, a ballpoint pen, some papers, and some letters. Some books are on the little table.

15 Good. Enough for today. Good-bye, Mrs. Adams.

16 Until Thursday, Mr. López.

NOTE: 1. 1968 = mil novecientos sesenta y ocho.

Pronunciation Aids

1 Pronounce carefully:

alrededor (al-re-ðe-'ðor)	**estamos** (es-'ta-mos)
escritorio (es-kri-'to-rjo)	**estantería** (es-tan-te-'ri-a)
lápiz ('la-piθ)	**dígame** ('ði-ɣa-me)
aquí (a-'ki)	**Hispano-América** (is-'pa-no
necesario (ne-θe-'sa-rjo)	a-'me-ri-ka)
viaje ('vja-xe) or ('bja-xe)	**Estados Unidos** (es-'ta-ðos u-'ni-ðos)
bolígrafo (bo-'li-ɣra-fo)	**Gran Bretaña** (ɣram bre-'ta-nja)
excelente (es-θe-'len-te)	**España** (es-'pa-nja)

2 All question words in Spanish have an accent mark.

quién (sing.)	who	**cómo**	how
quiénes (plur.)	who	**cuánto**	how much
dónde	where	**cuántos**	how many
cuándo	when	**por qué**	why
qué	what		

Building Vocabulary

A. **En la Sala**   In the Living-Room

la carta	letter	**la pared**	wall
el escritorio	desk	**el bolígrafo**	ballpoint pen
la estantería	bookcase	**la pluma**	(fountain) pen
la lámpara	lamp	**la puerta**	door
el libro	book	**el retrato**	portrait
el lápiz	pencil	**la silla**	chair

la mesa	table	el sillón	armchair
la mesita	little table	la ventana	window
el papel	paper	el sofá	sofa

B. Some Common Prepositions

a	to, at	detrás de	behind
de	of, from	encima de	on top of
alrededor de	around	con	with
cerca de	near	en	in, on, at
debajo de	under	entre	between
delante de	in front of	sobre	over, above

Expresiones Importantes

1	está sentado (*m*) está sentada (*f*)	is seated	5	con mucho gusto	with pleasure
2	es necesario	it is necessary	6	basta por hoy	enough for today
3	por favor	please	7	son las ocho	it's 8 o'clock
4	dígame	tell me	8	dos de enero	January 2

Exercise No. 7—Completion of Text

1 El señor (is seated) **en la sala.**
2 (There are) **muchas cosas en la calle.**
3 **Es necesario** (tó know) **los nombres.**
4 (Tell me) — **¿Qué es esto?**
5 (My husband) **toca bien el piano.**
6 **El retrato está** (over the piano).
7 **En el escritorio hay** (a pencil, a ballpoint pen, and some papers).
8 **Unos libros** (are on the little table).
9 (Enough) **por hoy.**
10 (Until Thursday) **Sr. López.**

PARTE SEGUNDA

Grammar Notes

1 The Contractions **del** and **al**

  (a) The preposition **de** (*of, from*) contracts with **el** and forms **del** (*of, from the*)

¿Dónde está la oficina *del* comerciante?	Where is the office *of the* merchant?

  (b) The preposition **a** (*to*) contracts with **el,** and forms **al** (*to the*).

El profesor habla *al* comerciante.	The teacher speaks *to the* merchant.

(c) The other forms of the definite article do not contract with **de** or **a.**

El padre *de los* niños está aquí.   The father *of the* children is here.
Los niños van *a la* escuela.   The children go *to* school.

2 Possession

(a) Possession is indicated by a phrase with **de,** never by means of an apostrophe.

     la casa **del profesor**   the house *of the teacher*   the teacher's house
     el tío **de María**   the uncle *of Mary*   Mary's uncle

(b) **de quién, de quiénes**   whose, of whom

     ¿De quién es la oficina?   Whose office is it?
     Es la oficina de la Sra. Adams.   It is Mrs. Adams's office.
     ¿De quiénes son estos libros?   Whose are these books?
     Son los libros de los alumnos.   They are the students' books.

3 Omission of the Indefinite Article

Omit the indefinite article with words indicating professions and occupations after the verb **ser** *to be.* If such words are modified, the indefinite article is not omitted.

La Sra. Adams es negociante.   Mrs. Adams is a businesswoman.
Es una buena negociante.   She is a good businesswoman.

PARTE TERCERA

Ejercicios (Exercises) No. 8A–8B–8C–8D

8A. Write the singular, plural, and meaning of the following nouns. Use the definite article.

Ejemplo: el edificio, los edificios building

1 calle	3 pared	5 señor	7 papel	9 estantería
2 oficina	4 silla	6 mesa	8 puerta	10 ventana

8B. Complete in Spanish. First revise 'Building Vocabulary B'.

Ejemplo: 1. El lápiz está debajo de los papeles.

1 El lápiz está (under) los papeles.
2 Un parque está (near) la casa.
3 (On top of the) escritorio hay muchas cartas.
4 Un retrato está (above) el piano.
5 Un sillón está (between) las ventanas.
6 Un coche está (in front of the) edificio.
7 Las sillas están (around) la mesa.
8 ¿Qué hay (behind) la puerta?
9 ¿Qué hay (under) la mesa?
10 ¿Qué está (near the) escritorio?

8C. Use **del, de la, de los, de las, al, a la, a los,** or **a las** as required. First revise 'Grammar Notes 1'.

Ejemplo: **1. La sala de la casa es grande.**

1 La sala (of the) casa es grande.
2 María habla (to the) maestro.
3 La señora Gómez es la maestra (of the) muchachas.
4 El Sr. López es un amigo (of the) negociante.
5 Los señores van (to the) puerta.
6 Felipe es un amigo (of the) niños.
7 El maestro habla (to the) alumnos.
8 El negociante va en tren (to the) ciudad.
9 ¿Quién habla (to the) padre?
10 ¿Quién habla (to the) alumnas?

8D. Practise the Spanish aloud.

1 **¿De quién es este sombrero?**
  Es el sombrero de Juan.

1 Whose is this hat?
  It is John's hat.

2 **¿Es este escritorio de Carlos o de María?**
  Es de María.

2 Is this desk Charles's or Mary's?
  It is Mary's.

3 **¿Es esta pluma de él o de ella?**
  Es de ella.

3 Is this fountain pen his or hers? (*Lit.* of him or of her)
  It is hers. (*Lit.* of her)

4 **¿De quién es el retrato?**
  Es el retrato del señor Adams.

4 Whose portrait is it?
  It is Mr. Adams's portrait.

5 **¿De quiénes son estos papeles?**
  Son los papeles de los maestros.

5 Whose are these papers?
  They are the teachers' papers.

Exercise No. 9—Preguntas

Answer in complete Spanish sentences. Consult the text for your answers. The correct answers to these questions and those in all later lessons are given in the Answer Section of the Appendix. Check all your answers.

1 ¿Dónde está sentada la Sra. Adams?
2 ¿Quién está sentado cerca de ella?
3 ¿Hay muchas cosas alrededor de nosotros?
4 ¿Hay muchas cosas en la calle?
5 ¿Quién toca bien el piano?
6 ¿Dónde está el libro de música?
7 ¿Dónde está el retrato del Sr. Adams?
8 ¿Qué está delante de una ventana?
9 ¿Dónde está el escritorio?
10 ¿Qué está cerca del escritorio?
11 ¿Dónde están las cartas?
12 ¿Dónde están los libros?

REVISION 1

CHAPTERS 1–5 PARTE PRIMERA

Each Revision Chapter will begin with a summary of the most important words and expressions that have occurred in the chapters revised. Check yourself as follows:

1. Cover up the English words. Read one Spanish word at a time aloud and give the English meaning. Uncover the English word of the same number in order to check.

2 Cover up the Spanish words. Say aloud, one at a time, the Spanish for each English word. Uncover the Spanish word to check.

3 Write the words you have difficulty in remembering, three or four times.

Repaso de Palabras (Word Revision)

NOUNS

1 la alfombra	18 la esposa	35 el niño
2 el alumno	19 la familia	36 la niña
3 la alumna	20 el hermano	37 el objeto
4 el amigo	21 la hermana	38 el padre
5 el bolígrafo	22 el hijo	39 el papel
6 la calle	23 la hija	40 la pluma
7 la casa	24 el hombre	41 el profesor
8 el campo	25 el lápiz	42 la puerta
9 la carta	26 la lengua	43 la sala
10 la ciudad	27 el lugar	44 el señor
11 el comedor	28 el libro	45 la señora
12 el coche	29 la madre	46 la silla
13 la cosa	30 la mesa	47 el tío
14 el cuarto	31 la mujer	48 la tía
15 el día	32 el maestro	49 el tren
16 el edificio	33 el muchacho	50 la ventana
17 el escritorio	34 la muchacha	51 el viaje

1 rug	12 car	23 daughter
2 student (m)	13 thing	24 man
3 student (f)	14 room	25 pencil
4 friend (m)	15 day	26 language
5 ballpoint pen	16 building	27 place
6 street	17 desk	28 book
7 house	18 wife	29 mother
8 country	19 family	30 table
9 letter	20 brother	31 woman
10 city	21 sister	32 teacher (m)
11 dining-room	22 son	33 boy

34

34 girl	40 fountain pen	46 chair
35 child (*m*)	41 teacher	47 uncle
36 child (*f*)	42 door	48 aunt
37 object	43 living-room	49 train
38 father	44 Mr.	50 window
39 paper	45 Mrs.	51 trip

VERBS

1 es	9 aprende	17 saber
2 está	10 sabe	18 ver
3 estamos	11 tiene	19 ir
4 están	12 vive	20 pedir
5 espera	13 hablar	21 hay
6 estudia	14 visitar	22 dígame
7 habla	15 hacer	
8 va	16 leer	

1 he (is)	9 he learns	17 to know
2 he is (place)	10 he knows (how)	18 to see
3 we are (place)	11 he has	19 to go
4 they are (place)	12 he lives	20 to ask for
5 he expects	13 to speak	21 there is
6 he studies	14 to visit	22 tell me
7 he speaks	15 to make (do)	
8 he goes	16 to read	

NOTE: The same form of the verb is good for *he, she, it,* and *you* (*usted*). Thus: es = *he, she, it* is, *you* are   espera = *he, she, it* expects, *you* expect.

ADJECTIVES

1 bueno	6 mi	11 sentado
2 excelente	7 mucho	12 su
3 grande	8 necesario	13 todos
4 importante	9 otro	14 un poco
5 malo	10 pequeño	

1 good	6 my	11 seated
2 excellent	7 much	12 his, her, its
3 great, big	8 necessary	13 all
4 important	9 other	14 a little
5 bad	10 small	

ADVERBS

1 allí	6 diligentemente	11 además
2 aquí	7 muy	12 si
3 basta	8 rápidamente	13 sí
4 bien	9 siempre	14 ya
5 casi	10 también	

1 there	6 diligently	11 moreover
2 here	7 very	12 if
3 enough	8 rapidly	13 yes
4 well	9 always	14 now, already
5 almost	10 also	

PREPOSITIONS

1 a	6 del	11 delante de
2 al	7 sobre	12 detrás de
3 con	8 alrededor de	13 encima de
4 en	9 cerca de	14 por
5 de	10 debajo de	

1 to, at	6 of the	11 in front of
2 to the	7 above	12 behind
3 with	8 around	13 on top of
4 in, on	9 near	14 for, by,
5 of, from	10 under	through

QUESTION WORDS

1 cómo	4 dónde	6 cuánto
2 qué	5 quién	7 cuántos (as)
3 por qué		

1 how	4 where	6 how much
2 what, which	5 who	7 how many
3 why		

CONJUNCTIONS

1 o	2 pero	3 porque	4 y

1 or	2 but	3 because	4 and

IMPORTANT EXPRESSIONS

1 basta	11 en casa
2 por hoy	12 es necesario
3 Buenos días	13 hasta luego
4 Buenas noches	14 hasta mañana
5 Buenas tardes	15 hasta la vista
6 Adiós	16 por eso
7 ¿Cómo está Vd?	17 por favor
8 con mucho gusto	18 ¿Qué es esto?
9 muy bien	19 todo el día
10 gracias	20 tal vez

1 enough	11 at home
2 for today	12 it is necessary
3 Good day	13 so long
4 Good night	14 until tomorrow
5 Good afternoon,	15 so long
Good evening	16 therefore
6 Good-bye	17 please
7 How are you?	18 What is this?
8 with pleasure	19 all day
9 very well	20 perhaps
10 thanks	

PARTE SEGUNDA

Ejercicio 10 From Group II select the antonym (opposite) for each word in Group I.

I

1 bueno	5 encima de	9 buenos días
2 sí	6 padre	10 el muchacho
3 allí	7 mucho	11 la ciudad
4 pequeño	8 detrás de	12 la mujer

II

(a) delante de	(e) no	(i) aquí
(b) el campo	(f) el hombre	(j) debajo de
(c) la muchacha	(g) malo	(k) poco
(d) buenas noches	(h) grande	(l) madre

Ejercicio 11   Complete the following sentences in Spanish.

1 Trabajo (all day).

2 Dígame (please).

3 (Perhaps) está en la oficina.

4 (Good-afternoon) señor.

5 Aprende los saludos (with pleasure).

6 (Therefore) estudia el **español.**

7 ¿(How) está Vd?

8 ¿(Where) vive el señor?

9 ¿(What) es esto?

10 ¿(Who) es negociante?

Ejercicio 12   Select the group of words in Column II which best completes each sentence begun in Column I.

Ejemplo: (1 d) En la familia Adams hay seis personas.

I

1 En la familia Adams

2 La casa de la Sra. Adams

3 La Sra. Adams va en tren

4 Estudia el español

5 Trabaja todo el día

6 Sabe leer el español

7 Aprende rápidamente

8 Los martes y los jueves

9 En la primera conversación

10 El esposo de la Sra. Adams

11 La Sra. Adams va a hacer

II

(a) aprende los saludos y las despedidas.

(b) toca bien el piano.

(c) porque es muy inteligente.

(d) hay seis personas.

(e) un viaje a España.

(f) está en los suburbios.

(g) pero no habla la lengua.

(h) en su oficina.

(i) a la ciudad.

(j) tienen una cita.

(k) porque desea hablar la lengua.

Ejercicio 13 Complete these sentences in Spanish.

1 **El coche está** (in front of the house).
2 **Las sillas están** (near the door).
3 **Los suburbios están** (around the city).
4 **El Sr. Adams está sentado** (behind the desk).
5 **Las lámparas están** (on top of the piano).
6 (The boy's books = the books of the boy) **están en la mesa.**
7 (The girls' mother = the mother of the girls) **está en casa.**
8 (Philip's brother) **es médico.**
9 (Mary's father) **es profesor.**
10 (The children's teacher) **es español.**

PARTE TERCERA

Practise all Spanish dialogues aloud:

Diálogo 1

¿Dónde está la Calle de Atocha?

1 **Por favor, señor, ¿Dónde está la calle de Atocha**	1 Please sir, where is Atocha Street?
2 **Siga adelante, señorita.**	2 Continue straight ahead, Miss.
3 **¿Cuántas manzanas?**	3 How many blocks?
4 **Cinco manzanas, señorita.**	4 Five blocks, Miss.
5 **Muchas gracias.**	5 Many thanks.
6 **De nada.**	6 Don't mention it (you're welcome).

Diálogo 2

¿Dónde para el autobús?

1 **Dígame, por favor, señor — ¿Dónde para el autobús?**	1 Please tell me, sir, where does the bus stop?
2 **Para en aquella esquina, señorita.**	2 It stops at that corner, Miss.
3 **Muchas gracias, señor.**	3 Many thanks, sir.
4 **No hay de qué.**	4 Don't mention it (you're welcome).

LECTURA (READING SELECTION)

Exercise No. 14 — How to Read the Lecturas

1 Read the passage silently from beginning to end to get the meaning as a whole.

2 Re-read the passage looking up any words you may have forgotten, in the Spanish–English vocabulary at the end of this book. There are few new words in the Lecturas of the Revision Chapters and the meaning of these is given in parentheses.

3 Read the passage silently a third time. Then translate it and check your translation with that given in the answer section of the appendix.

4 Follow this procedure in all succeeding Lecturas.

Exercise No. 14A—La señora Adams, comerciante de Londres

La señora Adams es una comerciante inglesa que (who) importa objetos de arte de España. Por eso desea hacer un viaje a España en la primavera. Desea hablar con su agente y visitar algunos lugares de interés en España. Pero no sabe hablar español.

La señora Adams tiene un buen profesor. Es un español que vive en Londres y se llama señor López. Los martes y los jueves el maestro va en tren a la casa de su estudiante. Allí hablan un poco en español. La señora Adams es muy inteligente y aprende rápidamente. Por ejemplo (for example), en la primera conversación aprende de memoria los saludos y las despedidas. Ya (already) sabe decir (to say) — Buenos días, — ¿Cómo está Vd? — Hasta la vista — y — Hasta mañana. Ya sabe decir en español los nombres de muchas cosas que (which) están en su sala, y sabe contestar (to answer) bien a las preguntas — ¿Qué es esto? — y — ¿Dónde está . . . ?

El señor López está muy satisfecho (satisfied) con el progreso de su estudiante y dice (says), — Bueno. Basta por hoy. Hasta luego.

CHAPTER 6

PARTE PRIMERA

LOS VERBOS SON IMPORTANTES

1 La Sra. Adams y el Sr. López están sentados en la sala de la señora Adams. El Sr. López comienza a hablar. La señora Adams le escucha con atención.[1]

2 Ya sabe Vd. que los nombres de las cosas y de las personas son importantes. Pero los verbos son importantes también. No es posible formar una frase sin verbos. Tampoco es posible conversar sin verbos.

3 Vamos a practicar unos verbos corrientes. Voy a hacer unas preguntas. Yo pregunto y Vd. contesta. Si Vd. no sabe la respuesta, diga, por favor — No sé.

4 Bueno, dice la señora Adams. Voy a decir — No sé, si no sé la respuesta.

5 ¿Es Vd. comerciante?

6 Sí, señor López, soy comerciante, importadora de objetos de arte y otros artículos de varios países y sobre todo de España.

7 ¿Y por qué estudia Vd. el español?

8 Estudio el español porque deseo hacer un viaje a España para visitar a mi agente allí. Deseo hablar con él en español. Él no habla inglés.

9 ¿Espera Vd. visitar otras partes de España además de la Península?

10 Espero ir además a Tenerife, y tal vez a las otras Islas Canarias.

11 ¿Cuándo sale Vd. de Londres para España?

12 Salgo el 31 (treinta y uno) de mayo.

13 ¿Viaja Vd. en tren, en barco o en avión?

14 Viajo por avión porque es el modo más rápido.

15 ¿Cuánto cuesta el vuelo?

16 No sé. Mañana voy a pedir información y una reserva.

17 Excelente, Sra. Adams. Vd. aprende el español muy rápidamente.

18 Gracias. Es favor que Vd. me hace.

19 No es favor. Es verdad. Bueno, basta por hoy. Hasta luego.

20 Hasta el próximo jueves.

1 Mrs. Adams and Mr. López are seated in the living-room of Mrs. Adams. Mr. López begins to speak. Mrs. Adams listens to him attentively.

2 You already know that the names of things and of persons are important. But verbs are important, too. It is not possible to make a sentence without verbs. Neither is it possible to converse without verbs.

3 We are going to practise some common verbs. I am going to ask some questions. I ask and you answer. If you do not know the answer, please say 'I do not know.'

4 'Good,' says Mrs. Adams. 'I will say "I don't know," if I don't know the answer.'

5 Are you a businesswoman?

6 Yes, Mr. López, I am a businesswoman, importer of art objects and other things from various countries and especially from Spain.

7 And why are you studying Spanish?

8 I am studying Spanish because I want to make a trip to Spain to visit my agent there. I want to speak with him in Spanish. He does not speak English.

9 Do you expect to visit other parts of Spain besides the Peninsula?

10 I expect to go besides to Tenerife, and perhaps the other Canary Islands.

11 When do you leave London for Spain?

12 I am leaving on May 31.

13 Are you travelling by train, by boat or by plane?

14 I am travelling by plane because it is the quickest way.

15 How much does the flight cost?

16 I do not know. Tomorrow I am going to ask for information and a reservation.

17 Excellent, Mrs. Adams. You are learning Spanish very quickly.

18 Thank you. You are very kind.[2]

19 It is not kindness. It is the truth. Well, enough for today. Goodbye.

20 Until next Thursday.

NOTE: 1. **le** *him* or *to him*. It is an object pronoun. Object pronouns usually precede the verb. 2. *Lit*. It is a favour that you are doing me.

Pronunciation Aids

1. Practise:

atención (a-ten-ˈθjon)

reserva (rre-ˈser-va) or (rre-ˈser-βa)

conversar (kon-ver-ˈsar) or (kom-ber-ˈsar)

visitar (vi-si-tar) or (bi-si-tar)

hacer (a-ˈθer)

practicar (prak-ti-ˈkar)

decir (ðe-ˈθir)

preguntar (pre-ɣun-ˈtar)

estudio (es-ˈtu-ðjo)

deseo (ðe-ˈse-o)

espero (es-ˈpe-ro)

salgo (ˈsal-ɣo)

viajo (ˈvja-xo) or (ˈbja-xo)

estudia (es-ˈtu-ðja)

espera (es-ˈpe-ra)

dice (ˈði-θe)

aprende (a-ˈpren-de)

corrientes (ko-ˈrrjen-tes)

viaja (ˈvja-xa) or (ˈbja-xa)

42   *Spanish Made Simple*

2. **pa-í-ses** (pa-ˈi-ses). The accent mark over the **í** shows that the **í** is a separate syllable. Otherwise **ai** would be pronounced like *ai* in the English word *aisle* and in the Spanish word **aire** (ˈaj-re).

Building Vocabulary

A. Algunos Países de Europa (ew-ˈro-pa)   Some Countries of Europe

1 **Inglaterra**   England
2 **Gran Bretaña**   Great Britain
3 **Francia**   France
4 **Alemania**   Germany

5 **Italia**   Italy
6 **España**   Spain
7 **Portugal**   Portugal

B. Los Países de Norte América   The Countries of North America

1 **Los Estados Unidos**   The United States
2 **Méjico**   Mexico
3 **El Canadá**   Canada

C. Los Países de América del Sur

1 **La Argentina**
2 **Bolivia**
3 **Colombia**
4 **Chile**

5 **El Ecuador**
6 **El Paraguay**
7 **El Perú**

8 **El Uruguay**
9 **Venezuela**
10 **El Brasil**

Los habitantes (inhabitants) **del Brasil hablan portugués. Los habitantes de los otros países de América del Sur hablan español.**

Expresiones Importantes

1 **Es favor que Vd. me hace**
2 **hacer preguntas**
3 **hacer un viaje**
4 **en avión (tren, barco)**
5 **sobre todo**

You are very kind.
to ask questions
to take a trip
by plane (train, boat)
above all, especially

Exercise No. 15—Completion of Text

Complete the following sentences based on the text.

1 **Los verbos** (are important).
2 **Vamos a practicar** (some common verbs).
3 ¿(Why) **estudia Vd. el español?**
4 (Because) **deseo visitar a** (my) **agente.**
5 **Deseo hablar** (with him in Spanish).
6 **Espero ir** (to other countries).
7 ¿**Viaja Vd.** (by train or by plane)?
8 ¿(How much) **cuesta el vuelo?**
9 **Vd. aprende** (very rapidly).
10 **Enough for today.**

PARTE SEGUNDA (SECOND PART)

Grammar Notes

1 About Verb Endings

The infinitive is the base form of the verb. In English it is expressed by *to*. Thus: *to* speak, *to* learn, *to* live, etc.

In Spanish there are infinitive endings which mean *to*. Thus:

hablar *to* speak   aprender *to* learn   vivir *to* live

The infinitives of all Spanish verbs end in -ar, -er or -ir. That part of the verb which is left after the endings is removed is called the stem. Thus **habl-, aprend-, viv-** are the stems of **hablar, aprender** and **vivir.**

The infinitive endings of the verb are dropped and other endings added to the stem as the verb is used in various persons and tenses.

Let us see how the endings change, and what they mean, in the present tense of the verb **hablar.**

2 Present Tense of **hablar.** Model Regular **-ar** Verb.

(yo)	**habl-o**	I speak
(tú)	**habl-as**	you speak (fam.)
usted	**habl-a**	you speak
(él)	**habl-a**	he, it speaks
(ella)	**habl-a**	she, it speaks
(nosotros)	**habl-amos**	we speak
(vosotros)	**habl-áis**	you speak (fam.)
ustedes	**habl-an**	you speak
(ellos)	**habl-an**	they (*m.*) speak
(ellas)	**habl-an**	they (*f.*) speak

(a) The endings of a regular -ar verb in the present tense are:

     singular **-o, -as, -a**   plural **amos, -áis, -an**

NOTE: The verb ending **-a** is used with **usted, él** and **ella.** The verb ending **-an** is used with **ustedes, ellos** and **ellas.**

(b) Since the ending indicates the subject pronoun quite clearly, subject pronouns, except **usted (Vd.)** and **ustedes (Vds.)** are usually omitted. They may be used for emphasis or to make the meaning clear.

Yo hablo inglés. **Ella** habla francés.

I speak English. **She** speaks French.

(c) The present tense may be translated: I speak, I do speak, I am speaking, etc.

(d) **nosotros** and **vosotros** have feminine forms **nosotras, vosotras.**

3 Polite and Familiar *you.*

(a) **usted** (*you, sing.*) and **ustedes** (*you, plur.*) are the polite forms of address. They are used most of the time.

¿Habla Vd. francés, Sr. Muñoz?	Do you speak French, Mr. Muñoz?
Vds. hablan muy bien, señoras.	You speak very well, ladies.

(b) **tú** (*you, sing.*) and **vosotros(as)** (*you, plur.*) are the familiar forms of address. They are used with members of the family, with good friends, and with children.

¿Hablas (tú) inglés, papá?	Do you speak English, daddy?
(Vosotros) habláis demasiado alto, niños.	You speak too loudly, children.

4 The Negative and Interrogative.

(a) To form the negative, put the word **no** (*not*) directly before the verb.

No hablamos portugués.	We do not speak Portuguese.

(b) To form a question, place the subject after the verb. If the subject is not expressed, the double question mark is sufficient.

¿Charlan los alumnos?	Are the students chatting?
¿No van a hacer un viaje?	Are they not going to make a trip?

PARTE TERCERA

Ejercicios (Exercises) No. 16A–16B–16C–16D

16A. Translate the following **-ar** verbs. They take the same endings as the model **-ar** verb, **hablar.**

1 escuchar	7 practicar	12 estudiar
2 desear	8 viajar	13 importar
3 comenzar[1]	9 preguntar	14 tocar (an
4 formar	10 contestar	instrument)
5 esperar	11 empezar[1] (*also*	15 visitar
6 conversar	*means* to begin)	

NOTE 1: **comenzar** and **empezar** are two verbs of a type which, although the endings are the same as the model **-ar** verb, undergo certain changes in the present tense. The **-e-** of the stem becomes **-ie-** in the following cases: **comienzo, empiezo; comienzas, empiezas; comienza, empieza; comienzan, empiezan.** In the forms **comenzamos, empezamos; comenzáis, empezáis,** the -e- of the stem does not change. Verbs of this type will be studied in greater detail later.

16B. Practise aloud the following brief dialogues. Translate them.

1 ¿Habla Vd. español?	2 ¿Quién toca el piano?
Sí, hablo español.	María toca el piano.
¿Qué lenguas habla su profesor?	¿No tocas tú el piano, Rosita?
Habla inglés, español y francés.	No, no toco el piano.

3 ¿Estudian los alumnos la lección? **4** ¿Escuchan Vds. con atención
No, no estudian la lección.   cuando el profesor habla?
¿Hablan en español?   Sí, escuchamos con atención
Sí, hablan en español.   cuando el profesor habla.

16C. Copy each sentence, filling in the correct verb endings.

Ejemplo: La Sra. Adams no habla español.

1 La Sra. Adams no habl —— español.
2 Nosotros estudi —— la lección.
3 ¿Quién import —— objetos de arte?
4 ¿Dese —— Vd. aprender a hablar español?
5 Yo esper —— ir a Cuba.
6 Vds. charl —— mucho.
7 Juan y Carlos (= ellos) practic —— la pronunciación.
8 ¿Viaj —— el señor en tren o por avión?
9 Pablo y yo (= nosotros) esper —— salir mañana.
10 Eva y Ana (= ellas) empiez —— a estudiar.

16D. Complete with the form of the verb that fits the pronoun.

Ejemplo: yo empiezo

1 yo (empezar)	**5** ellos (practicar)	**9** Vds. (desear)
2 él no (escuchar)	**6** ¿(preguntar) Vd?	**10** yo no (visitar)
3 tú (formar)	**7** ellas (contestar)	**11** yo (viajar)
4 ella (conversar)	**8** ¿(estudiar) nosotros?	**12** ¿(esperar) Vd?

Exercise No. 17—Preguntas

Answer in complete Spanish sentences.

1 ¿Dónde están sentados los señores?
2 ¿Quién empieza a hablar?
3 ¿Quién escucha con atención?
4 ¿Quién pregunta?
5 ¿Quién contesta?
6 ¿Son importantes los verbos?
7 ¿Es comerciante la Sra. Adams?
8 ¿Habla (ella) español?
9 ¿Por qué desea hablar español?
10 ¿Qué países espera visitar?
11 ¿Viaja en tren, en avión, o en barco?
12 ¿Aprende la Sra. Adams rápidamente o despacio (slowly)?

CHAPTER 7

PARTE PRIMERA

LA FAMILIA DE LA SEÑORA ADAMS

1 Es jueves, 11 (once) de enero, a las 8 (ocho) de la tarde.

2 El señor López toca el timbre de la casa Adams. La criada abre la puerta y dice — Pase Vd. a la sala, por favor.

3 En la sala la señora Adams espera al señor López, y cuando éste entra, dice — Buenas tardes. ¿Cómo está Vd.?

4 Regular. ¿Y cómo está Vd.? ¿Y su familia?

5 Yo estoy muy bien, gracias. Pero mi hija Anita está enferma. Tiene catarro.

6 Lo siento mucho. ¿Tiene Vd. otros hijos?

7 Sí. Tengo cuatro hijos, dos muchachos y dos muchachas. Somos una familia de seis personas.

8 ¿Y cómo se llaman sus hijos?

9 Se llaman Felipe, Guillermo, Rosita y Anita.

10 ¿Cuántos años tienen?

11 Felipe tiene diez años. Es el mayor. Guillermo tiene ocho años. Rosita tiene seis años. Anita es la menor. Tiene cuatro años.

12 Todos menos Anita van a la escuela.

13 Hablan un rato más. Luego la señora Adams invita al señor López a visitar su oficina el lunes próximo, a las doce y media de la tarde. Éste acepta la invitación con mucho gusto.

14 A las nueve el señor López dice — Hasta la vista.

15 La señora Adams responde — Hasta el lunes a las doce y media.

1 It is Thursday, January 11, at 8 o'clock in the evening.

2 Mr. López rings the bell of the Adams house. The maid opens the door and says, 'Go to the living-room, please.'

3 In the living-room Mrs. Adams is awaiting Mr. López, and when the latter enters, she says: 'Good evening. How are you?'

4 So so. And how are you and your family?

5 I am very well, thank you. But my child Annie is ill. She has a cold (*lit.* catarrh).

6 I'm very sorry. Have you other children?

7 Yes. I have four children, two boys and two girls. We are a family of six people.

8 And what are the names of your children?

9 Their names are Philip, William, Rosie and Annie.
10 How old are they?
11 Philip is ten years old. He is the oldest. William is eight years old.
Rosie is six years old. Annie is the youngest. She is four years old.
12 All except Annie go to school.
13 They talk a while longer. Then Mrs. Adams invites Mr. López to
visit her office the following Monday at 12.30 p.m. The latter accepts
the invitation with much pleasure.
14 At nine o'clock Mr. López says, 'Good-bye.'
15 Mrs. Adams answers, 'Till Monday at 12.30.'

Pronunciation Aids

1 Practise

jueves ('xwe-ves) or ('xwe-βes)
familia (fa-'mi-lja)
catarro (ka-'ta-rro)
enferma (en-'fer-ma)
siento ('sjen-to)
Guillermo (ɣi-'ʎer-mo)
invitar (in-vi-'tar) or (im-bi-'tar)

invitación (in-vi-ta-'θjon) or
(im-bi-ta-'θjon)
responde (rres-'pon-de)
aceptar (a-θep-'tar)
tienen ('tje-nen)
seguramente (se-ɣu-ra-'men-te)
luego ('lwe-ɣo)
llaman ('ʎa-man)

Building Vocabulary

A. Most Spanish words ending in **-ción** have corresponding English
words ending in *-tion*. Words ending in **-ción** are feminine.

1 la invitación
2 pronunciación
3 elección
4 continuación
5 atención
6 dirección
7 aplicación
8 invención
9 prevención
10 solución
11 revolución
12 nación

B. The ending **-mente** is equal to the ending *-ly* in English.

1 **seguramente,** surely
2 **rápidamente,** rapidly
3 **generalmente,** generally
4 **ciertamente,** certainly
5 **atentamente,** attentively
6 **probablemente,** probably

Important Expressions

1 ¿Cómo se llama Vd.?
2 Me llamo Felipe.
3 ¿Cómo se llama su amigo?
4 Mi amigo se llama Pablo.
5 ¿Cuántos años tiene Vd?[1]
6 Tengo 13 (trece) años.[1]

1 What is your name?
2 My name is Philip.
3 What is your friend's name?
4 My friend's name is Paul.
5 How old are you?
6 I am thirteen years old.

7 ¿Cuántos años tiene Pablo?   7 How old is Paul?
8 Tiene 15 (quince) años.   8 He is fifteen years old.

NOTE: 1. *Lit.* How many years have you? I have 13 years.

Exercise No. 18—Completion of Text

Complete the following sentences based on the text.

1 La criada (opens) la puerta.
2 Dice-(Pass) a la sala, por favor.
3 (Good evening). ¿Cómo está (your) familia?
4 Ella tiene (a cold).
5 ¿Tiene Vd. (other) hijos?
6 (I have) cuatro hijos.

7 (We are) una familia de seis personas.
8 ¿Cuántos (years) tienen sus hijos?
9 Anita es (the youngest).
10 Felipe es (the oldest).
11 Hablan (a while longer).
12 La Sra. Adams invita (Mr. López).

PARTE SEGUNDA

Grammar Notes

1 Present Tense of ser to be, estar to be, ir to go.

	Singular		Plural
	soy	I am	somos	we are
	eres	you are (fam.)	sois	you are (fam.)
Vd. es⎫	you are	Vds. son⎫	you are
es⎭	he, she, it is	son⎭	they are
	estoy	I am	estamos	we are
	estás	you are (fam.)	estáis	you are (fam.)
Vd. está⎫	you are	Vds. están⎫	you are
está⎭	he, she, it is	están⎭	they are
	voy	I go	vamos	we go
	vas	you go (fam.)	vais	you go (fam.)
Vd. va⎫	you go	Vds. van⎫	you go
va⎭	he, she, it goes	van⎭	they go

NOTE: All forms of estar except estamos are stressed on the last syllable.

2 Use of ir to indicate Future Time

(a) Voy a hacer un viaje a Colombia.   I am going to take a trip to Colombia.
    ¿Van Vds. a aprender el francés?   Are you going to learn French?

(b) **Vamos** may be translated: *Let us*, or *We are going to*—whichever makes best sense.

Vamos a empezar. Vamos a ver.	Let us begin. Let's see.
Vamos a visitar a nuestro amigo.	We are going to visit our friend.

Note that the verb **ir** is followed by **a** in such constructions.

3 The Personal **a**. This is placed before the direct object, if the direct object is a person or proper name. The personal **a** is not translated. **a quién** and **a quiénes** equal *whom*.

¿A quién espera Vd.?	Whom are you expecting?
Espero a Juan.	I am expecting John.
¿Van Vds. a visitar Méjico?	Are you going to visit Mexico?

4 The Possessive Adjectives **mi** and **su**. Observe the forms and meanings of **mi** and **su**:

(a) *Mi* **niña está enferma.**	*My* child is ill.
(b) *Mis* **niños van a la escuela.**	*My* children go to school.
(c) **Ana, ¿dónde está** *su* **madre?**	Anna, where is *your* mother?
(d) **Juan, ¿dónde están** *sus* **libros?**	John, where are *your* books?
(e) **Maria está aquí.** *Su* **amiga está ausente.**	Marie is here. *Her* friend is absent.
(f) **Felipe está aquí.** *Su* **amigo está ausente.**	Philip is here. *His* friend is absent.
(g) **Los alumnos están aquí.** *Su* **profesor está ausente.**	The pupils are here. *Their* teacher is absent.

mi (*my*) is used with a sing. noun; **mis** (*my*) with a plur. noun.
su (*his, her, its, their, your*) is used with a sing. noun.
sus (*his, her, its, their, your*) is used with a plur. noun.

The sense of the sentence determines which meaning of **su** (**sus**) applies.

Ejercicios (Exercises) No. 19A–19B–19C

19A. Fill in the correct forms of **ser** and **estar.**

Remember: ser is used to express *Who is?* or *What is?* **estar** is used to express *place where* or *health.*

1 **¿Quién** (is) **el señor López?** (He is) **profesor.**
2 **¿Cómo** (are) **Vd.?** (I am) **muy bien.**
3 **¿Dónde** (are) **Vds.?** (We are) **en la sala.**
4 **¿**(Are) **Vd. negociante? Sí,** (I am) **negociante.**
5 **¿**(Is) **enferma su hija? Sí, mi hija** (is) **enferma.**

6 ¿Cómo (are) Vds.? (We are) **muy bien, gracias.**
7 ¿Dónde (are) los libros? (They are) **en la estantería.**
8 ¿(Are) Vds. españoles? No, (we are) **ingleses.**
9 ¿Quiénes (are) en la sala? Los dos señores (are) **allí.**
10 ¿(Are) Vds. amigos del profesor? Sí, (we are) **sus amigos.**

19B. Complete the following sentences with the words in parenthesis, using the personal **a** whenever necessary.

Ejemplo: **Hoy invitamos** *al* **señor Adams.**

1 Hoy invitamos (el señor Adams).
2 No voy a visitar (la escuela).
3 Carlos espera (su amigo) Pablo.
4 Estudian (la lección).
5 Vamos a visitar (la señora López).
6 ¿Esperan Vds. (el tren)?
7 No, esperamos (Isabel).
8 La Sra. Adams desea ver (su agente).
9 Ellos no visitan (el parque).
10 Hoy visitamos (José).

19C. Translate into Spanish.

1 How are you?
2 So so, thank you.
3 My daughter is ill.
4 I am very sorry.
5 You are a family of six people.
6 Do your children go to school?
7 Do you speak Spanish?
8 No, I do not speak Spanish.
9 I invite Charles to visit my house.
10 We are going to chat a while.
11 Let's begin.
12 I want to study Spanish.

PARTE TERCERA

Exercise No. 20—Preguntas

1 ¿Quién abre la puerta?
2 ¿Quién toca el timbre?
3 ¿Dónde espera la Sra. Adams al Sr. López?
4 ¿Quién está enferma?
5 ¿Qué tiene ella?
6 ¿Cuántos hijos tiene la comerciante?
7 ¿Cuántas personas hay en su familia?
8 ¿Cómo se llaman sus hijos?
9 ¿Cuántos años tiene Felipe?
10 ¿Hablan un rato más?
11 ¿A quién (whom) invita la negociante a visitar su oficina?
12 ¿Acepta el profesor la invitación?

CHAPTER 8

EN LA OFICINA DE LA SEÑORA ADAMS

PARTE PRIMERA

1 La oficina de la señora Adams está en el quinto piso de un edificio alto. No es grande, pero es muy cómoda. Hay dos ventanas grandes que dan a la calle. En las paredes grises hay algunos carteles de España en colores vivos y un mapa de España.

2 En el escritorio de la señora Adams hay muchos papeles. Cerca de la puerta hay un escritorio pequeño con una máquina de escribir. Entre las dos ventanas hay una mesa larga. En la mesa hay periódicos y revistas y un bonito cenicero.

3 La señora Adams, que está sentada detrás de su escritorio cuando el señor López entra en la oficina, se levanta y va a saludarle.

4 Buenas tardes, señor López. Mucho gusto en verle.

5 El gusto es mío. ¿Cómo está Vd.?

6 Muy bien, gracias.

7 Su oficina es hermosa. Me gustan muchísimo este mapa de España y estos carteles. ¡Qué colores tan bonitos! A propósito, Sra. Adams, ¿Qué ve Vd. en ese cartel?

8 Veo el cielo y el sol, unas montañas, un tren y casas blancas con tejados rojos.

9 ¿De qué color es el sol?

10 Es amarillo y muy grande.

11 ¿De qué colores son las montañas, el cielo y el tren?

12 El tren es negro. El cielo es azul. Las montañas son verdes. ¡Dios mío! Es la una. Basta de colores. Tengo hambre. ¿No tiene Vd. hambre?

13 Sí. También yo tengo hambre.

14 Bueno. No lejos de aquí hay un buen restaurante.

15 Pues, ¡vámonos!

1 The office of Mrs. Adams is on the fifth floor of a tall building. It is not large, but it is very comfortable. There are two large windows that face the street. On the grey walls there are some posters of Spain in bright colours and a map of Spain.

2 On the desk of Mrs. Adams there are many papers. Near the door is a small desk with a typewriter. Between the two windows there is a long table. On the table there are newspapers and magazines and a pretty ashtray.

3 Mrs. Adams, who is seated behind her desk when Mr. López enters the office, gets up and goes to greet him.

4 Good afternoon, Mr. López. I am very glad to see you.

5 The pleasure is mine. How are you?

6 Very well, thank you.

7 Your office is beautiful. I like this map of Spain and these posters very much. What pretty colours! By the way, Mrs. Adams, what do you see on that poster?

8 I see the sky and the sun, some mountains, a train and white houses with red roofs.

9 What colour is the sun?

10 It is yellow and very large.

11 What colours are the mountains, the sky and the train?

12 The train is black. The sky is blue. The mountains are green. My goodness! It's one o'clock. Enough of colours. I am hungry. Aren't you hungry?

13 Yes, I am also hungry.

14 Not far from here there is a good restaurant.

15 Well, let's go!

Pronunciation Aids

1 Practise:

edificio (e-ði-ˈfi-θjo)
periódicos (pe-ˈrjo-ði-kos)
revistas (rre-ˈvis-tas) or
   (rre-ˈβis-tas)
muchísimo (mu-ˈtʃi-si-mo)

propósito (pro-ˈpo-si-to)
amarillo (a-ma-ˈri-ʎo)
basta (ˈbas-ta)
cenicero (θe-ni-ˈθe-ro)
máquina (ˈma-ki-na)

2 **qué, cuándo** and other question words drop the accent mark when they are not used as question words. Thus: **La Sra. Adams, que está sentada cuando el Sr. López entra en la sala, se levanta.**

Building Vocabulary

A. Common Descriptive Adjectives

amarillo	yellow	**simpático**	nice
azul	blue	**alto**	high, tall
blanco	white	**bajo**	low
negro	black	**grande**	big
gris	grey	**pequeño**	little
rojo	red	**corto**	short
verde	green	**largo**	long
vivo	lively	**pobre**	poor
enfermo	ill	**rico**	rich

bueno	good	**fácil**	easy
malo	bad	**difícil**	hard, difficult
barato	cheap	**cómodo**	comfortable
caro	dear	**inteligente**	intelligent
bonito	pretty	**importante**	important
hermoso	beautiful	**interesante**	interesting

B. -ísimo This ending means *very*. Thus:

1 **muchísimo**	very much	4 **hermosísimo**	very beautiful
2 **altísimo**	very high	5 **larguísimo**	very long
3 **pobrísimo**	very poor	6 **bonísimo**	very good

Expresiones Importantes

1 **dan a la calle** they face the street. The usual meaning of **dan** is *they give*.
2 **¿Tiene Vd. hambre?** Are you hungry? (*Lit.* Have you hunger?) **Tengo hambre.** I am hungry. (*Lit.* I have hunger.)
3 **a propósito** by the way.
4 **¿De qué color es el papel?** What colour (*Lit.* of what colour) is the paper?
5 Expressions of Liking. In Spanish the idea of liking is expressed by means of the verb **gustar** *to be pleasing to*. The person *to whom* something is pleasing, begins the sentence. The thing which is pleasing follows the verb. Thus: **Me gusta el libro.** I like the book. (*Lit. To me* is pleasing the book.) **Me gustan los carteles.** I like the posters. (*Lit. To me* are pleasing the posters.)

Exercise No. 21—Completion of Text

1 **Dos ventanas** (face the street).
2 **En la mesa hay** (newspapers).
3 **La Sra. Adams está sentada** (behind her desk).
4 **El Sr. López** (enters the office).
5 (I'm very glad to see you).
6 (The pleasure is mine).
7 (I like = to me is pleasing) **este mapa.**
8 (By the way), **¿ve Vd. ese cartel?**
9 (I see) **el cielo y el sol.**
10 ¿(What colour) **es el sol?**
11 ¿(What colours) **son las montañas?**
12 (My goodness!) **Es la una.**
13 (I am hungry).
14 (Not far from here) **hay un restaurante.**
15 (Let's go!)

PARTE SEGUNDA

Grammar Notes

1 Agreement of Adjectives

Observe the position of the adjectives in the following examples and how they agree with the nouns they modify.

el hombre **bueno**	the good man
la mujer **buena**	the good woman
los hombres **buenos**	the good men
las mujeres **buenas**	the good women
el libro **azul**	the blue book
la casa **azul**	the blue house
los libros **azules**	the blue books
las casas **azules**	the blue houses

El edificio es **grande y hermoso.**	The building is large and beautiful.
La ciudad es **grande y hermosa.**	The city is large and beautiful.
Los edificios son **grandes y hermosos.**	The buildings are large and beautiful.
Las ciudades son **grandes y hermosas.**	The cities are large and beautiful.

(a) Adjectives agree with the nouns they modify in number and gender.

(b) Adjectives ending in -o change to -a in the feminine. (**bueno buena; hermoso hermosa**)

(c) Adjectives not ending in -o do not change in the feminine. (**grande grande; azul azul**)

(d) Adjectives, like nouns, form their plurals by adding -s if they end in a vowel (**bueno buenos; verde verdes**); and by adding -es if they end in a consonant. (**azul azules; gris grises**)

(e) Descriptive adjectives usually follow the noun. Adjectives of quantity precede it.

una mesa larga a long table   **muchas hijas** many daughters

2 More about the uses of **ser** and **estar.**

(a) You have learned:

ser is used in answer to such questions as *Who is? What is?*

¿Quién es el profesor? El Sr. López es el profesor.

¿Qué es esto? Es el retrato de mi esposo.

estar is used in expressions of place and health.

¿Dónde está la oficina? Está en la Calle de Oxford.

¿Cómo está su niño? Mi niño está enfermo.

(b) Study the following sentences and note:

ser is used with adjectives which indicate *lasting qualities*, that is, qualities not likely to change, such as colour, size, shape, personal characteristics.

estar is used with adjectives which indicate *non-lasting qualities*, that is, qualities quite subject to change. Among these are adjectives of health.

Adjectives with **ser** (*Lasting Qualities*)	Adjectives with **estar** (*Non-lasting Qualities*)
1 La oficina es pequeña.	1 La cocina está caliente (*hot*).
2 Los libros son azules.	2 La sala está fría (*cold*).
3 La lección es fácil.	3 Estamos listos (*ready*).
4 Mis amigos son inteligentes.	4 ¿Están Vds. contentos (*happy*)?
5 Las cestas son baratas.	5 Las ventanas están limpias (*clean*).
6 María es simpática.	6 El jarro está lleno (*full*).
7 El niño es bueno.	7 Estoy bueno (bien) (*well*).
8 Los cuartos no son malos.	8 Jorge está malo (*ill*).

NOTE: **bueno** and **malo** go with **ser** when they mean *good* and *bad*.

NOTE: **bueno** and **malo** go with **estar** when they mean *well* and *sick*.

(c) **estar** is also used with adjectives indicating a finished action, like **sentado** seated; **escrito** written.

Los señores están sentados. La carta está escrita.

PARTE TERCERA

Ejercicios (Exercises) No. 22A–22B–22C

22A. Fill in the correct form of the adjective in parenthesis.

Ejemplo: Los colores de los carteles son *vivos*.

1 Los colores de los carteles son (lively).
2 La oficina es (comfortable).
3 Veo las casas con tejados (red).
4 ¿Dónde están las montañas (green)?
5 Los edificios de mi ciudad son muy (high).
6 Hay (many) carteles en la pared.
7 Las casas son (white).
8 (Many) ventanas dan a la calle.
9 El cielo es (blue).
10 Es una señorita muy (nice).

22B. Fill in the correct form of **ser** or **estar** as needed.

1 Los niños —— simpáticos.
2 Un coche —— en la esquina.
3 El color de los tejados —— rojo.
4 ¿Cómo —— Vd.?
5 —— muy bien.
6 Mis niños —— enfermos.
7 Nosotros —— sentados en el comedor.
8 Nosotros —— los amigos de Felipe.
9 Los alumnos —— muy inteligentes.
10 ¿—— muy altos los edificios?

22C. Translate:

1 The office of Mrs. Adams is very nice.
2 The windows of the office are large.
3 Many papers are on the floor (suelo).
4 The roofs of the houses are red.
5 The sky is blue.
6 The mountains are green.
7 The building is very high.
8 How are you, Mrs. Adams?
9 I am very well, thank you.
10 The posters are beautiful.

Exercise No. 23—Preguntas

Answer in complete Spanish sentences.

1 ¿Dónde está la oficina de la Sra. Adams?
2 ¿Es grande la oficina?
3 ¿Es cómoda la oficina?
4 ¿Dónde hay algunos carteles de España?
5 ¿Dónde están muchos papeles?
6 ¿Dónde está el escritorio pequeño?
7 ¿Qué hay entre las dos ventanas?
8 ¿Quién está sentado?
9 ¿De qué color es el sol en el cartel?
10 ¿De qué color es el tren?
11 ¿De qué color son las montañas?
12 ¿Es azul el cielo?
13 ¿De qué color son las casas?
14 ¿Son rojos los tejados?
15 ¿De quién (whose) es la oficina?

CHAPTER 9

UN AMIGO VISITA LA OFICINA DE LA SEÑORA ADAMS

PARTE PRIMERA

1 El señor Gómez, amigo de la señora Adams, es un habitante de Londres. Sin embargo habla bien el español, porque sus padres son españoles. Es un caballero de treinta y cinco años de edad.

2 Sabe que su amiga la Sra. Adams aprende el español. Desea saber cómo adelanta su amiga. Por eso entra un día en la oficina de la señora Adams y le saluda en español. Sigue la conversación.

3 ¿Qué tal, Juana?

4 Muy bien, gracias. ¿Y Vd.?

5 Así, así. A propósito, ¿Vd. aprende el español, verdad?

6 ¿Cómo no? Aprendo a hablar, a leer y a escribir el español.

7 ¿Es difícil el español?

8 Pues no, no es difícil. Me gusta la lengua y estudio diligentemente.

9 ¿Quién es su profesor de español?

10 El señor López. Es un maestro muy bueno, y día por día hablo, leo y escribo mejor. Aprendo las palabras y las expresiones de la vida diaria. Yo comprendo al señor López cuando él habla español, y él me[1] comprende cuando yo hablo la lengua. Me gusta mucho el español.

11 Amiga mía, Vd. habla estupendamente bien.

12 Es favor que Vd. me hace.

13 No es favor. Es verdad. Mis amigos me dicen que Vd. va a hacer un viaje a España el verano que viene.[2]

14 Espero ir en primavera, el 31 de mayo. Voy a viajar por avión. Quiero llegar a España cuanto antes.

15 ¡Buen viaje! ¡Y buena suerte! Hasta luego, amiga mía.

16 Hasta la vista.

1 Mr. Gómez, a friend of Mrs. Adams, is an inhabitant of London. Nevertheless he speaks Spanish well because his parents are Spanish. He is a gentleman of thirty-five.

2 He knows that his friend Mrs. Adams is learning Spanish. He wants to find out how his friend is progressing. Therefore he enters the office of Mrs. Adams one day and greets her in Spanish. The conversation follows.

3 How are things, Jane?

4 Very well, thank you. And you?

5 So, so. By the way, you are learning Spanish, aren't you?

6 Of course! I am learning to speak, read and write Spanish.

7 Is Spanish difficult?

8 Well no, it's not difficult. I like the language and I study industriously.

9 Who is your Spanish teacher?

10 Mr. López. He is a very good teacher and day by day I speak, read and write better. I learn the words and expressions of daily life. I understand Mr. López when he speaks Spanish, and he understands me when I speak it. I like Spanish very much.

11 My friend, you speak wonderfully well.

12 You are very kind.

13 Not at all. It is the truth. My friends tell me that you are going to take a trip to Spain this coming summer.

14 I hope to go in the Spring, on the 31st of May. I am going to travel by plane. I want to arrive in Spain as soon as possible.

15 Happy voyage! And good luck! Good-bye, friend.

16 So long.

NOTE: 1. **me** *me*. Object pronouns usually precede the verb. 2. *Lit*. The summer which is coming.

Pronunciation Aids

habitante (a-βi-'tan-te)
adelanta (a-ðe-'lan-ta)
conversación (kon-ver-sa-'θjon)
  or (kom-ber-sa-'θjon)
diligentemente
  (ði-li-'xen-te-'men-te)
expresiones (es-pre-'sjo-nes)

estupendamente
  (es-tu-'pen-da-'men-te)
fácil ('fa-θil)
difícil (ði-'fi-θil)
buena ('bwe-na)
suerte ('swer-te)
buen viaje ('bwem 'bja-xe)

Building Vocabulary

A. Palabras Relacionadas (Related Words)

1	habitar	to inhabit	el habitante	the inhabitant
2	conversar	to converse	la conversación	the conversation
3	estudiar	to study	el estudiante	the student
			el estudio	the study
4	comprender	to comprehend	la comprensión	the comprehension
5	viajar	to travel	el viaje	the voyage
			el viajero	the traveller

B. More Adverbs ending in -mente

1	diligentemente	diligently	4	seguramente	surely
2	estupendamente	wonderfully	5	ciertamente	certainly
3	rápidamente	rapidly	6	posiblemente	possibly

Expresiones Importantes

1	**sin embargo**	nevertheless	4 **¿cómo no?**	of course, why not?
2	**por eso**	therefore	5 **día por día**	day by day
3	**¿qué tal?**	how goes it?	6 **cuanto antes**	as soon as possible

7 **¿verdad?, ¿no es verdad?** is it not true? Translated in various ways, such as: Isn't he, she, it? Aren't you? etc.

8 **el verano que viene** the coming summer (*Lit.* the summer which is coming).

Exercise No. 24—Completion of Text

1 (His parents) **son españoles.**
2 **Su amigo** (is progressing).
3 **Cuando el Sr. Gómez entra, dice — ¿** (How goes it?)?
4 (By the way), **Vd. aprende el español, ¿**(aren't you)?
5 (Of course).
6 (I am learning) **a hablar, a leer y a escribir el español.**
7 **Es** (easy). **No es** (difficult).
8 (I am studying) **diligentemente, porque** (I want) **ir a España.**
9 **Cuando él habla, yo** (understand).
10 **¿Aprende Vd. las** (words) **de la vida** (daily)?
11 **Sí, y aprendo también las** (expressions).
12 (I like = to me is pleasing) **la lengua.**

PARTE SEGUNDA

Grammar Notes

1 Present Tense of **aprender** and **vivir.** Model **-er** and **-ir** Verbs.

Singular		Plural	
aprend-o	I learn	**aprend-emos**	we learn
aprend-es	you learn (*fam.*)	**aprend-éis**	you learn (*fam.*)
Vd. aprend-e⎫	you learn	**Vds. aprend-en⎫**	you learn
aprend-e⎭	he, she, it learns	**aprend-en⎭**	they learn
viv-o	I live	**viv-imos**	we live
viv-es	you live (*fam.*)	**viv-ís**	you live (*fam.*)
Vd. viv-e⎫	you live	**Vds. viv-en⎫**	you live
viv-e⎭	he, she, it lives	**viv-en⎭**	they live

(a) The endings of **aprender** are like the endings of **hablar,** except that the letter **-e** replaces the letter **-a.**

The endings of **aprender** are the same as those of **vivir,** except in the **nosotros** (*we*) and **vosotros** (*you, fam.*) forms.

(b) Some common **-er** and **-ir** verbs like **aprender** and **vivir**.

beber	to drink	**abrir**	to open
comer	to eat	**escribir**	to write
comprender	to understand	**dividir**	to divide
leer	to read	**recibir**	to receive
responder	to answer	**permitir**	to permit
ver[1]	to see	**prohibir**	to prohibit

NOTE: The present tense of **ver**: Sing. **veo, ves, ve.** Plur. **vemos, veis, ven.**

2 Verbs followed by an Infinitive with **a**.

Va a hacer un viaje.	He is going to make a trip.
Aprende a leer.	He learns to read.
Principia a hablar.	He begins to speak.
Comenzamos a comer.	We begin to eat.

After the verbs **ir, aprender, comenzar,** and **principiar,** a complementary infinitive must be preceded by **a**.

PARTE TERCERA (THIRD PART)

Ejercicios (Exercises) No. 25A–25B

25A. Practise these short dialogues aloud. They will give you a 'feeling' for the correct use of verbs in the present tense.

1 ¿Aprenden Vds. el español?
Sí, aprendemos el español.
¿Aprende Carlos el español?
No aprende el español.

2 ¿Escribe Vd. una carta?
No escribo una carta.
¿Qué escribe Vd.?
Escribo los ejercicios.

3 ¿Qué lee Vd.?
Leo el periódico.
¿Qué lee Ana?
Ella lee una revista.

4 ¿Quién abre la puerta?
La criada abre la puerta.
¿Quién entra en la casa?
El Sr. López entra en la casa.

5 ¿Qué ve Vd.?
Veo el mapa.
¿Ve Vd. los carteles?
No veo los carteles.

6 ¿Dónde viven Vds.?
Vivimos en Londres.
¿Dónde viven los españoles?
Viven en España.

25B. Fill in the missing endings. **-ar, -er** and **-ir** verbs are included in this exercise.

Ejemplo: Aprendo el español.

1 (Yo) aprend— el español.
2 El señor López toc— el timbre.
3 (Nosotros) estudi— diligentemente.

4 (Ellos) no comprend— al maestro.
5 ¿Le— Vds. los periódicos?
6 Los niños beb— leche.

7 ¿Escrib— Vd. los ejercicios?   11 (Ellas) no viaj— en la prima-
8 ¿Viv— (ella) en la ciudad?   vera.
9 Niño, ¿por qué no beb— la leche?12 La criada abr— la puerta.
10 Papa, ¿quier— (tú) la revista?

Exercise No. 26—Preguntas

1 ¿Quién es un habitante de Londres?
2 ¿Habla el Sr. Gómez bien el español?
3 ¿Son sus padres ingleses?
4 ¿Qué sabe el señor Gómez?
5 ¿En dónde entra un día?
6 ¿A quién saluda el Sr. Gómez en español?
7 ¿Quién aprende a hablar, a leer y a escribir el español?
8 ¿Cómo estudia la Sra. Adams?
9 ¿Quién es su profesor de español?
10 ¿Es un buen profesor?
11 ¿Comprende la señora Adams cuando el profesor habla español?
12 ¿Qué clase de (what kind of) palabras aprende la señora Adams?
13 ¿Quién va a hacer un viaje a España?
14 ¿Cuándo espera ir a España?
15 ¿Quién dice — Buen viaje y buena suerte?

REVISION 2

CHAPTERS 6–9 PARTE PRIMERA
Repaso de Palabras
NOUNS

1 el año	11 la manera	21 el restaurante
2 el avión	12 el mapa	22 la revista
3 el caballero	13 la montaña	23 el sol
4 el cartel	14 la noche	24 la suerte
5 la criada	15 el país	25 la tarde
6 el cielo	16 el parque	26 el tejado
7 la escuela	17 el periódico	27 la verdad
8 el estudiante	18 la plaza	28 el viaje
9 el habitante	19 la pregunta	29 la vida
10 la lección	20 la respuesta	30 el vuelo

1 year	11 manner	21 restaurant
2 aeroplane	12 map	22 magazine
3 gentleman	13 mountain	23 sun
4 poster	14 night	24 luck
5 servant (*f*)	15 country	25 afternoon, evening
6 sky	16 park	26 roof
7 school	17 newspaper	27 truth
8 student	18 square	28 voyage
9 inhabitant	19 question	29 life
10 lesson	20 answer	30 flight

VERBS

1 aceptar	14 pasar	27 responder
2 adelantar	15 practicar	28 tener
3 comenzar	16 preguntar	29 saber
4 contestar	17 saludar	30 ver
5 desear	18 tocar	31 abrir
6 empezar	19 trabajar	32 escribir
7 entrar(en)	20 viajar	33 ir
8 escuchar	21 visitar	34 pedir
9 esperar	22 aprender	35 seguir
10 estudiar	23 beber	36 salir (de)
11 hablar	24 comprender	37 salgo
12 invitar	25 hacer	38 no sé
13 llegar	26 leer	39 voy a

1 to accept	8 to listen	15 to practice
2 to progress	9 to expect	16 to ask
3 to begin	10 to study	17 to greet
4 to answer	11 to speak	18 to play (instrument)
5 to want	12 to invite	19 to work
6 to begin	13 to arrive	20 to travel
7 to enter	14 to pass	21 to visit

22 to learn	28 to have	34 to ask for
23 to drink	29 to know	35 to follow
24 to understand	30 to see	36 to leave, go out of
25 to make	31 to open	37 I leave
26 to read	32 to write	38 I do not know
27 to answer	33 to go	39 I am going to

ADJECTIVES

1 alto	10 difícil	19 listo
2 amarillo	11 enfermo	20 limpio
3 azul	12 fácil	21 lleno
4 bajo	13 frío	22 próximo
5 barato	14 gris	23 rápido
6 caro	15 hermoso	24 rico
7 caliente	16 importante	25 rojo
8 cómodo	17 inteligente	26 sucio
9 corriente	18 largo	27 verde

1 high	10 difficult	19 ready
2 yellow	11 ill	20 clean
3 blue	12 easy	21 full
4 low	13 cold	22 next
5 cheap	14 grey	23 rapid
6 dear	15 beautiful	24 rich
7 hot	16 important	25 red
8 comfortable	17 intelligent	26 dirty
9 common	18 long	27 green

ADVERBS

| 1 alto | 3 hoy | 5 tampoco |
| 2 despacio | 4 tan | 6 demasiado |

| 1 loudly | 3 today | 5 neither |
| 2 slowly | 4 such, so | 6 too much |

PREPOSITIONS

| 1 para | 3 lejos de | 5 menos |
| 2 sin | 4 por | 6 cerca de |

| 1 for, in order to | 3 far from | 5 except |
| 2 without | 4 for, by, through | 6 near |

NOTE: The uses of **por** and **para** offer some difficulty in Spanish. You can best get a feeling for their correct use by memorizing **por** and **para** phrases as you meet them. Thus: **por favor; basta por hoy; para visitar** (in order to visit). **Sale para España.** He leaves for Spain.

In general **para** is used to indicate *purpose, destination*, **por** is used to indicate *price* (**por peso**); *duration of time* (**por dos meses**); *through* (**por la calle**).

QUESTION WORDS

| 1 quién | 3 a quién | 5 de quién |
| 2 cuál | 4 cuáles | 6 cuándo |

| 1 who | 3 whom, to whom | 5 of whom, whose |
| 2 which (one) | 4 which (ones) | 6 when |

CONJUNCTIONS

1 pues	2 si	3 cuando	4 porque
1 well	2 if	3 when	4 because

IMPORTANT EXPRESSIONS

1 Buena suerte
2 Buen viaje
3 a propósito
4 ¿cómo no?
5 con su permiso
6 con mucho gusto
7 ¿Cuánto cuesta?
8 ¿Cuántos años tiene Vd.?
9 Tengo quince (15) años
10 ¿de qué color?
11 ¿(no es) verdad?
12 hacer un viaje
13 hacer preguntas

14 mucho gusto en verle
15 lo siento mucho
16 pedir información
17 en tren
18 en barco
19 en avión
20 ¿qué tal?
21 tengo hambre
22 sin embargo
23 sobre todo
24 vámonos
25 un rato más

1 good luck
2 Happy voyage
3 by the way
4 of course, why not?
5 if you please, with your permission
6 with great pleasure
7 How much does it cost?
8 How old are you?
9 I am 15 years old
10 what colour?
11 isn't it so?
12 to take a trip
13 to ask questions

14 very glad to see you
15 I am very sorry
16 to ask for information
17 by train
18 by boat
19 by aeroplane
20 how are things?
21 I am hungry
22 nevertheless
23 especially
24 let's go
25 a while longer

PARTE SEGUNDA

Ejercicio 27   Give the Spanish words that correspond to these English words. The ending *-tion* becomes *-ción*.

Ejemplo: prevention prevención

1 civilization	4 exception	7 invitation	9 invention
2 reservation	5 revolution	8 election	10 solution
3 instruction	6 observation		

Ejercicio 28   Answer each of the following questions in complete sentences, using the suggested words in the answer.

Ejemplo: ¿De qué color es el jarro? (azul.) El jarro es azul, or Es azul.

1 ¿De qué color es el cielo? (azul)
2 ¿Qué lengua hablan los españoles? (español)
3 ¿Quién tiene hambre? (La Sra. Adams)

4 ¿De qué color es la revista? (blanc- y negr-)
5 ¿Dónde vive Vd.? (en Gran Bretaña)
6 ¿De qué color son los tejidos? (roj-)
7 ¿Qué beben los niños? (leche)
8 ¿A quién saluda la Sra. Adams? (a su amigo)
9 ¿Cuántos años tiene Vd.? (treinta años)
10 ¿Cómo se llama Vd.? (your own name)

Ejercicio 29 Select the words in Column II which best complete the sentence begun in Column I.

I

1 No comprendo bien al profesor
2 El señor dice — Con su permiso —
3 Si Vd. no sabe la respuesta
4 El profesor dice — Lo siento mucho
5 Vamos por avión porque
6 Si estudiamos diligentemente
7 Cuando tengo hambre
8 Las ventanas de la oficina
9 El amigo saluda a la señora Adams y dice —
10 No sé cuánto cuesta

II

(a) diga — no sé.
(b) es el modo más rápido.
(c) voy al restaurante.
(d) dan a la calle.
(e) cuando habla rápidamente.
(f) el vuelo a España.
(g) cuando pasa delante de una persona.
(h) vamos a adelantar día por día.
(i) porque la niña está enferma.
(j) Mucho gusto en verle.

Ejercicio 30 Complete each verb with the correct ending.

1 nosotros trabaj ——
2 ellos aprend ——
3 él empiez ——
4 Vd. sab ——
5 Vds. escrib ——
6 tú abr ——
7 yo permit ——
8 Vd. beb ——
9 nosotros adelant ——
10 yo ve ——

Ejercicio 31 Answer each of the following questions in the affirmative:

Ejemplo: ¿Habla Vd. inglés? Sí, hablo inglés.

1 ¿Aprende Vd. el español?
2 ¿Estudia Vd. la lección?
3 ¿Trabaja Vd. diligentemente?
4 ¿Espera Vd. viajar?

5 ¿Ve Vd. los carteles?
6 ¿Lee Vd. el periódico?
7 ¿Comprende Vd. la pregunta?

8 ¿Acepta Vd. la invitación?
9 ¿Visita Vd. al maestro?

Ejercicio 32 Complete with the correct forms of **ser** or **estar**. (See grammar notes 2a, b, c, page 54.)

1 El padre (is) profesor.
2 ¿Cómo (are) Vd.?
3 (I am) enfermo.
4 (We are) contentos.
5 La casa (is) blanca.
6 (He is) sentado.
7 Los niños (are) listos.
8 Ella (is) inteligente.

9 Los muchachos (are) simpáticos.
10 La sala (is) fría.
11 (They are) importantes.
12 Tú (are) bonito, niño.
13 Vd. (are) alto.
14 Vds. no (are) ricos.
15 (I am) bien.

PARTE TERCERA

Diálogo 1

Practise the Spanish aloud:

¿Quién es Vd.?	Who are You?
1 ¿Cómo se llama Vd.?	1 What is your name?
2 Me llamo Carlos Sánchez.	2 My name is Charles Sánchez.
3 ¿Cuántos años tiene Vd.?	3 How old are you?
4 Tengo veinte años.	4 I am 20 years old.
5 ¿Dónde vive Vd.?	5 Where do you live?
6 Vivo en la Calle de Toledo 50.	6 I live at 50 Toledo St.
7 ¿Dónde trabaja Vd.?	7 Where do you work?
8 Trabajo en la casa Velarde y Cía (Compañía).	8 I work for the firm, Velarde and Co.

Diálogo 2

¿Qué autobús tomo?

1 Dispénseme, señor, ¿qué autobús tomo para la Plaza de Colón (para el parque) (para el centro)? etc.
2 Tome Vd. este autobús. Para aquí mismo en la esquina.
3 Muchas gracias, señor.
4 De nada.

What Bus Do I Take?

1 Excuse me, sir, what bus do I take for Columbus Square (for the park) (for the centre)? etc.
2 Take this bus. It stops right here on the corner.
3 Thank you very much, sir.
4 You're welcome.

Diálogo 3

¿Qué tranvía va a . . . ?

1 Dispénseme, señor, ¿me hace el favor de decirme qué tranvía va al museo del Prado (al Palacio Real) (a la Plaza Mayor)? etc.
2 No sé, señor. Pero aquel agente de policía en la esquina puede decirle, estoy seguro.
3 Muchas gracias, señor. Voy a preguntarle.

What Tram Goes to . . . ?

1 Excuse me, sir, would you please tell me, what tram goes to the Prado Museum (to the Royal Palace) (to the Main Square)?
2 I do not know, sir. But that policeman on the corner can tell you, I am sure.
3 Thank you very much, sir. I am going to ask him.

LECTURA 1
Follow the instructions given in Exercise No. 14.

Exercise No. 33—Dos amigos de la señora Adams

La señora Adams ya sabe los nombres de todos los objetos de su casa. Ahora empieza a estudiar los verbos porque desea aprender a leer, a escribir y a conversar en español. También desea saber los números en español. Siendo (being) una comerciante que espera visitar a su agente en España, necesita (she needs) la práctica de charlar (chatting) con españoles o hispanoamericanos. Afortunadamente (Luckily) tiene dos amigos que son de España y que trabajan cerca de su oficina en la calle de Oxford.

Un día la señora Adams va a visitar a estos (these) españoles. Los dos señores escuchan con atención a la señora Adams mientras (while) habla con ellos en español. Después de (After) diez minutos de conversación, los españoles hacen muchas preguntas a su (their) amiga y están muy contentos (pleased) de sus (her) respuestas.

Exercise No. 34—La Sra. Adams se pone enferma (falls ill)

El jueves, diez y ocho de abril, a las nueve de la tarde, llega (arrives) el señor López[1] a la casa de su alumna, la señora Adams. El hijo mayor, un muchacho de diez años, abre la puerta y saluda al profesor. Entran en la sala donde la señora Adams generalmente espera a su profesor.

Pero esta (this) tarde no está en la sala. Tampoco (Neither) está allí el señor Adams. El señor López está muy sorprendido (surprised) y pregunta al muchacho — ¿Dónde está tu mamá? El hijo responde tristemente, — Mi mamá está enferma y no puede (cannot) salir de su dormitorio. Está en cama (bed) porque tiene un fuerte (severe) catarro. También tiene dolor de cabeza (headache).

El profesor se pone (becomes) muy triste y dice, — ¡Qué lástima! (What a pity!) Hoy no es posible dar la clase, pero la semana próxima vamos a estudiar dos horas. Hasta el martes próximo.

NOTE: 1. Quite frequently the subject is placed after the verb in Spanish, even when the sentence is not a question. Thus: **llega la Sra. Adams** = **la Sra. Adams llega.** Watch out for this inverted word order.

CHAPTER 10

EN EL COMEDOR

PARTE PRIMERA

1 La señora Adams y el señor López están sentados en el comedor de la casa Adams. Toman café y pastas.

2 Dice la señora Adams — ¿Le gustan estas tazas y estos platillos?

3 — ¡Qué bonitos son! — contesta el señor López. — Son de Méjico, ¿verdad?

4 — Sí, contesta la señora Adams. Esta taza blanca con dibujos azules es de Puebla. Este tipo de cerámica se llama Talavera de Puebla. Es conocida en todas partes. Es interesante ver que cada distrito tiene su propio estilo de cerámica.

5 ¿De dónde es ese jarro verde y blanco?

6 Este jarro para crema es de Oaxaca. Mire Vd. los dibujos de pájaros y flores. Ese otro para agua es de Michoacán.

7 Ya sabe Vd., señora Adams, que los indios de Méjico son verdaderos artistas. Trabajan despacio. Como cualquier artista, no tienen prisa.

8 Sí, quiero importar estos objetos de arte, pero es difícil hoy día obtener un surtido adecuado para el mercado británico.

9 — Pobre artista, — dice el señor López. — Para aquel mercado lejano tiene que trabajar de prisa. Así no es fácil mantener la calidad artística.

10 — Es verdad, — responde la señora Adams. — Pero de todos modos veo mucha cerámica de interés artístico.

11 — ¡Ya lo creo! — contesta el señor López. — Me gustan mucho aquellos platos fruteros en el aparador. ¡Qué finos son los dibujos amarillos y azules sobre el fondo blanco!

12 Tengo también ejemplares de cerámica corriente. Es muy sencilla. Como ese plato cerca de Vd., muchas veces es de color café.

13 — Es para usarlo, — dice el señor López. — Pero también tiene dibujos.

14 ¿Quiere Vd. más café? ¿No quiere Vd. también esa torta?

15 — Gracias. Todo está muy sabroso, — contesta el señor López.

1 Mrs. Adams and Mr. López are seated in the dining-room of the Adams house. They are having coffee and cakes.

2 Mrs. Adams says: 'Do you like these cups and saucers?'

3 'How pretty they are!' answers Mr. López. 'They are from Mexico, aren't they?'

4 'Yes,' replies Mrs. Adams. 'This white cup with the blue designs is from Puebla. This kind of pottery is called Puebla Talavera. It is known everywhere. It is interesting to see that each district has its own style of pottery.'

5 Where does that green and white jug come from?

6 This cream jug is from Oaxaca. Look at the designs of birds and flowers. That other one for water is from Michoacán.

7 You already know, Mrs. Adams, that the Indians of Mexico are true artists. They work slowly. Like any artist, they are not in a hurry.

8 Yes, I want to import these art objects, but it is hard nowadays to obtain an adequate assortment for the British market.

9 'Poor artist,' says Mr. López. 'For that distant market he has to work fast. Thus it is not easy to maintain artistic quality.'

10 'It is true,' answers Mrs. Adams. 'But anyway, I see a lot of pottery of artistic interest.'

11 'I should say so!' answers Mr. López. 'I very much like those fruit dishes on the sideboard. How fine the yellow and blue designs are on the white background!'

12 I also have samples of ordinary pottery. It is very simple. Like that plate near you, it is often brown.

13 'It is for use,' says Mr. López. 'But it also has designs.'

14 Do you want more coffee? Do you not want that cake, too?

15 'Thank you. Everything is very tasty,' answers Mr. López.

Pronunciation Aids

1 Practise:

platillo (pla-'ti-ʎo)   **aparador** (a-pa-ra-'ðor)
dibujo (ði-'βu-xo)   **cucharita** (ku:tʃa-'ri-ta)
cerámica (θe-'ra-mi-ka)   **lejano** (le-'xa-no)
conocido (ko-no-'θi-ðo)   **sencillo** (sen-'θi-ʎo)
pájaro ('pa-xa-ro)   **Michoacán**[1] (Mi-tʃwa-'kan)
azucarero (a-θu-ka-'re-ro)   **Oaxaca**[1] (wa-'xa-ka)
artesano (ar-te-'sa-no)

2 Exclamations begin with a reversed exclamation mark.

¡Qué finos son los dibujos!   How fine the designs are!

3 When a feminine noun begins with a stressed **a** the masculine article **el** is used for the sake of the sound. Thus: **el** agua, but **las** aguas; **el arte, las** artes

---

[1] Names of Indian origin; hence the exceptional pronunciation.

Building Vocabulary

A. **En el Comedor** In the Dining-Room

el aparador	buffet	**el jarro para crema**	cream jug
el azucarero	sugar-bowl	**el jarro para agua**	water jug
la cuchara	spoon	**el plato**	plate
la cucharita	teaspoon	**el platillo**	saucer
el cuchillo	knife	**el sillón**	armchair
la mesa	table	**el vaso**	glass

B. The endings **-ito, -ita, -illo, -illa,** added to a noun, have the meaning *small*. They are also used to indicate affection, friendliness, sympathy, or informality. The Spaniards are very fond of these endings and use them even on adjectives and adverbs.

cuchara	spoon	**Ana**	Anna
cucharita	little (tea)spoon	**Anita**	Annie
plato	plate	**Juan**	John
platillo	saucer	**Juanito**	Johnny, Jack
hijo (a)	son, daughter		
hijito (a)	sonny, little girl		

Expresiones Importantes

1	**cada artista**	each artist
2	**de todos modos**	anyway
3	**hoy día**	nowadays
4	**muchas veces**	many times, often
5	**por todas partes**	everywhere
6	**tener que**	to have to
7	**tiene que trabajar**	he has to work
8	**tener prisa**	to be in a hurry
9	**tengo prisa**	I am in a hurry
10	**¡Ya lo creo!**	Of course! I should say so!

Exercise No. 35—Completion of Text

1 (They are having) **café y pastas.**
2 **¡Qué bonitos son estos** (designs)!
3 **Este tipo de cerámica es conocido** (everywhere).
4 (Each) **distrito tiene su** (own) **estilo.**
5 **Este jarro es** (for cream).
6 **Ese otro es** (for water).
7 **Cualquier artista trabaja** (slowly).
8 (He has to) **trabajar de prisa.**
9 **Pero** (anyway) **veo mucha cerámica.**

10 (I have) **ejemplares de cerámica corriente.**
11 **Ese plato es** (very simple).
12 (Often) **es de color café.**
13 **Es** (for use), **pero tiene dibujos.**
14 ¿(Do you wish) **más café?**
15 ¿(Do you not wish) **esta torta?**

PARTE SEGUNDA

Grammar Notes

1 The Demonstrative Adjectives. Note the forms and meanings of **este, ese,** and **aquel** in the following sentences.

Este jarro es de Puebla.	*This* jug is from Puebla.
Esta taza es de Oaxaca.	*This* cup is from Oaxaca.
Estos jarros son de Puebla.	*These* jugs are from Puebla.
Estas tazas son de Oaxaca.	*These* cups are from Oaxaca.
Ese plato es de Granada.	*That* plate is from Granada.
Esa cuchara es de Toledo.	*That* spoon is from Toledo.
Esos platos son de Granada.	*Those* plates are from Granada.
Esas cucharas son de Toledo.	*Those* spoons are from Toledo.
Mire Vd. **aquel** tejado rojo.	Look at *that* roof.
Mire Vd. **aquella** montaña alta.	Look at *that* high mountain.
Mire Vd. **aquellos** tejados rojos.	Look at *those* red roofs.
Mire Vd. **aquellas** montañas altas.	Look at *those* high mountains.

(a) Demonstrative adjectives agree in number and gender with the nouns they modify.

(b) **ese, esa, esos, esas** (*that, those*) are used to point out persons or things near the persons spoken to. **aquel, aquella, aquellos, aquellas** (*that, those*) are used to point out distant persons or things.

2 Present Tense of **tener** to have, **venir** to come.

	Singular			Plural	
	tengo	I have		**tenemos**	we have
	tienes (*fam.*)	you have		**tenéis**	you have (*fam.*)
Vd.	**tiene**⎱	you have	**Vds.**	**tienen**⎱	you have
	tiene⎰	he, she, it has		**tienen**⎰	they have
	vengo	I come		**venimos**	we come
	vienes	you come (*fam.*)		**venís**	you come (*fam.*)
Vd.	**viene**⎱	you come	**Vds.**	**vienen**⎱	you come
	viene⎰	he, she, it comes		**vienen**⎰	they come

Memorize the proverb (**el refrán**): **Quién primero viene primero tiene.** First come first served. (*Lit.* He who comes first, has first.)

PARTE TERCERA

Ejercicios (Exercises) No. 36A–36B–36C

36A. Complete with the correct form of **este, ese, aquel**. The abbreviation, *dist.* (*distant*) after *that* and *those*, means use the correct form of **aquel**, not of **ese**.

Ejemplo: ¿Ven Vds. aquellas montañas verdes?

1 ¿Ven Vds. (those-*dist.*) **montañas verdes?**
2 (This) **taza es de Puebla.**
3 (These) **señores toman café.**
4 (These) **sillas son nuevas.**
5 (Those) **revistas son muy interesantes.**
6 (Those) **dibujos son muy finos.**
7 (That-*dist.*) **casa es gris.**
8 (This) **retrato es de mi esposa.**
9 Vamos a visitar (those-*dist.*) **ciudades.**
10 (This) **camisa es de Juan.**
11 (That) **blusa es de María.**
12 Me gustan (these) **dibujos.**

36B. Read each question and answer aloud several times.

1 ¿Tiene Vd. que escribir una carta? 4 ¿Tienes prisa, Carlitos?
  Sí, tengo que escribir una carta.   No, no tengo prisa.
2 ¿Tienen Vds. que hacer un viaje? 5 ¿De dónde viene Vd.?
  No, no tenemos que hacer un viaje.   Vengo del cine.
3 ¿Tienes hambre, hijito?   6 ¿De dónde vienen Vds.?
  Sí, tengo hambre.   Venimos del parque.

36C. Translate into Spanish:

1 These gentlemen are seated in the dining-room.
2 These cups are from Puebla.
3 I like (**me gustan**) these designs.
4 Those plates are from Oaxaca.
5 Do those (*dist.*) artists work slowly?
6 Has this family five children?
7 Are you hungry, sonny?
8 No, I am not hungry.
9 Do you have to write a letter, Mrs. Adams?
10 Yes, I have to write a letter.

PARTE CUARTA

Exercise No. 37—Preguntas

Answer in complete Spanish sentences.

1 ¿Dónde están sentados la señora Adams y el señor López?
2 ¿Qué toman?
3 ¿Qué dice la Sra. Adams?
4 ¿De dónde es la taza blanca con dibujos azules?
5 ¿Tiene cada distrito su propio estilo?
6 ¿De dónde es el jarro para crema?
7 ¿De dónde es el jarro para agua?
8 ¿Son verdaderos artistas los indios?
9 ¿Cómo trabajan los artesanos indios, despacio o de prisa?
10 ¿Tienen prisa los artistas?
11 ¿Para qué mercado es difícil obtener un surtido adecuado?
12 ¿Quién ve mucha cerámica de interés artístico?
13 ¿Dónde están los platos fruteros?
14 ¿De qué color son los dibujos en los platos fruteros?
15 ¿Tiene la Sra. Adams ejemplares de cerámica corriente?

CHAPTER 11

NÚMEROS, NÚMEROS, SIEMPRE NÚMEROS

PARTE PRIMERA

1 Ya sabe Vd. que los nombres de cosas y de personas son impor-
tantes. Ya sabe Vd. que no es posible construir una frase sin verbos.

2 Es verdad, Sr. López.

3 Pues bien, hay palabras, Sra. Adams, que son tan importantes como
los nombres y los verbos. En efecto, no es posible imaginar nuestra
civilización moderna sin estas palabras. ¿Puede Vd. adivinar en qué pienso?

4 Creo que sí. Vd. quiere decir los números.

5 Tiene razón. ¿Puede Vd. enumerar algunas ocasiones en la vida
moderna en que se necesitan números?

6 Naturalmente. Nada es más fácil. Necesitamos números para
comprar y vender.

7 Una comerciante piensa primero en comprar y vender. Pero sin
dinero no valen mucho los números ¿no es verdad?

8 Es verdad, necesitamos números para indicar la fecha, las horas
del día, la temperatura; para expresar medidas y cantidades; para
telefonear; para la radio; para todas las ciencias, y para mil cosas más.

9 Números, números, siempre números. Sí, Sra. Adams, no es
posible pasar sin números. Pero una cosa es saber los números. Otra
cosa es usarlos[2] y comprenderlos rápidamente y correctamente en la
vida diaria.

10 Tiene Vd. razón. Yo voy a hacer todo lo posible para comprenderlos
y usarlos perfectamente.

11 Entretanto quiero decirle que día por día adelanta Vd. mucho.

12 Es favor que Vd. me hace, señor López.

13 No es favor. Es verdad. Pues basta por hoy. Hasta luego.

14 Hasta el jueves próximo, señora Adams.

1 You already know that the names of things and of persons are
important. You already know that it is not possible to build a sentence
without verbs.

2 It's true, Mr. López.

3 Well, there are words, Mrs. Adams, that are as important as
nouns and verbs. In fact, it is not possible to imagine our modern
civilization without these words. Can you guess what I am thinking of?

4 I think so. You mean numbers.[1]

5 You are right. Can you enumerate some occasions in modern life that require numbers?

6 Certainly. Nothing is easier. We need numbers for buying and selling.

7 A businesswoman thinks first of buying and selling. But without money numbers are not worth much, are they?

8 That's true. Well, we need numbers to indicate the date, the time of day, the temperature; to express measures and quantities; to telephone; for the radio; for all the sciences, and for a thousand more things.

9 Numbers, numbers, always numbers. Yes, Mrs. Adams, it is not possible to do without numbers. But it is one thing to know numbers. It is another thing to use them and understand them rapidly and correctly in daily life.

10 You are right. I am going to do everything possible to understand them and use them perfectly.

11 Meanwhile I want to say that day by day you are making much progress.

12 You flatter me, Mr. López.

13 Not at all. It is the truth. Well, enough for today. Good-bye.

14 Until next Thursday, Mrs. Adams.

NOTE: 1. *Lit.* you wish to say. 2. **los** *them.* Pronouns which are objects of infinitives *follow* the verb and are attached to it.

Pronunciation Aids

1 Practise:

civilización (θi-vi-li-θa-ˈθjon) or   **seguramente** (se-ɣu-ra-ˈmen-te)
   (θi-βi-li-θa-ˈθjon)   **temperatura** (tem-pe-ra-tu-ra)
enumerar (e-nu-me-ˈrar)   **entretanto** (en-tre-ˈtan-to)
necesitar (ne-θe-si-ˈtar)   **ciencias** (ˈθjen-θjas)
adivinar (a-ði-vi-ˈnar) or   **cantidades** (kan-ti-ˈða-ðes)
   (a-ði-βi-ˈnar)   **perfectamente** (per-ˈfek-ta-ˈmen-te)

Building Vocabulary

A. Palabras Relacionadas

1 **necesitar**	to need	**necesario**	necessary
		la necesidad	necessity
2 **enumerar**	to enumerate	**el número**	the number
		la enumeración	enumeration
3 **civilizar**	to civilize	**la civilización**	civilization
4 **indicar**	to indicate	**la indicación**	indication

B. El día and **el mapa** are exceptions to the rule that nouns ending in **a** are feminine.

Important Expressions

1	basta por hoy	enough for today
2	Creo que sí	I think so
3	Creo que no	I think not
4	Tiene razón	You are right
5	en efecto	in fact
6	pensar en	to think of
7	pasar sin números	to do without numbers
8	no valen mucho	are not worth much
9	en la vida diaria	in daily life
10	todo lo posible	everything possible

Exercise No. 38—Completion of Text

1 ¿(Do you know) **los números?**
2 **Hay palabras que son** (as important as) **los verbos.**
3 (Our civilization) **no es posible sin números.**
4 (You are right.)
5 ¿(Can you) **enumerar unas ocasiones en** (that) **se necesitan números?**
6 **Los números sin dinero** (are not worth) **mucho.**
7 (We need) **números para indicar** (the date).
8 **No es posible** (to get along) **sin números.**
9 (In the meantime) **quiero decir** (that) **adelanta Vd. mucho.**
10 ¿(What is the meaning of) **esta palabra?**

PARTE SEGUNDA

Grammar Notes

1 Verbs with Stem Changes—**pensar** to think, **querer** to wish, **contar** to count, **poder** to be able.

The stem of a verb is that part which remains after the infinitive ending -ar, -er or -ir has been removed. Note the stem changes in the following verbs. The endings are regular.

I think, etc.	I wish, etc.	I count, etc.	I am able, etc.
pienso	quiero	cuento	puedo
piensas	quieres	cuentas	puedes
piensa	quiere	cuenta	puede
pensamos	queremos	contamos	podemos
pensáis	queréis	contáis	podéis
piensan	quieren	cuentan	pueden

Many verbs have stem changes from **e** to **ie**, like **pensar** and **querer**. Many verbs have stem changes from **o** to **ue**, like **contar** and **poder**. They will be indicated in the vocabulary as follows: **pensar(ie), querer(ie), poder(ue), contar(ue).**

NOTE: The stem changes do not occur in the **nosotros-as** (*we*) and the **vosotros-as** (*you, fam.*) forms.

2 Los Números Desde **uno (1)** Hasta **ciento (100)**

0	cero	23	veinte y tres (veintitrés)
1	uno	24	veinte y cuatro (veinticuatro)
2	dos	25	veinte y cinco (veinticinco)
3	tres	26	veinte y seis (veintiséis)
4	cuatro	27	veinte y siete (veintisiete)
5	cinco	28	veinte y ocho (veintiocho)
6	seis	29	veinte y nueve (veintinueve)
7	siete	30	treinta
8	ocho	31	treinta y uno
9	nueve	32	treinta y dos
10	diez	40	cuarenta
11	once	43	cuarenta y tres
12	doce	50	cincuenta
13	trece	54	cincuenta y cuatro
14	catorce	60	sesenta
15	quince	65	sesenta y cinco
16	diez y seis (dieciséis)	70	setenta
17	diez y siete (diecisiete)	76	setenta y seis
18	diez y ocho (dieciocho)	80	ochenta
19	diez y nueve (diecinueve)	87	ochenta y siete
20	veinte	90	noventa
21	veinte y uno (veintiuno)	99	noventa y nueve
22	veinte y dos (veintidós)	100	ciento
			cien (before a noun)

(a) Before a masculine noun **uno** becomes **un**. Before a feminine noun **uno** becomes **una**.

> **un** amigo   **una** amiga   veinte y **un** amigos, **veintiún** amigos
> veinte y **una** amigas

(b) Like any other adjective, **cuánto** (sing. *how much*, plur. *how many*) must agree with the noun it modifies: **cuánto dinero, cuánta tinta** (ink), **cuántos niños, cuántas niñas.**

PARTE TERCERA

Ejercicios (Exercises) No. 39A–39B–39C–39D

39A. Read aloud, saying the numbers in Spanish:

Ejemplo: **treinta palabras españolas**

1 30 palabras españolas	7 17 casas blancas
2 10 lecciones fáciles	8 15 niños bonitos
3 50 personas buenas	9 62 papeles verdes
4 49 carteles mejicanos	10 97 libros azules
5 16 colores vivos	11 84 ciudades grandes
6 78 señoritas inteligentes	12 13 plumas negras

39B. Read aloud and write in Spanish:

$2 + 6 = 8$	**dos más seis son ocho**
$10 - 7 = 3$	**diez menos siete son tres**
$5 \times 4 = 20$	**cinco por cuatro son veinte**
$12 : 4 = 3$	**doce dividido por cuatro son tres**
$4 + 9 = 13$	$19 - 8 = 11$
$8 + 7 = 15$	$16 - 3 = 13$
$7 \times 8 = 56$	$50 : 10 = 5$
$8 \times 3 = 24$	$80 : 20 = 4$

39C. Read questions and answers aloud, saying all numbers in Spanish:

Ejemplo: **¿Cuántos días hay en enero?   (31) treinta y un días.**

1 ¿Cuántos días hay en junio? (30 días)
2 ¿Cuántos meses hay en el año? (12 meses)
3 ¿Cuántos días hay en la semana? (7 días)
4 ¿Cuántas horas tiene un día? (24 horas)
5 ¿Cuántos minutos hay en una hora? (60 minutos)
6 ¿Cuántos segundos tiene un minuto? (60 segundos)
7 ¿Cuántos libros hay en la estantería? (75 libros)
8 ¿Cuántos alumnos hay en la clase? (36 alumnos)
9 ¿Cuántos años tiene Vd? Tengo (35) años
10 ¿Cuántos años tiene Carlos? Tiene (16) años.

39D. Substitute the correct form of the verb for the infinitive in parenthesis:

Ejemplo: **1. Yo quiero aprender los números.**

1 Yo (querer) aprender los números.
2 Yo no (poder) ir a casa.
3 Nosotros (pensar) en los números.
4 ¿(Pensar) Vd. en su profesor?
5 ¿Qué (querer) decir esta palabra?[1]
6 Rosa no (querer) ir a la escuela.

7 ¿(Querer) Vds. hablar español?
8 Ellos no (poder) comprar el coche.
9 ¿(Poder) tú adivinar la respuesta?
10 Ellas (pensar) en comprar y vender.
11 Esta radio (valer) mucho.
12 Yo (contar) en español.
13 Tú (contar) en inglés.
14 ¿(Contar) ella bien?

NOTE: 1. What does this word mean? (*Lit.* What does this word wish to say?)

Exercise No. 40—Preguntas

Answer each question in a complete Spanish sentence.

1 ¿Son importantes los números?
2 ¿Son los números tan importantes como los nombres?
3 ¿Qué necesitamos para comprar y vender?
4 ¿En qué piensa primero el negociante?
5 ¿Valen mucho los números sin dinero?
6 ¿Es posible comprar y vender sin dinero?
7 ¿Vende y compra un comerciante?
8 ¿Es un comerciante comprador y vendedor?
9 ¿Quién adelanta día por día?
10 Dígame estos números en español: 10, 20, 30, 40, 50, 100.

CHAPTER 12

EL SISTEMA MONETARIO DE ESPAÑA

PARTE PRIMERA

1 En nuestra última conversación hemos dicho que no es posible imaginar nuestra civilización moderna sin números, es decir sin matemáticas. Igualmente no es posible imaginar un viaje sin matemáticas.

2 ¿Sabe Vd. cuántas veces se usan las matemáticas en un viaje?

3 Creo que sí. Se usan para cambiar dinero, para comprar billetes y comida, para pesar maletas, para medir distancias y tamaños, y para ir de compras en tiendas, mercados y almacenes.

4 ¿Conoce Vd. el sistema monetario de España?

5 ¡Desde luego! Ciertamente lo[1] conozco. Yo soy una negociante que importa artículos españoles. La peseta es la 'libra' de España. La libra esterlina vale 130 (ciento treinta) pesetas.

6 Si quiere Vd. cambiar en pesetas 10 (diez) libras ¿cuántas pesetas va Vd. a recibir?

7 Voy a recibir 1.300[2] (mil trescientas) pesetas.

8 Si quiere Vd. cambiar en pesetas 50 (cincuenta) libras ¿cuántas pesetas va Vd. a recibir?

9 Voy a recibir 6.500[2] (seis mil quinientas) pesetas.

10 ¡Exacto! Vd. va a la estación de ferrocarril. Quiere comprar dos billetes para Guadalajara. Cada billete cuesta 145 (ciento cuarenta y cinco) pesetas y Vd. da al taquillero 500 (quinientas) pesetas. ¿Cuánto recibe Vd. de cambio?

11 Recibo 210 (doscientas diez) pesetas de cambio.

12 Muy bien. En nuestra próxima conversación vamos a continuar con este importante tema. El ejercicio hace al maestro.

1 In our last conversation we said that it is not possible to imagine our modern civilization without numbers, that is to say, without mathematics. Likewise, it is not possible to imagine a trip without mathematics.

2 Do you know how many times one uses mathematics on a trip?

3 I think so. One uses it in order to change money, buy tickets and food, to weigh suitcases, to measure distances and sizes and to make purchases in shops, markets and department stores.

4 Do you know the monetary system of Spain?

5 What an idea! I certainly do know it. I am a businesswoman who

imports Spanish things, am I not? The peseta is the 'pound' of Spain. The pound sterling is worth 130 pesetas. (See below.)

6 If you want to change £10 into pesetas, how many pesetas will you receive?

7 I shall receive 1,300 pesetas.

8 If you want to change £50 into pesetas, how many pesetas will you receive?

9 I shall receive 6,500 pesetas.

10 Right! You go to the railway station. You want to buy two tickets for Guadalajara. Each ticket costs 145 pesetas and you give the booking clerk 500 pesetas. How much do you receive in change?

11 I receive 210 pesetas change.

12 Very well. In our next conversation let us continue this important topic. Practice makes perfect. (*Lit.* Practice makes the master.)

NOTE: 1. lo (*m*) it. Object pronouns usually precede the verb. 2. When writing figures in thousands, Spanish uses a full stop where English uses a comma. For writing dates Spanish usage is the same as English.

Pronunciation and Spelling Aids

1 Practise:

igualmente (i-ɣwal-ˈmen-te)   **estación de ferrocarril** (es-ta-ˈθjøn
distancias (ðis-ˈtan-θjas)   de fe-rro-ka-ˈrril)
Guadalajara (ɣwa-ða-la-ˈxa-ra)   **continuar** (kon-ti-ˈnwar)

2 **Una vez, dos veces.** Since the letter z is unusual before e or i, words ending in z change z to c in the plural. Other examples are: **el lápiz** (pencil) **los lápices; la voz** (voice) **las voces: la actriz** (actress) **las actrices.**

Building Vocabulary

A. 1 **la maleta**   suitcase 2 **el equipaje**   baggage 3 **el baúl**   trunk

B. **El sistema monetario de España.**

The monetary system of Spain is based on pesetas and céntimos. There are 100 céntimos in a peseta. At the time of going to press the rate of exchange is approximately £1 = 130 pesetas.

Expresiones Importantes

1 **es decir**   that is to say   4 **ir de compras**   to go shopping
2 **¡Qué cosa!**   The idea!   5 **El ejercicio hace**   Practice makes
3 **de cambio**   in change   **al maestro**   perfect

Exercise No. 41—Completion of Text

1 **Nuestra civilización no es posible sin números,** (that is to say) **sin matemáticas.**
2 **¿**(How many times) **usa Vd. las matemáticas en un día?**
3 **Compro** (tickets and meals).
4 **Vd. no puede pesar** (suitcases) **y saber los** (sizes) **y las** (distances).
5 (The monetary system) **de España no es difícil.**
6 (Each) **libra esterlina vale 130 pesetas.**
7 **En cada peseta hay cien** (cents).
8 (That's correct). **Vd. va a recibir ocho pesetas** (in change).
9 **Dos billetes para Guadalajara cuestan** (two hundred and ninety) **pesetas.**
10 **En nuestra** (next) **conversación vamos a continuar con** (this) **tema.**

PARTE SEGUNDA

Grammar Notes

1 Present tense of **dar** to give, and **saber** to know, to know how.

I give, etc.		I know, etc.	
doy	**damos**	**sé**	**sabemos**
das	**dais**	**sabes**	**sabéis**
da	**dan**	**sabe**	**saben**

NOTE: Spanish verbs in the **yo** (*I*) form, present tense, end in **-o.** There are only five exceptions: **soy, estoy, voy, doy** and **sé.**

2 The Numbers 100 to 1,000.

100	**ciento (cien)**	500	**quinientos (as)**
101	**ciento uno (un, una)**	600	**seiscientos (as)**
102	**ciento dos**	700	**setecientos (as)**
200	**doscientos (as)**	800	**ochocientos (as)**
300	**trescientos (as)**	900	**novecientos (as)**
400	**cuatrocientos (as)**	1,000	**mil**

(a) Before a noun **ciento** becomes **cien.** Thus: **cien libros, cien plumas,** etc.

(b) **y** is never used between the hundreds and tens. Thus: 342 (**trescientos cuarenta y dos**)

(c) Note the formation of numbers over one thousand:

1.954 **mil novecientos cincuenta y cuatro**
2.662 **dos mil seiscientos sesenta y dos**
1968 (the year) **mil novecientos sesenta y ocho**

(d) The hundreds agree in gender with the nouns they modify. Thus:
trescientos libros, trescientas plumas, quinientas pesetas

D

3 More about Object Pronouns.

(a) **lo** (*it*), direct object pronoun, stands for a thing in the masculine gender.

(b) **la** (*it*), direct object pronoun, stands for a thing in the feminine gender.

¿Conoce Vd. el sistema monetario?   Do you know the monetary system?
Lo conozco.   I know it.
¿Conoce Vd. la respuesta? La sé.   Do you know the answer? I know it.

Ejercicios (Exercises) No. 41A–41B–41C

41A. Write out the numbers in Spanish.

Ejemplo: 250 doscientos cincuenta

1	400	3	525	5	627	7	560	9	200
2	350	4	860	6	490	8	780	10	970

41B. Practise the following table aloud:

una peseta vale	0,76p cero coma setenta y seis peniques
cinco pesetas[1] valen	3,80p tres peniques ochenta
diez pesetas valen	7,60p siete peniques sesenta
cincuenta pesetas valen	38p treinta y ocho peniques
cien pesetas valen	76p setenta y seis peniques
ciento treinta pesetas valen	£1 una libra esterlina

NOTE: 1. The five-peseta coin is often called **un duro**. This exchange rate is of course only approximate and is subject to variation. You can revise the table if the rate changes.

41C. Translate:

1 I know the numbers.
2 Do you (**Vd.**) know where he lives?
3 We know what (**qué**) he wants.
4 We do not give the money.
5 Do they give the tickets?
6 What does John give?
7 She does not know the answer.
8 We are not giving our books.
9 Do you (**tú**) know the questions?
10 They do not know who (**quién**) lives here.

Exercise No. 42—Preguntas

Answer each question giving the numbers in full in Spanish.

Ejemplo: Recibo cuarenta pesetas de cambio.

1 Si **una** cosa cuesta 100 pesetas y Vd. da un billete de 500 pesetas, ¿cuánto recibe Vd. de cambio?
2 Si un billete cuesta 25 pesetas, ¿cuánto da Vd. por tres billetes?

3 Si una revista cuesta 15 pesetas, ¿cuánto da Vd. por dos revistas?

4 Si un diario cuesta una peseta y Vd. le[1] da al vendedor un duro, ¿cuánto recibe Vd. de cambio?

5 Si Vd. tiene un billete de cincuenta pesetas, dos billetes de cien pesetas, y veinte duros, ¿cuánto dinero tiene Vd. en el bolsillo (pocket)?

6 Si un hombre tiene un millón de pesetas, ¿es millonario?

7 ¿Qué vale más, £50 (cincuenta libras) o 5000 (cinco mil) pesetas?

8 ¿Sabe Vd. cuánto dinero hay en el banco de España?

9 ¿Conoce Vd. el sistema monetario de España?

10 ¿Cuándo vamos a continuar con este tema?

NOTE: 1. **le** = *to him.* Do not translate it. The Spanish often uses a pronoun object, even when the noun object (in this case **al vendedor**) is expressed.

CHAPTER 13

PROBLEMAS DE ARITMÉTICA. EN EL RESTAURANTE. EN LA ESTACIÓN. EN LA TIENDA

PARTE PRIMERA

1 Vamos a continuar nuestro estudio de los usos de las matemáticas en un viaje.

2 En el restaurante cenamos. Somos cuatro. Las cenas cuestan 130 (ciento treinta) pesetas, 90 (noventa) pesetas, 145 (ciento cuarenta y cinco) pesetas y 105 (ciento cinco) pesetas. Damos al camarero una propina de diez por ciento. ¿Cuánto es la cuenta? ¿La propina?

3 La cuenta es 470 (cuatrocientas setenta) pesetas. La propina es de 47 (cuarenta y siete) pesetas.

4 Está bien. En la estación de ferrocarril tengo una maleta muy pesada. Pongo la maleta en la balanza. Pesa 30 kilos. ¿Qué hago para saber cuánto pesa la maleta en libras?

5 No es difícil. En un kilo hay aproximadamente 2,2 (dos y dos décimos) libras. Vd. multiplica 30 (treinta) por 2,2. La maleta pesa 66 (sesenta y seis) libras.

6 Correcto. En España y en los otros países de Europa no se usan[1] millas, sino kilómetros para medir las distancias. ¿Sabe Vd. cambiar kilómetros en millas?

7 Cierto. Divido por ocho y multiplico por cinco. De este modo ochenta kilómetros son iguales a cincuenta millas. Es fácil, ¿verdad?

8 Vd. calcula muy aprisa. Solamente un problema más. En una tienda Vd. compra dos echarpes a 90 (noventa) pesetas, tres corbatas a 75 (setenta y cinco) pesetas, un sombrero a 200 (doscientas) pesetas y tres cestas a 50 (cincuenta) pesetas. ¿Cuál es el precio total?

9 755 (setecientas cincuenta y cinco) pesetas. Y si doy al comerciante 1.000 (mil) pesetas, voy a recibir 245 (doscientas cuarenta y cinco) pesetas de cambio.

10 Bueno. Basta de matemáticas por hoy. El jueves vamos a hablar sobre la hora. Es un tema de inmensa importancia.

11 Seguramente. Espero una conversación interesante.

12 A propósito, Sra. Adams, el próximo jueves no puedo llegar antes de las ocho y media de la tarde.

13 Bien. Más vale tarde que nunca.

14 Bien dicho. Hasta la vista, Sra. Adams.

15 Hasta el jueves, Sr. López.

1 Let us continue our study of the uses of mathematics on a trip.

2 In the restaurant we have dinner. We are four. The dinners cost 130 pesetas, 90 pesetas, 145 pesetas and 105 pesetas. We give the waiter a ten per cent tip. How much is the bill? The tip?

3 The bill is 470 pesetas. The tip is 47 pesetas.

4 That is correct. In the railway station I have a very heavy suitcase. I put the suitcase on the scales. It weighs 30 kilos. What do I do to find out how much the suitcase weighs in pounds?

5 It is not difficult. In one kilo there are approximately 2.2 pounds. You multiply 30 by 2.2. The suitcase weighs 66 pounds.

6 Correct. In Spain and in the other countries of Europe, not miles but kilometres are used[1] to measure distances. Do you know how to change kilometres into miles?

7 Certainly. I divide by eight and multiply by five. Thus eighty kilometres are equal to fifty miles. It's easy, isn't it?

8 You calculate very quickly. Only one more problem. In a shop you buy two shawls at 90 pesetas, three ties at 75 pesetas, one hat for 200 pesetas and three baskets at 50 pesetas. What is the total price?

9 755 pesetas. And if I give the merchant 1,000 pesetas, I will receive 245 pesetas in change.

10 Good. Enough mathematics for today. On Thursday we are going to talk about the time of day. It is a topic of great importance.

11 Indeed. I am expecting an interesting conversation.

12 By the way Mrs. Adams, next Thursday I cannot arrive before 8.30 p.m.

13. That's all right. Better late than never.

14 Well said. Good-bye, Mrs. Adams.

15 Until Thursday, Mr. López.

NOTE: 1. The reflexive verb is often used in Spanish to express the passive. Thus: **Se venden echarpes.** Shawls are sold. *Lit.* Shawls sell themselves.

Pronunciation Aids

1 Practise:

restaurante (rres-taw-'ran-te) **comerciante** (ko-mer-'θjan-te)
multiplicar (mul-ti-pli-'kar) **países** (pa-'i-ses)
multiplico (mul-ti-'pli-ko)

2 **kilómetro.** A few foreign words borrowed by Spanish are spelled with **k**.

Building Vocabulary

A. **el día, el mapa, el sistema, el problema, el tema,** are masculine. Remember: Most nouns ending in -a are feminine.

B Synonyms (words of about the same meaning)

1 aprisa	**rápidamente**	rapidly
2 el negociante	**el comerciante**	the businessman
3 despacio	**lentamente**	slowly
4 de este modo	**de esta manera**	in this way

C. Antonyms (opposites)

1 **rápidamente**	rapidly	**despacio**	slowly
2 **comprador**	buyer	**vendedor**	seller
3 **dar**	to give	**recibir**	to receive
4 **multiplicar**	to multiply	**dividir**	to divide

Expresiones Importantes

1 **por ciento**	per cent
2 **de este modo**	thus, in this way
3 **nada más**	nothing more, that's all
4 **kilómetro**	kilometre, about $\frac{5}{8}$ mile
5 **por cierto**	certainly, surely
6 **Tomamos la cena**	We have dinner
7 **¿Cuánto es la cuenta?**	How much is the bill?
8 **Está bien**	Good, that's right
9 **Refrán** (proverb):	
Más vale tarde que nunca.	Better late than never.

PARTE SEGUNDA

Grammar Notes

1 The present Tense of **hacer** to make, to do; **decir** to say; **poner** to put.

I make, etc.		I say, etc.		I put, etc.	
hago	hacemos	digo	decimos	pongo	ponemos
haces	hacéis	dices	decís	pones	ponéis
hace	hacen	dice	dicen	pone	ponen

(a) **salir** to leave, **valer** to be worth, **traer** to bring, and **caer** to fall, have a g in the first person, but are regular in the other forms of the present tense.

Singular			Plural		
salgo	sales	sale	salimos	salís	salen
valgo	vales	vale	valemos	valéis	valen
traigo	traes	trae	traemos	traéis	traen
caigo	caes	cae	caemos	caéis	caen

2. **Possessive Adjectives. Summary.** You are familiar with the possessive adjective **mi (mis)** and **su (sus)**. Learn the meaning and forms of all the possessive adjectives.

Singular

	masc.	fem.
(my)	mi hijo	mi hija
(your—*fam.*)	tu hijo	tu hija
(your, his, her)	su hijo	su hija
(its, their)		
(our)	nuestro hijo	nuestra hija
(your—*fam.*)	vuestro hijo	vuestra hija

Plural

	masc.	fem.
(my)	mis hijos	mis hijas
(your—*fam.*)	tus hijos	tus hijas
(your, his, her)	sus hijos	sus hijas
(its, their)		
(our)	nuestros hijos	nuestras hijas
(your—*fam.*)	vuestros hijos	vuestras hijas

(a) Possessive adjectives agree with the nouns they modify in **number** and **gender.**

(b) **tu (tus)** *your* is used to show possession when one person is addressed familiarly. **tú** (*you*) has an accent mark, **tu** (*your*) has not.

Tú no tienes tu libro, hijita. You haven't your book, little girl.

(c) **Vuestro, (-a, -os, -as)** (*your*) is used to show possession when more than one person is addressed familiarly.

Vosotros no tenéis vuestros libros, niños. You haven't your books, children.

(d) **su (sus)** means *your, his, her, its, their,* according to the sense of the sentence. In cases where the meaning would be in doubt the definite article is used before the noun, and the phrase **de Vd., de él, de ella, de Vds., de ellos,** or **de ellas** after the noun.

el padre de él	his father	**la familia de ellos**	their family
la madre de ella	her mother	**la clase de ellas**	their class
la casa de Vd.	your house	**los hijos de Vds.**	your sons

3 **pero** and **sino**. After a negative, **sino** is used instead of **pero** in the sense of 'but on the contrary', 'but rather'.

No es rico *sino* **pobre.**	He is not rich, *but* poor.
No se usan libras *sino* **kilos.**	Not pounds, *but* kilos are used.

However, **pero** must be used if the subject changes.

El no es rico, *pero* **su tío es rico.**   He is not rich, *but* his uncle is rich.

Ejercicios (Exercises) No. 43A–43B–43C–43D

43A. Complete the following sentences, substituting the correct form of **mi, tu, su** or **nuestro** for the words in parentheses.

Ejemplo: No tenemos nuestros billetes

1 No tenemos (our) **billetes.**
2 ¿Cuánto cuesta (your) **cena, señor?**
3 ¿Son muy pesadas (your) **maletas, señorita?**
4 No, (my) **maletas no son muy pesadas.**
5 ¿Es muy interesante (their) **conversación?**
6 ¿Hay cien pesetas en (his) **escritorio?**
7 (Our) **equipaje está en la estación.**
8 ¿Dónde está (your) **madre, niño?**
9 (My) **amigos están en el restaurante.**
10 (Our) **civilización no es posible sin números.**

43B. Read the following, giving the numbers in Spanish.

Ejemplo: Diez kilos son iguales a veinte y dos libras.

1 **10 kilos = 22 libras**		6 **16 kilómetros = 10 miles**
2 **20 kilos = 44 libras**		7 **32 kilómetros = 20 miles**
3 **30 kilos = 66 libras**		8 **48 kilómetros = 30 miles**
4 **40 kilos = 88 libras**		9 **64 kilómetros = 40 miles**
5 **50 kilos = 110 libras**		10 **80 kilómetros = 50 miles**

43C. Translate into Spanish:

1 I say	9 do you (**Vd.**) make?
2 I do	10 do you (**Vds.**) go out?
3 I am going out	11 do you (**Vds.**) say?
4 I have	12 you (**tú**) make
5 we say	13 do you (**Vd.**) put?
6 we do not put	14 I put
7 they make	15 it is worth
8 they put	

43D. Complete the following sentences with **pero** or **sino** as the sense requires.

1 El señor no estudia el francés (but) el **español.**
2 No es comerciante (but) **profesor.**
3 Yo no estudio el español, (but) mi hermano lo estudia.
4 No ponemos los libros en la mesa (but) en la estantería.
5 Es un muchacho inteligente, (but) es **perezoso** (lazy).

Exercise No. 44—Preguntas

1 ¿Dónde cenan Vds.?
2 ¿Qué tanto por ciento dan Vds. al camarero como propina?
3 ¿Cuánto es la propina?
4 ¿Dónde tiene Vd. su maleta pesada?
5 ¿Cuánto pesa la maleta en kilos? ¿En libras?
6 ¿Qué se usa en España para medir las distancias, kilómetros o millas?
7 ¿Quién sabe cambiar kilómetros en millas?
8 ¿Qué artículos compra la Sra. Adams en una tienda?
9 ¿Cuál es el tema de la próxima conversación?
10 ¿Qué refrán (proverb) usa la Sra. Adams?

CHAPTER 14

¿QUÉ HORA ES?

PARTE PRIMERA

1 ¡La hora! Todo el mundo quiere saber — ¿Qué hora es? ¿A qué hora llega el avión? ¿A qué hora sale el tren? ¿A qué hora comienzan los exámenes? ¿A qué hora comienza la película? ¿A qué hora comienza la función? Y un millón de otras preguntas.

2 Sra. Adams, yo voy a hacer el papel de taquillero en la taquilla de la estación de ferrocarril. Vd. va a hacer el papel de viajero que quiere comprar un billete y pide información. Haga el favor de comenzar.

3 Buenos días, señor. Quiero comprar un billete para Barcelona.

4 ¿De primera o de segunda clase?

5 De primera, por favor. ¿Cuánto vale el billete?

6 954 (novecientas cincuenta cuatro) pesetas por un billete sencillo, o 1.908 (mil novecientas ocho) pesetas por un billete de ida y vuelta.

7 Haga el favor de darme un billete de ida y vuelta. Quiero salir el lunes.

8 Aquí tiene Vd. el billete.

9 Gracias. ¿A qué hora sale el tren y cuándo llega a Barcelona?

10 Sale a mediodía y llega a las ocho menos veinte y cinco de la tarde.

11 Muchas gracias, señor.

12 De nada.

13 Excelente, Sra. Adams. Vd. puede hacerse entender en España.

1 The time! Everybody wants to know: what time is it? At what time does the plane arrive? At what time does the train leave? At what time do the examinations begin? At what time does the film begin? At what time does the performance begin? And a million other questions.

2 Mrs. Adams, I am going to play the role of booking clerk at the window in the railway station. You are going to take the part of a traveller who wants to buy a ticket and is asking for information. Please begin.

3 Good day, sir. I wish to buy a ticket for Barcelona.

4 First or second class?

5 First class, please. How much is the ticket?

6 954 pesetas for a single ticket or 1,908 pesetas for a return ticket.

7 Please give me a return ticket. I want to leave on Monday.

8 Here is the ticket.

9 Thanks. At what time does the train leave and when does it arrive at Barcelona?

10 It leaves at midday and arrives at 7.35 in the evening.

11 Many thanks, sir.

12 Don't mention it.

13 Excellent, Mrs. Adams. You can make yourself understood in Spain.

1 Ahora yo hago el papel de taquillero de un cine. Vd., Sra. Adams, pide información sobre la función. Haga el favor de comenzar.

2 Por favor, señor, ¿a qué hora comienzan las funciones del cine?

3 Hay dos funciones. La primera comienza a las 7.30 (las siete y media) de la tarde, y la segunda a las 10.30 (las diez y media) de la noche.

4 ¿Hay noticiario?

5 ¿Cómo no? Veinte minutos antes de cada película.

6 ¿Cuánto cuestan las entradas?

7 Cincuenta pesetas cada una. Si Vd. viene temprano va a obtener buenos asientos.

8 Haga el favor de darme dos entradas para la segunda función.

9 Aquí las tiene. Muchas gracias.

10 Admirable, Sra. Adams. Repito — Vd. puede hacerse entender en España.

1 Now I am playing the part of the ticket seller at a cinema. You, Mrs. Adams, ask for information about the show. Please begin.

2 Please, sir, at what time do the performances begin?

3 There are two showings. The first begins at 7.30 in the evening, and the second at 10.30 in the evening.

4 Is there a newsreel?

5 Of course. Twenty minutes before each picture.

6 How much do the tickets cost?

7 Fifty pesetas each. If you come early you will obtain good seats.

8 Please give me two tickets for the second showing.

9 Here they are. Thank you very much.

10 Admirable, Mrs. Adams. I repeat: you can make yourself understood in Spain.

Pronunciation Aids

1 Practise:

comienza (ko-ˈmjen-θa) millas (ˈmi-ʎas)
exámenes (ek-ˈsa-me-nes) correctamente (ko-rrek-ta-ˈmen-te)
cualquiera (kwal-ˈkje-ra) cumpleaños (kum-ple-ˈa-njos)

vacaciones (va-ka-ˈθjo-nes) or   **taquilla** (ta-ˈki-ʎa)
(ba-ka-ˈθjones)

Building Vocabulary

A. **Sinónimos** (Synonyms):

1 **comenzar (ie)**	**empezar (ie)**	to begin
2 **de nada**	**no hay de qué**	don't mention it
3 **el diario**	**el periódico**	newspaper

B. Words dealing with Trains:

1 **¿A qué hora sale el tren para—?**
At what time does the train leave for—?
2 **¿Cuándo llega el tren de—?**
When does the train arrive from—?
3 **El tren sale (llega) a las dos.**
The train leaves (arrives) at 2 o'clock.
4 **un billete de ida**
a single ticket
5 **un billete de primera (segunda)**
a first (second) class ticket
6 **un billete de pullman**
a pullman ticket
7 **un billete de ida y vuelta**
a round trip ticket
8 **¿Cuánto cuesta (vale) el billete?**
How much is the ticket?

Expresiones Importantes

1 **todo el mundo**	everybody
2 **desde uno hasta ciento**	from 1 to 100
3 **hacer el papel de**	to play the part (role) of
4 **pedir información**	to ask for information
5 **Haga el favor de comenzar**	please begin
6 **Aquí tiene Vd. el billete**	Here is the ticket
7 **Vd. puede hacerse entender**	You can get along (*lit.* you can make yourself understood)
8 **La próxima vez**	next time

Exercise No. 45—Completion of Text

1 **¿A qué hora comienza** (the film)?
2 **¿A qué hora comienza** (the performance)?
3 **¿Tienen Vds.** (other questions)?

4 **El taquillero está en la** (ticket office).

5 **¿Dónde está** (the railway station)?

6 **Vd. es un viajero que** (is asking for information).

7 **Haga el favor de darme** (a return ticket).

8 **¿A qué hora** (does the train leave)?

9 **¿Llega** (at nine in the evening)?

10 (Many thanks.)

11 (Don't mention it.)

12 **Ahora** (I play the role) **de taquillero.**

PARTE SEGUNDA

Grammar Notes

1 Verbs with Stem Changes **e** to **i**—**pedir** to ask for, **repetir** to repeat

I ask for, you ask for, etc.   I repeat, you repeat, etc.

pido	pedimos	repito	repetimos
pides	pedís	repites	repetís
pide	piden	repite	repiten

(a) The stem change **e** to **i** does not occur in the **nosotros-as** (*we*) and the **vosotros-as** (*you, fam.*) forms.

(b) Verbs with stem changes from **e** to **i**, like **pedir** and **repetir**, will be indicated in the vocabulary as follows: **pedir(i), repetir(i).**

2 Time of Day

¿Qué hora es?	What time is it?
Es la una.	It is one o'clock.
Son las dos.	It is two o'clock.
Son las tres.	It is three o'clock.
Son las cuatro.	It is four o'clock
Son las cinco y media.	It is half past five.
Son las seis y cuarto.	It is a quarter past six.
Son las seis y veinte.	It is twenty minutes past six.
Son las siete menos cuarto.	It is a quarter to seven.
Son las siete menos veinte.	It is twenty minutes to seven.
¿A qué hora? A la una en punto.	At what time? At one o'clock sharp.
A las ocho de la mañana.	At eight o'clock in the morning (a.m.)
A las cinco de la tarde.	At five o'clock in the afternoon (p.m.)
A la una de la noche.	At one o'clock at night (p.m.)
A mediodía. A medianoche.	At noon. At midnight.

(a) Use the singular verb **es** in all time expressions involving **la una.**

    (1.12) **Es la una y doce.**   (1.30) **Es la una y media.**

(b) Use the plural verb **son** for all other time expressions.

(c) **y** (*and*, *after*) is used for time after the hour (**cuarto, media, minutos**)

Menos (*less, to*) is used for time before the hour.

(d) Base time expressions after the half hour on the following hour.

(6.40) **Son las siete menos veinte.** It is twenty minutes to seven.

(e) If no clock time is mentioned, use **por la mañana, por la tarde** and **por la noche** for in the morning, in the afternoon, and at night. With clock time use **de la mañana, de la tarde** and **de la noche.**

Trabajo por la mañana.	I work in the morning.
Trabajo a las ocho de la mañana.	I work at 8 o'clock in the morning.

PARTE TERCERA

Ejercicios (Exercises) No. 46A–46B–46C

46A: Read these sentences giving the time in Spanish.

Ejemplo: El tren de Sevilla llega a las cinco y media de la tarde.

1 **El tren de Sevilla llega a** (5.30 p.m.)
2 **El tren llega a Irún a** (8.15 p.m.)
3 **El tren para Vigo sale a** (9.55 a.m.)
4 **El tren para Guadalajara sale a** (10.50 a.m.)
5 **La primera función comienza a** (8 p.m.)
6 **Le segunda función comienza a** (11 p.m.)
7 **Los domingos la función comienza a** (4.30 p.m.)
8 **El noticiario comienza a** (6.50 p.m.)
9 **Vamos a tomar la cena a** (9.45 p.m.)
10 **Tomamos el almuerzo** (at 2 p.m.)

46B. Fill in the correct form of the verbs in parentheses.

Ejemplo: Yo pido informes.

1 Yo (pedir) información.
2 Nosotros (comenzar) a comer.
3 Ellos (repetir) las preguntas.
4 ¿Quién (pedir) información?
5 Yo (comenzar) a trabajar.
6 ¿(Empezar) Vd. a trabajar ahora?
7 ¿Qué (pedir) tú, niña?
8 ¿Qué (pedir)Vds.?
9 El maestro (repetir) la respuesta.
10 ¿Por qué no (comenzar) la función?

46C. Translate into Spanish:

1 I want a return ticket.
2 He is asking for information.
3 When does the train for Bilbao leave?
4 Do you know when the train arrives from Madrid?
5 It arrives at 5.30 in the afternoon.

6 At what time does the first performance begin?
7 It begins at 7.30 in the evening.
8 Do they repeat the performance?
9 Yes, they repeat the performance twice (dos veces).
10 Here are the tickets.

Exercise No. 47—Preguntas

1 ¿Qué quiere saber todo el mundo?
2 ¿Quién hace el papel de viajero?
3 ¿Quién hace el papel de taquillero?
4 ¿Qué clase de billete quiere comprar?
5 ¿Cuánto cuesta un billete de ida y vuelta?
6 ¿Quién hace el papel de taquillero de un cine?
7 ¿Quién pide información?
8 ¿Cuántas funciones tiene este cine?
9 ¿Para qué función compra el señor dos entradas?
10 ¿Cuánto paga por las dos entradas?

REVISION 3

CHAPTERS 10–14 PARTE PRIMERA
Repaso de Palabras
NOUNS

1 el agua	16 el duro	31 el pájaro
2 el billete	17 la entrada	32 el pan
3 el bolsillo	18 el equipaje	33 el platillo
4 el camarero	19 la estación	34 el plato
5 la cesta	20 la fecha	35 la propina
6 la cena	21 la flor	36 el pueblo
7 el cine	22 la fruta	37 el tamaño
8 la clase	23 la función	38 la taquilla
9 la comida	24 la hora	39 el taquillero
10 el comprador	25 el jarro	40 el tipo
11 el dibujo	26 la llegada	41 la tienda
12 la cuenta	27 la maleta	42 el viajero
13 el cumpleaños	28 el mercado	43 el vaso
14 la libra esterlina	29 el modo	44 el uso
15 el dinero	30 el número	

1 water	17 ticket (in a cinema or theatre)	32 bread
2 ticket		33 saucer
3 pocket	18 baggage	34 plate
4 waiter	19 station	35 tip
5 basket	20 date	36 people, town
6 dinner	21 flower	37 size
7 cinema	22 fruit	38 ticketwindow
8 class	23 performance	39 ticket-seller, booking clerk
9 meal	24 hour	
10 buyer	25 jar, pitcher	40 type
11 drawing	26 arrival	41 shop
12 bill	27 suitcase	42 traveller
13 birthday	28 market	43 glass
14 pound sterling	29 way	44 use
15 money	30 number	
16 5-peseta coin	31 bird	

VERBS

1 caer	10 decir (i)	19 pensar (ie)
2 cambiar	11 demandar	20 poder (ue)
3 contar (ue)	12 empezar (ie)	21 poner
4 comprar	13 hacer	22 venir
5 continuar	14 llegar	23 pedir (i)
6 comer	15 mirar	24 querer (ie)
7 comenzar (ie)	16 necesitar	25 saber
8 creer	17 obtener	26 tomar
9 dar	18 pagar	27 traer

98

28 telefonear	31 saber	34 valer
29 repetir (i)	32 salir (de)	35 vender
30 recibir	33 tener	36 hemos dicho

1 to fall	13 to make, do	25 to know (how)
2 to change	14 to arrive	26 to take
3 to count	15 to look at	27 to bring
4 to buy	16 to need	28 to telephone
5 to continue	17 to obtain	29 to repeat
6 to eat	18 to pay	30 to receive
7 to begin	19 to think	31 to know
8 to believe	20 to be able	32 to leave
9 to give	21 to put	33 to have
10 to say	22 to come	34 to be worth
11 to demand	23 to ask for	35 to sell
12 to begin	24 to want, wish	36 we have said

ADJECTIVES

1 alguno	8 cualquier	15 mismo
2 antiguo	9 diario	16 necesario
3 cada	10 diligente	17 nuestro
4 cierto	11 fino	18 pesado
5 conocido	12 igual	19 propio
6 correcto	13 ligero	20 sencillo
7 corriente	14 más	21 todo

1 some	8 any	15 same
2 old	9 daily	16 necessary
3 each	10 diligent	17 our
4 certain	11 fine	18 heavy
5 known	12 equal	19 own
6 correct	13 light	20 simple
7 ordinary	14 more	21 all

ADVERBS

1 aprisa	6 lentamente
2 ahora	7 más
3 ahora mismo	8 solamente
4 correctamente	9 tan
5 entretanto	10 tan rico como

1 quickly	6 slowly
2 now	7 more
3 now, right away	8 only
4 correctly	9 so, as
5 meanwhile	10 as rich as

PREPOSITIONS

1 antes de	3 hasta	5 acerca de
2 desde	4 sobre	

1 before	3 to, until	5 about, concerning
2 from	4 on, upon	

IMPORTANT EXPRESSIONS

1 aquí tiene Vd.	15 hoy día
2 creo que sí	16 ir de compras
3 creo que no	17 hacerse entender
4 de cambio	18 nada más
5 de este modo	19 pasar sin
6 de la misma manera	20 pensar en
7 ¿Qué quiere decir-?	21 por cierto
8 ¡qué cosa!	22 por todas partes
9 tener prisa	23 todo el mundo
10 tener que	24 todo lo posible
11 tener razón	25 ¡ya lo creo!
12 en efecto	26 Más vale tarde que nunca
13 es decir	27 El ejercicio hace al maestro
14 haga el favor de darme	

1 here is, are	15 nowadays
2 I think so	16 to go shopping
3 I think not	17 to make oneself understood
4 in change	18 nothing more
5 in this way	19 to get along without
6 in the same way	20 to think of
7 What is the meaning of . . . ?	21 indeed, certainly
8 the idea!	22 everywhere
9 to be in a hurry	23 everybody
10 to have to	24 everything possible
11 to be right	25 yes indeed!
12 in fact	26 Better late than never
13 that is to say	27 Practice makes perfect
14 please give me	

PARTE SEGUNDA

Ejercicio 48 Answer the following questions in the affirmative in complete sentences.

Ejemplo: 1. Sí, pienso en mi amigo.

1 ¿Piensa Vd. en su amigo?

2 ¿Quiere Vd. hacer un viaje a España?

3 ¿Puede Vd. comprar un coche?

4 ¿Pone Vd. la lámpara en el piano?

5 ¿Sale Vd. mañana de la ciudad?

6 ¿Cuenta Vd. siempre el cambio?

7 ¿Dice Vd. las palabras dos veces?

8 ¿Continúa Vd. la lección?

9 ¿Le[1] da Vd. una propina al camarero?

10 ¿Sabe Vd. contar en español?

NOTE: 1. le *to him*, is not translated here.

Ejercicio 49 Answer the following questions in the negative in complete sentences. Be sure to use the **nosotros** (*we*) form.

Ejemplo: 1. No repetimos las respuestas.

1 ¿Repiten Vds. las respuestas?
2 ¿Hacen Vds. muchas preguntas?
3 ¿Piden Vds. informes?
4 ¿Tienen Vds. prisa?
5 ¿Vienen Vds. temprano a casa?
6 ¿Creen Vds. el cuento (story)?
7 ¿Traen Vds. el equipaje?
8 ¿Toman Vds. la cena?
9 ¿Necesitan Vds. dinero?
10 ¿Tienen Vds. que trabajar?

Ejercicio 50 Select the phrase in the right-hand column which best completes the sentence begun in the left-hand column.

1 Este tipo de cerámica	(a) hace al maestro.
2 Estos dibujos son de flores	(b) es conocido en todas partes.
3 Cada negociante piensa.	(c) antes de las nueve.
4 Vd. sabe que el ejercicio	(d) y ésos son de animalitos.
5 Vamos a continuar	(e) para comprar dos billetes.
6 No puedo llegar	(f) cuando hablo español.
7 Voy a la taquilla	(g) primero tiene.
8 Sé a qué hora	(h) en comprar y vender.
9 Él me comprende	(i) este tema interesante.
10 Quien primero viene	(j) comienza la función.

Ejercicio 51 Complete the following sentences by choosing the proper expression from those listed below.

1 (How much does it cost?) **Cada turista** (must know) **esta expresión.**
2 **El turista** (asks for information) **en la estación de ferrocarril.**—¿(At what time) **llega el tren de Burgos? Dice el empleado**—(At 7.30) **de la tarde.**
3 **El turista** (is hungry). **Toma una** (meal) **en un restaurante.** (He pays the bill) **con un billete de cien pesetas. Recibe diez pesetas** (in change). **Le da al camarero** (a tip) **de nueve pesetas** (that is to say), **diez por ciento.**
4 (Thinks) **el turista**—(Everywhere) **son necesarios los números y** (money).

tiene que saber	tiene hambre	es decir
¿a qué hora?	paga la cuenta	el dinero
¿Cuánto cuesta?	una comida	piensa
a las siete y media	en todas partes	una propina
pide informes	de cambio	tiene sed

Ejercicio 52 Translate the demonstrative adjectives in parentheses.

1 (this) **cena**	7 (that-*dist*.) **montaña**
2 (these) **echarpes**	8 (those) **tejidos**
3 (that) **viajero**	9 (these) **casas**
4 (those) **vasos**	10 (those) **fechas**
5 (this) **tipo**	11 (that-*dist*.) **cielo**
6 (that) **estación**	12 (those-*dist*.) **montañas**

Ejercicio 53 From Column II select antonyms for each word in Column I.

I	II
1 comprar	(a) recibir
2 venir	(b) tarde
3 dar	(c) aprisa
4 antes de	(d) salir de
5 temprano	(e) vender
6 dividir	(f) ir
7 llegar a	(g) después de
8 más	(h) multiplicar
9 lentamente	(i) comprador
10 vendedor	(j) menos

PARTE TERCERA
Diálogo

Practise the Spanish aloud.

Una turista pide información acerca de la cerámica española

1 Haga el favor de decirme, señor — ¿De qué lugares de España son los mejores ejemplares de cerámica española? Deseo comprar un juego de tazas, platillos y platos.

2 Pues, cada lugar tiene su propio estilo. La cerámica de Talavera y la de Manises es conocida en todas partes.

3 ¿Tengo que ir a aquellos pueblos para obtener los mejores ejemplares?

4 De ninguna manera. Vd. puede comprar cerámica de todos los pueblos aquí mismo en la capital.

5 ¿Cuesta más aquí?

6 Por supuesto cuesta más. Pero hay un surtido excelente.

7 Haga el favor de decirme los nombres de algunas tiendas de cerámica.

8 Hay muchas en El Rastro.

9 ¿Se vende cerámica allí?

10 ¡Ya lo creo! La mejor de España.

11 Muchas gracias, señor.

12 De nada, señorita.

1 Please tell me, sir: from which places in Spain come the best examples of Spanish pottery? I want to buy a set of cups, saucers and plates.

2 Well, each place has its own style. The pottery of Talavera and Manises is well known everywhere.

3 Have I to go to those towns to obtain the best examples?

4 By no means. You can buy pottery from all the towns right here in the capital.

5 Does it cost more here?

6 Of course it costs more. But there is an excellent assortment.

7 Please tell me the names of a few pottery shops.

8 There are many in the Rastro.

9 Do they sell pottery there?

10 I should say so! The best in Spain.

11 Many thanks, sir.

12 Don't mention it, Miss.

LECTURA

Exercise No. 54—La familia de la señora Adams viene a visitar su oficina

Es la primera vez que la familia Adams viene a visitar la oficina de la señora Adams. El señor Adams y sus (their) cuatro hijos entran en un edificio muy grande y suben (go up) al quinto piso en ascensor (lift). Anita, la hija menor, que tiene solamente cinco años, es muy curiosa y hace muchas preguntas a su (her) papá sobre la oficina.

Cuando llegan a la oficina, la madre se levanta y dice, — Me gusta mucho veros (to see you) a todos aquí. ¡Qué agradable (pleasant) sorpresa!

Los niños admiran los objetos que ven en la oficina: la máquina de escribir, los diversos artículos importados (imported) de España, las revistas españolas y los carteles de muchos colores. Todos están muy contentos.

Felipe, el hijo mayor, mira por la alta ventana y ve el cielo azul y el sol brillante. Abajo (below) ve los coches que pasan por la calle. Desde el quinto piso parecen (they seem) bastante pequeños.

Después de (after) la visita toda la familia va a un restaurante que no está lejos de la oficina. Comen con mucho gusto, sobre todo los hijos, porque tienen mucha hambre.

Exercise No. 55—Una fábula moderna

A Anita, la menor de los hijos del Sr. Adams, le gustan mucho las fábulas antiguas de Esopo. Le gusta también esta fábula moderna que el

Sr. López ha escrito (has written) para ella. Sigue[1] 'La Fábula del Coche y del Burro.'

Un coche pasa por el camino y ve un burro. El pobre burro lleva una grande y pesada (heavy) carga de madera.

El coche para (stops) y dice al burro — Buenos días. Vd. anda muy despacio. ¿No desea Vd. correr rápidamente como yo?

— ¡Sí, sí, señor! Pero dígame, ¿Cómo es posible?

— No es difícil, dice el coche. — En mi depósito hay mucha gasolina. Tiene Vd. que beber un poco.

Entonces el burro bebe la gasolina. Ahora no anda despacio. No corre rápidamente. No va al mercado. Se echa (he stretches out) en el camino. Tiene dolor de estómago.

¡Pobre burro! No es muy inteligente, ¿verdad? No sabe que la gasolina es buena para un coche, pero no vale nada para un burro.

NOTE: 1. The Fable . . . follows. The infinitive of **sigue** is **seguir**.

CHAPTER 15

EL CINE

PARTE PRIMERA

1 Sra. Adams, Vd. sabe **pedir información** sobre las funciones del cine. ¿Es Vd. amiga del cine?

2 Pues sí, me gusta una buena película, pero la mayor parte de los films no me interesan.

3 ¿Le gusta más a Vd. el teatro?

4 Sí. Mi esposo y yo lo preferimos. Vamos a menudo al teatro para ver un buen drama o una producción musical.

5 ¿Y sus hijos? ¿Prefieren el teatro?

6 ¡Claro que no! Les encantan las películas policíacas y las películas musicales en colores que a nosotros nos aburren.

7 Ellos conocen[1] a todas las estrellas de la pantalla, ¿verdad?

8 Claro está, las conocen. Conocen también a las estrellas de la televisión y de la radio.

9 Vds. viven en los suburbios. ¿Hay un cine cerca de su casa?

10 Sí, a cosa de un kilómetro. Podemos ir allí a pie en quince minutos más o menos.

11 ¿Dónde prefieren Vds. sentarse, en las primeras filas o atrás?

12 Nos gusta más sentarnos en las filas catorce o quince. Desde allí es posible ver y oír bien. Desde allí la luz y los movimientos en la pantalla no hacen daño a los ojos.

13 ¿Qué hacen Vds. si la mayor parte de los asientos están ocupados?

14 Entonces pido ayuda a la acomodadora. Nos sentamos en cualquier asiento desocupado, delante, atrás o al lado. Pero no nos gustan aquellos asientos y por eso venimos temprano. Tampoco nos gusta estar de pie en el cine.

15 ¡Estupendo, Sra. Adams! Vd. puede hacerse entender en España.

16 Tengo que darle las gracias a Vd., Sr. López.

1 Mrs. Adams, you know how to ask for information about the performances of the cinema. Are you fond of the cinema?

2 Well yes, I like a good picture but most films do not interest me.

3 You prefer the theatre?

4 Yes. My husband and I prefer it. We often go to the theatre to see a good play or a musical show.

5 And your children? Do they prefer the theatre?

105

6 Of course not! Detective dramas and musical pictures in colours which bore us enchant them.

7 They know all the stars of the screen don't they?

8 Of course, they know them. They also know the stars of television and radio.

9 You live in the suburbs. Is there a cinema near your house?

10 Yes, about one kilometre. We can go there on foot in fifteen minutes more or less.

11 Where do you prefer to sit, in the first rows or in back?

12 We prefer to sit in rows fourteen or fifteen. From there it is possible to see and hear well. From there the light and the movements on the screen do no harm to the eyes.

13 What do you do if most of the seats are taken?

14 Then I ask the usherette for help. We sit in any unoccupied seat, in front, in back or at the side. But we do not like those seats and therefore we come early. Nor do we like to stand in the cinema.

15 Marvellous, Mrs. Adams! You can get along in Spain! (*Lit.* You can make yourself understood in Spain.)

16 I have to thank you, Mr. López.

NOTE: 1. **conocer** to know (to be acquainted with persons or things). **saber** to know (facts).

Pronunciation and Spelling Aids

1 Practise:

asientos (a-ˈsjen-tos)	**película** (pe-ˈli-ku-la)
pantalla (pan-ˈta-ʎa)	**estrella** (es-ˈtre-ʎa)
acomodadora (a-ko-mo-ða-ˈðo-ra)	**prefiero** (pre-ˈfje-ro)

2 **la función, las funciones; la lección, las lecciones; la estación, las estaciones.** Nouns ending in **ción** drop the accent in the plural.

Building Vocabulary

A. **Sinónimos:**

1 **el noticiario — las actualidades**   the newsreel
2 **por eso — por consiguiente**   therefore
3 **prefiero — me gusta más**   I prefer
4 **el film — la película**   film
5 **a menudo — muchas veces**   often

B. **Antónimos:**

1 **antes de**	before (time)	**despúes de**	after
2 **delante de**	in front of	**detrás de**	behind
3 **ocupado**	occupied	**desocupado**	unoccupied

C. Words dealing with the Cinema:

1 **el cine**	the cinema
2 **la película, el film**	the picture
3 **la función**	the performance
4 **el noticiario**	the newsreel
5 **la taquilla**	the ticket office
6 **el papel**	the part, role
7 **la estrella**	the star
8 **la pantalla**	the screen
9 **el asiento**	the seat
10 **la fila**	the row
11 **la acomodadora**	the usher
12 **la entrada**	the ticket (in cinema or theatre)

Expresiones Importantes

1 **tener que: tener,** to have, followed by **que** means to have to, must.

Tengo que repetir	I have to (*must*) repeat
Vd. tiene que aprender	You have to (*must*) learn
¿Tiene él que escribir?	Does he have to (*must he*) write
Ella no tiene que ir	She does not have to go
2 **ir a pie**	to go on foot
3 **estar de pie**	to stand

Grammar Notes

1 Direct Object Pronouns. Summary. Study the following sentences which summarize the direct object pronouns. Note their meanings and position in relation to the verb.

1 ¿Compra Pablo el pan? *Lo* compra.
2 ¿Compra Ana la crema? *La* compra.
3 ¿Ve Vd. al padre? *Le* veo (a él).
4 ¿Ve Vd. a la madre? *La* veo (a ella).
5 ¿Ve Vd. a los padres? *Los* veo (a ellos).
6 ¿Ve Vd. a las madres? *Las* veo (a ellas).
7 ¿Tiene Vd. los billetes? *Los* tengo.
8 ¿Tienen Vds. las cartas? *Las* tenemos.
9 *Le* esperamos *a Vd.*, Sr. Adams.
10 *La* esperamos *a Vd.*, Sra. López.
11 *Los* esperamos *a Vds.*, señores.
12 *Las* esperamos *a Vds.*, señoras.
13 ¿*Me* buscas, mamá?
14 *Te* busco, hijito.
15 ¿Quién *nos* busca?

1 Does **Paul** buy the bread? He buys *it*.
2 Does Anna buy the cream? She buys *it*.
3 Do you see the father? I see *him*.
4 Do you see the mother? I see *her*.
5 Do you see the fathers? I see *them*.
6 Do you see the mothers? I see *them*.
7 Have you the tickets. I have *them*.
8 Have you the letters? We have *them*.
9 We are expecting *you*, Mr. Adams.
10 We are expecting *you*, Mrs. López.
11 We are expecting *you*, gentlemen.
12 We are expecting *you*, ladies.
13 Are you looking for *me*, mother?
14 I am looking for *you*, sonny.
15 Who is looking for *us*?

Chart of Direct Object Pronouns

Singular		Plural	
me	me	**nos**	us
te	you (*fam.*)	**os**	you (*fam.*)
lo (*m*)	it	**los** (*m*)	them, you
le (*m*)	him, you	**las** (*f*)	them, you
la (*f*)	it, her, you		

(a) Object pronouns usually stand directly before the verb.

(b) When the pronoun is the object of an infinitive or of an affirmative command, it follows the verb and is attached to it.

La Sra. Adams va a saludar*le*.   Mrs. Adams goes to greet *him*.
Díga*me*.   Tell *me*.

(c) **a Vd.** and **a Vds.** are usually added after the verb to distinguish the meaning *you* from the other meanings of **le, la, los, las, a él, a ella, a ellos** and **a ellas** may also be added to make the meaning clear.

Ejercicios (Exercises) No. 56A–56B–56C

56A. Read each Spanish question. Then read the answer, using the correct direct object pronoun in place of the dash. Be sure the object pronouns have the same number and gender as the nouns for which they stand.

Ejemplo: Sí, *los* compro.

1 ¿Compra Vd. los billetes?   Sí, —— compro.
2 ¿Comienza Vd. el ejercicio?   Sí, —— comienzo.
3 ¿Quiénes tienen la radio?   Los niños —— tienen.
4 ¿Ven Vds. bien la pantalla?   No, no —— vemos bien.

5 ¿Espera el señor a su amigo?   Sí, —— espera.
6 ¿Prefieren Vds. las primeras   No, no —— preferimos.
    filas?
7 ¿Conocen los niños a la estrella? Sí —— conocen.
8 ¿Conocen Vds. a estos hombres?   Sí, —— conocemos.
9 ¿Conocen Vds. a estas mujeres?   Sí, —— conocemos.
10 ¿Quiénes esperan al profesor?   Los niños —— esperan.

56B. Read each Spanish sentence. Then put the corresponding English
sentence into Spanish. Where do the object pronouns go?

Ejemplo: La criada la lleva.

1 La criada lleva la cuchara.   1 The maid brings it.
2 Los niños comen el (or la) azúcar. 2 The children eat it.
3 Pongo los platillos en la mesa.   3 I put them on the table.
4 Digo las frases al estudiante.   4 I tell them to the student.
5 ¿Por qué no saluda Vd. al   5 Why don't you greet him?
    hombre?
6 ¿Visitas tú a tu hermana?   6 Do you visit her?

56C. Translate into Spanish:

1 I see you, Mrs. Adams.   6 I take the plate. I take it.
2 Do you see me?   7 She writes the verbs. She writes
3 Who sees us?   them.
4 The teacher sees you (pl.),   8 We have the chairs. We have
    boys.   them.
5 We see the house. We see it.   9 I expect you, ladies.
                                  10 We expect you, gentlemen.

Exercise No. 57—Preguntas

1 ¿Quién sabe pedir información?
2 ¿Qué prefieren los señores Adams, el teatro o el cine?
3 ¿Qué prefieren los niños?
4 ¿Conocen los niños a las estrellas del cine?
5 ¿Dónde vive la familia Adams?
6 ¿A qué distancia está el cine de la casa de ellos?
7 ¿Qué filas del cine prefieren?
8 ¿Es posible ver y oír desde allí?
9 ¿A quién piden ayuda en el cine?
10 ¿Vienen temprano o tarde?

CHAPTER 16

LAS CALLES Y LOS HOMBRES CÉLEBRES

PARTE PRIMERA

1 Si el turista no sabe nada de la historia de España, los nombres de las calles pueden enseñarle mucho. Como en todas las ciudades del mundo, en las ciudades de España hay calles nombradas en memoria de los hombres célebres de la patria.

2 Una de las avenidas más importantes de la ciudad es la Avenida de José Antonio. José Antonio Primo de Rivera fue abogado y político, el fundador de la Falange, y fue asesinado en 1936 en la Guerra Civil. Esta avenida se llama más comúnmente la Gran Vía. Hay una Gran Vía en todas las grandes ciudades. Hay también una Avenida del Generalísimo Franco, el Caudillo de España.

3 En la ciudad hay otras calles muy interesantes desde el punto de vista histórico. Sus nombres recuerdan a los grandes hombres del pasado. La calle de Prim recuerda al general que combatió en las guerras de África en 1859 (mil ochocientos cincuenta y nueve). La calle de José Ortega y Gasset recuerda al ensayista y filósofo que murió en 1955 (mil novecientos cincuenta y cinco); la Plaza de Cánovas del Castillo al político y escritor del siglo pasado; la calle de Núñez de Balboa al conquistador que murió en 1517 (mil quinientos diez y siete); y la Plaza de Cristóbal Colón al célebre navegante que descubrió América.

4 ¿Sra. Adams, le interesan a Vd. estos nombres?

5 Sí, sí. Me interesan mucho. Un día voy a caminar por las calles cuyos nombres recuerdan a los hombres célebres, y voy a recordar las palabras de mi maestro y amigo, el señor López.

6 Ahora es favor que Vd. me hace a mí.[1]

7 No es favor. Es verdad. Pero veo que las fechas también son importantes. ¿Hay en España fechas importantes como el 23 (veinte y tres) de abril en Inglaterra — la fiesta de San Jorge?

8 Sí, hay muchos días de fiesta en España. Y son verdaderas fiestas, porque la gente no trabaja. Algunas de estas fechas son: el 19 (diez y nueve) de marzo, la fiesta de San José; el 26 de julio, la fiesta de Santiago, el santo patrón de España; el 1º (primero) de noviembre, la fiesta de Todos los Santos; y Vd. sabe lo que significa la fecha 25 (veinte y cinco) de diciembre — la Navidad. Hay otros días de fiesta nacional — hay diez y seis en total, y además cada pueblo y aldea celebra la fiesta de su propio santo patrón.

9 En Gran Bretaña, dice la señora Adams, hay tan pocos días de fiesta. ¡Qué lástima!

1 If the tourist knows nothing about the history of Spain, the names of the streets can teach him a great deal. As in all the cities in the world, so in the cities of Spain there are streets named in memory of the famous men of the fatherland.

2 One of the most important avenues of the city is José Antonio Avenue. José Antonio Primo de Rivera was a lawyer and a politician, the founder of the Falange, and was assassinated in 1936 in the Civil War. This avenue is called (*lit.* calls itself) the Gran Vía ('the Great Way'). There is a Gran Vía in all the big cities. There is also an avenue of Generalissimo Franco, the leader of Spain.

3 In the city there are other very interesting streets from the historical point of view. Their names recall the great men of the past. Prim Street recalls the general who fought in the wars in Africa in 1859. José Ortega y Gasset Street recalls the essayist and philosopher who died in 1955; Cánovas del Castillo Square the politician and writer of the last (*lit.* past) century; Núñez de Balboa Street the conquistador who died in 1517; and Christopher Columbus Square the famous navigator who discovered America.

4 Mrs. Adams, do these names interest you?

5 Yes, yes. They interest me very much. Some day I am going to walk along the streets whose names recall famous men and I will recall the words of my teacher and friend, Mr. López.

6 Now you flatter *me*.

7 It is not flattery. It is the truth. But I see that dates are also important. Are there in Spain important dates like April 23 in England— St. George's Day?

8 Yes, there are many feast days in Spain. And they are true holidays, because the people do not work. Some of these dates are; March 19, St. Joseph's Day; July 26, St. James's Day, the patron saint of Spain; November 1, All Saints' Day; and you know what the date December 25 means—Christmas. There are other national holidays—there are 16 in all, and in addition each town or village celebrates the feast day of its own patron saint.

9 'In Great Britain,' says Mrs. Adams, 'there are so few feast days. What a pity.'

NOTE: 1. **a mí** *to me*, added for emphasis.

Pronunciation Aids

Practise:

historia (is-'to-rja)   **significa** (siɣ-ni-'fi-ka)
recordar (rre-kor-'ðar)   **recuerda** (rre-'kwer-ða)

Gran Vía (ɣran ¹vi-a) or   **caudillo** (kaw-¹ði-ʎo)
(ɣram ¹bi-a)

NOTE: Final **m** is pronounced as **n,** e.g. **Prim** (prin).

Vocabulary Building

A. Antónimos:

1 **contra** against **por** for   2 **enseñar** to teach **aprender** to learn

B. Palabras Relacionadas:

1 **interesar**	to interest	**interesante**	interesting
2 **la historia**	history	**histórico**	historical
3 **luchar**	to fight	**la lucha**	the fight
4 **caminar**	to walk	**el camino**	the road
5 **recordar**	to recall, remember	**el recuerdo**	the remembrance
6 **resistir**	to resist	**la resistencia**	resistance
7 **comenzar**	to begin	**el comienzo**	beginning

C. Los grandes hombres the great men. The adjective **grande** placed before a noun means great. After a noun it means *big*. Thus:

un hombre grande   a big man   **un gran hombre**   a great man

Note that **grande** (*not* **grandes**), before a noun, becomes **gran.**

Expresiones Importantes

1 **en memoria de**   in memory of   2 **desde ... hasta**   from ... to, until

Exercise No. 58—Completion of Text

1 (They know nothing) **de la historia de España.**
2 **Las calles** (can) **enseñarles mucho.**
3 **Hay calles nombradas** (in memory of) **los hombres célebres de la** (fatherland).
4 **Una de las avenidas** (most important) **es la Avenida de José Antonio.**
5 **Esta avenida** (is more commonly called) **la Gran Vía.**
6 **La calle de José Ortega y Gasset recuerda al** (essayist and philosopher).
7 **Son interesantes** (from the point of view) **histórico.**
8 **Cánovas del Castillo fue un escritor y político** (of the last century).
9 **Cristóbal Colón** (discovered America).
10 (These names) **me interesan mucho.**
11 **Voy a** (walk) **por las calles** (whose) **nombres recuerdan a los hombres célebres.**
12 **Voy a** (recall) **las palabras de mi maestro.**

Grammar Notes

1 The Present Tense of **recordar(ue)** to remember and **oír** to hear.

I remember, you remember, etc. | I hear, you hear, etc.

recuerdo	**recordamos**	**oigo**	**oímos**
recuerdas	**recordáis**	**oyes**	**oís**
recuerda	**recuerdan**	**oye**	**oyen**

2 Ordinal Numbers

primero (a)	first	**sexto (a)**	sixth
segundo (a)	second	**séptimo (a)**	seventh
tercero (a)	third	**octavo (a)**	eighth
cuarto (a)	fourth	**noveno (a)**	ninth
quinto (a)	fifth	**décimo (a)**	tenth

(a) Ordinal numbers are used much less in Spanish than in English. After the tenth they are seldom used.

(b) Like other adjectives they agree with their nouns in number and gender.

la primera fila   la segunda fila   el décimo piso

(c) Before a masculine singular noun **primero** and **tercero** drop the **-o.** When alone, they keep the ending.

el primer año   el primero   el tercer mes   el tercero

3 Dates

1º de mayo de 1968   (el primero de mayo)   May 1, 1968
5 de mayo de 1861   (el cinco de mayo)   May 5, 1861

(a) **Primero** is used for the first day of the month. After that the cardinal numbers **dos, tres,** etc. are used.

(b) The order for a date is: (day) **de** (month) **de** (year).

(c) The numbers in the year are read like numbers in general.

1968 (mil novecientos sesenta y ocho)
1861 (mil ochocientos sesenta y uno)

4 Pronouns with Prepositions

para mí	for me	**para nosotros -as**	for us
para ti	for you (*fam. sing.*)	**para vosotros -as**	for you (*fam. plur.*)
para Vd.	for you	**para Vds.**	for you
para él	for him	**para ellos**	for them (*masc. pl.*)
para ella	for her	**para ellas**	for them (*fem. pl.*)

(a) Pronouns with prepositions, except **mí** (*me*) and **ti** (*you*), are the same as the subject pronouns.

(b) With the preposition **con, mí** and **ti** become **conmigo** *with me*, and **contigo** *with you*.

(c) The accent mark on **mí** (*me*) distinguishes it from **mi** (*my*).

Ejercicios (Exercises) No. 59A–59B

59A. Complete the Spanish sentences so that they correspond fully to the English sentences.

Ejemplo: 1. Hablamos de Vd., señor.

1 We are speaking of you, sir.	1 Hablamos de ——, señor.
2 They do not work for us (m.).	2 No trabajan para ——.
3 He is standing near them (f.).	3 Está de pie cerca de ——.
4 They are seated behind me.	4 Están sentados detrás de ——.
5 You can go with me.	5 Vd. puede ir ——.
6 I want to go with you, Johnny.	6 Quiero ir ——, Juanito.
7 We are for them, not against them.	7 Estamos por ——, no contra ——.
8 We prefer to go without you, Anna.	8 Preferimos ir sin ——, Ana.
9 The ashtray is in front of her.	9 El cenicero está delante de ——.
10 We are going to have dinner with him.	10 Vamos a cenar con ——.

59B. Translate in two ways:

Ejemplo: Where is your book, Anna? ¿Dónde está su libro (el libro de Vd.), Ana?

1 Where is her book?	5 Where are your parents, boys?
2 Where is his book?	6 Where is your house, Mrs. A?
3 Where are her books?	7 Where are their chairs?
4 Where are his books?	8 Where is their room?

Exercise No. 60—Preguntas

1 ¿Cuál es la fecha de la fiesta de Santiago?
2 ¿Quién fue el fundador de la Falange?
3 ¿Quién es el Caudillo de España?
4 ¿Cómo se llama más comúnmente la Avenida de José Antonio?
5 ¿Cuál es el nombre del general que combatió en las guerras de África?
6 ¿Quién fue un filósofo y ensayista célebre?
7 ¿Cuándo murió?
8 ¿Cuál es el nombre de uno de los conquistadores?
9 ¿Interesan estos nombres a la señora Adams?
10 ¿Qué palabras va a recordar?
11 ¿Cuántos días de fiesta hay en España?
12 ¿Hay más días de fiesta que en Gran Bretaña?

CHAPTER 17

CALLES, RÍOS Y MONTAÑAS

PARTE PRIMERA

1 Ya sabe Vd., señora Adams, que hay muchas calles en Madrid cuyos nombres recuerdan a los españoles célebres. También hay calles cuyos nombres recuerdan ciudades españolas — Toledo, Alcalá, Ibiza y muchas otras.

2 Además se encuentran calles que tienen nombres de los escritores españoles más conocidos — Miguel de Cervantes, que escribió *Don Quijote*, y cuyo nombre conocemos todos; José de Espronceda, el poeta romántico del siglo 19 (diez y nueve); Lope de Vega, que nació en 1562 (mil quinientos sesenta y dos) y murió en 1635 (mil seiscientos treinta y cinco), y que escribió más de 1500 (mil quinientas) comedias. Los nombres de otras calles celebran a algunos de los pintores más famosos: Goya, Zurbarán y Velázquez, por ejemplo.

3 Realmente, una persona que tiene la costumbre de caminar por las calles de Madrid puede educarse bien y barato.

4 A propósito, señora Adams, ¿Me permite Vd. hacerle algunas preguntas acerca de la geografía?

5 Por supuesto. Y, ¿voy a recibir un premio por las respuestas correctas?

6 No, señora Adams, éste no es un programa de televisión. Vamos a empezar. ¿Cuál es el río más largo del mundo?

7 El Misisipi es el río más largo.

8 Está Vd. equivocada. El Misisipi es mucho más pequeño que el río Amazonas. Éste es el más largo y el más grande, no solamente de las Américas sino también del mundo entero. Tiene más de 4.600 millas de largo y cruza todo el Brasil. Y, ¿cuál es el pico más alto de América del Sur?

9 No me acuerdo del nombre pero está en los Andes. Es más alto que cualquier pico de las Américas, de Europa o de África. Pero hay picos más altos en el Himalaya de Asia.

10 Se llama Aconcagua, aquel pico altísimo. Bien, una pregunta más. ¿Sabe Vd. los nombres de algunos ríos y picos de España?

11 Creo que sí. Hay los ríos Ebro, Guadalquivir, Tajo y Duero. Tres picos son: Aneto, Mulhacén y Moncayo.

12 Muy bien, señora Adams. Sus conocimientos de geografía son excelentes.

13 ¿Cómo no? Una importadora tiene que conocer la geografía, ¿verdad?

1 You already know, Mrs. Adams, that there are many streets in Madrid whose names recall famous Spaniards. Also there are streets whose names recall Spanish cities—Toledo, Alcalá, Ibiza and many others.

2 In addition there are streets (*lit.* streets meet themselves) which have names of the most well-known Spanish writers—Miguel de Cervantes, who wrote *Don Quixote*, and whose name we all know; José de Espronceda, the Romantic poet of the 19th century; Lope de Vega, who was born in 1562 and died in 1635, and who wrote more than 1,500 plays! The names of other streets celebrate some of the most famous painters: Goya, Zurbarán and Velázquez, for example.

3 Indeed, a person who has the habit of walking through the streets of Madrid can educate himself well and cheaply.

4 By the way, Mrs. Adams, will you permit me to ask you some questions about geography?

5 Of course. And will I receive a prize for the correct answers?

6 No, Mrs. Adams, this is not a television programme. Let us begin. What is the longest river in the world?

7 The Mississippi is the longest river.

8 You are mistaken. The Mississippi is much smaller than the river Amazon. This is the longest and biggest not only in the Americas but also in the whole world. It is more than 4,600 miles long and crosses all Brazil. And what is the highest peak in South America?

9 I do not remember the name but it is in the Andes. It is higher than any mountain in the Americas, Europe or Africa. But indeed, there are higher peaks in the Himalayas of Asia.

10 That very high peak is called Aconcagua. Well then, one more question. Do you know the names of a few rivers and peaks in Spain?

11 I think so. There are the rivers Ebro, Guadalquivir, Tagus and Duero. Three peaks are: Aneto, Mulhacén and Moncayo.

12 Very good, Mrs. Adams. Your knowledge (*note that Spanish says* 'knowledges') of geography is excellent.

13 Of course! An importer has to know geography, hasn't she?

Pronunciation Aids

Practise:

cuyos ('ku-jos)
escritores (es-kri-'to-res)
encuentran (eŋ-'kwen-tran)
geografía (xe-o-γra-'fi-a)
cruza ('kru-θa)

celebrar (θe-le-βrar)
costumbre (kos-'tum-bre)
el río Amazonas (el 'ri-o
a-ma-'θo-nas)
cualquiera (kwal-'kje-ra)

Aconcagua (a-koŋ-ˈka-ɣwa)   **Asia** (ˈa-sja)
nació (na-ˈθjo)   **Velázquez** (ve-ˈlaθ-keθ) or
recuerdan (rre-ˈkwer-ðan)   (be-ˈlaθ-keθ)
      murió (mu-ˈrjo)

Building Vocabulary

A. Sinónimos:

1 realmente	verdaderamente	claro está	indeed
2 el sabio	el hombre de ciencia	el científico	the scientist
3 conseguir	obtener	adquirir	to obtain

B. Antónimos:

1 barato	cheap	caro	dear
2 alto	high	bajo	low
3 el más largo	the longest	el más corto	the shortest
4 fácil	easy	difícil	hard

C. Palabras Relacionados:

1 educar	to educate	educación	education
2 la ciencia	science	el científico	the scientist
3 historia	history	histórico	historical

Expresiones Importantes

1 dar un paseo	to take a walk
2 hacer preguntas	to ask questions
3 cualquier montaña	any mountain

Exercise No. 61—Completion of Text

1 Hay muchas calles (whose) **nombres** (recall) **grandes hombres.**
2 Otras calles recuerdan (Spanish cities).
3 Otras calles tienen nombres de los escritores (most well-known).
4 Además (one can meet with = there meet themselves) **calles que tienen nombres de pintor.**
5 (Indeed) **una persona puede** (get a good and inexpensive education) **en las calles de Madrid.**
6 (By the way) **Sra. Adams, quiero hacerle a Vd. algunas preguntas** (about) **la geografía.**
9 Vd. no va a (receive) un premio.
8 ¿Es (larger) el Misisipi que el Amazonas?
9 El Misisipi es (smaller) que el Amazonas.
10 Este río es (the largest) y (the longest) del mundo.
11 El pico de Aconcagua es (higher) que cualquier pico de las Américas.

12 **Hay picos** (higher) **en el Himalaya.**
13 (Your knowledge) **de geografía son excelentes.**
14 (He has to know) **la geografía.**

PARTE SEGUNDA

Grammar Notes

1 Comparison of Adjectives in Spanish.

> **grande,** large
> **más grande,** larger
> **el (la) más grande,** largest

notable, notable	**notable,** notable
más notable, more notable	**menos notable,** less notable
el (la) más notable, most notable	**el (la) menos notable,** least notable

(a) These adjectives follow and agree with their nouns as usual. In the superlative the definite article or a possessive adjective precedes the noun.

las avenidas más hermosas	the most beautiful avenues
mi profesor más amable	my kindest teacher

(b) After a superlative use **de** not **en** for *in*.

el río más largo del mundo	the longest river in the world

(c) as ... adj. ... as, is expressed in Spanish as **tan ... adj. ... como.**

Carlos es tan alto como Ana.	Charles is as tall as Anna.
El Tíber no es tan largo como el Rin.	The Tiber is not as long as the Rhine.

(d) In comparison, *than* is usually **que.** Before a number *than* is **de.**

Londres es más grande que Nueva York.	London is larger than New York.
Tenemos más de cien libras.	We have more than £100.

2 Irregular Comparisons

bueno, good	**mejor,** better	**el (la) mejor,** best
malo, bad	**peor,** worse	**el (la) peor,** worst
grande, big	{ **mayor,** older { **más grande,** bigger	**el (la) mayor,** oldest **el (la) más grande,** biggest
pequeño, small	{ **menor,** younger { **más pequeño,** smaller	**el (la) menor,** youngest **el (la) más pequeño,** smallest

(a) The irregular forms of **grande** and **pequeño** refer to age. The regular forms of **grande** and **pequeño** refer to size.

Felipe es mayor que Guillermo.	Philip is older than William.
Felipe es más grande que Guillermo.	Philip is bigger than William.
Es el mayor de la familia.	He is the oldest in the family.
Es el más grande de la familia.	He is the biggest in the family.
Anita es menor que Rosita.	Annie is younger than Rosie.
Anita es más pequeña que Rosita.	Annie is smaller than Rosie.
Es la menor de la familia.	She is the youngest in the family.
Es la más pequeña de la familia.	She is the smallest in the family.

3 The ending **-ísimo(a)** may be used instead of **muy.**

alto	tall	**altísimo**	very tall
largo	long	**larguísimo**	very long
bueno	good	**bonísimo**	very good
rico	rich	**riquísimo**	very rich
El Aneto es un pico altísimo.		Aneto is a very high peak.	

Exercise No. 62

Complete the Spanish sentences so that they correspond fully to the English sentences.

Ejemplo: Pablo es tan alto como Juan.

1 Paul is as tall as John.
2 My pen is better than John's.
3 Mary is nicer than Elsie.
4 I have the best pen of all.
5 The black ink is not as good as the blue.
6 I want the newest book.
7 My exercises are more difficult than yours.
8 Jane is tall. Marie is taller than Jane.
9 Isabel is the tallest girl of the three.
10 Mr. García has the worst luck.
11 Philip is the oldest child.
12 The capital has the most modern buildings.
13 The pen is bad but the pencil is worse.
14 Why are you not as happy as he?
15 He is the laziest man in the office.
16 Annie is the youngest child.

1 Pablo es —— alto —— Juan.
2 Mi pluma es —— que la de Juan.
3 María es —— simpática —— Elsa.
4 Tengo la —— pluma de todas.
5 La tinta negra no es —— buena —— la tinta azul.
6 Quiero el libro —— nuevo.
7 Mis ejercicios son —— difíciles —— los de Vd.

8 Juana es alta. María es —— grande —— Juana.
9 Isabel es la muchacha —— de las tres.
10 El señor García tiene la ——[1] suerte.
11 Felipe es el hijo ——.
12 La capital tiene los edificios ——.
13 La pluma es mala, pero el lápiz es ——.
14 ¿Por qué no está Vd. —— contento —— él?
15 Él es el hombre más perezoso —— la oficina.
16 Anita es la hija ——.

NOTE: 1. mejor and peor often precede the noun.

Exercise No. 63—Preguntas

1 ¿Cuál es el río más largo de América del Sur?
2 ¿Cuál es la ciudad más grande del mundo?
3 ¿Cuál es el pico más alto de América del Sur?
4 ¿Qué ciudad es más grande que Nueva York?
5 ¿Es Madrid tan grande como Londres?
6 ¿Es Nueva York tan antigua como Madrid?
7 ¿Qué ciudad es más antigua — Londres o Nueva York?
8 ¿Qué ciudad tiene los edificios más altos del mundo?
9 ¿Cuál es el país más pequeño de Centro América?
10 El Sr. García es un hombre de cuarenta y cinco años de edad. Tiene £100.000 (cien mil libras).
El Sr. Rivera es un hombre de cincuenta años. Tiene £80.000 (ochenta mil libras). El Sr. Torres es un hombre de sesenta años. Tiene £50.000 (cincuenta mil libras).

(a) ¿Quién es el menor de los tres?
(b) ¿Quién es el mayor de los tres?
(c) ¿Es el Sr. Rivera mayor que el Sr. García?
(d) ¿Quién es el más rico?
(e) ¿Quién es el menos rico?
(f) ¿Es el Sr. Torres tan rico como el Sr. García?

CHAPTER 18

EL DÍA DE LA SEÑORA ADAMS

PARTE PRIMERA

1 Sra. Adams, ¿me permite preguntarle cómo pasa Vd. un día típico?

2 ¿Cómo no? Cuando voy a la oficina, me levanto a las seis y media. Vd. ve que soy madrugadora. Me lavo y me visto en treinta minutos más o menos. A eso de las siete me siento a la mesa en el comedor para tomar el desayuno. Mi esposo, que también es madrugador, se levanta temprano y desayunamos juntos. Naturalmente me gusta mucho esta costumbre. Tenemos la oportunidad de hablar de los niños y de otras cosas de interés.

3 ¿Qué toma Vd. para el desayuno?

4 Para el desayuno tomo zumo de naranja, café, panecillos o tostadas y huevos. De vez en cuando tomo té en vez de café.

5 ¿Y después del desayuno?

6 A las siete y media estoy lista para salir a tomar el tren. Vd. sabe que vivo fuera de la ciudad. Voy en coche a la estación. Dejo allí el coche hasta la tarde, cuando vuelvo de la ciudad. El tren sale para la ciudad a las ocho menos cuarto en punto. Raras veces sale tarde. Llega a la ciudad a las nueve menos cuarto en punto. Casi siempre llega a tiempo. Desde la estación de ferrocarril voy a la oficina en metro. Llego a eso de las nueve. En la oficina leo las cartas, dicto las respuestas a la taquígrafa, hablo por teléfono a varios clientes y hago una cantidad de cosas que tiene que hacer una negociante.

7 ¿Y cuándo toma Vd. el almuerzo?

8 Casi siempre a la una. Lo tomo en cosa de 30 minutos.

9 Es muy poco tiempo. En España va a ver Vd. que son muy distintas las costumbres. El negociante español pasa mucho más tiempo en las comidas. Pero en otra ocasión vamos a hablar más de esto. ¿Qué toma Vd. para almorzar?

10 Ordinariamente tomo un bocadillo con café y tal o cual postre — una manzana cocida, una torta, o helado.

11 ¿Qué hace Vd. después del almuerzo?

12 Hago lo mismo que por la mañana. Muchas veces algunos clientes vienen a visitarme por la tarde y de vez en cuando salgo a visitar a otros clientes.

13 ¿A qué hora termina Vd. el trabajo?

14 A las cinco en punto salgo de la oficina y tomo el tren de las cinco

y media. Llego a casa a eso de las siete menos cuarto y me siento a la mesa para tomar la cena.

15 Vd. debe de estar cansada después de semejante día.

16 — ¡Ya lo creo! — responde la señora Adams.

1 Mrs. Adams, may I ask you how you spend a typical day?

2 Certainly. When I go to the office, I get up at six-thirty. You see that I am an early riser. I wash and dress in thirty minutes more or less. At about seven, I sit down at the table in the dining-room to have breakfast. My husband, who is also an early riser, gets up early and we have breakfast together. Naturally I like this custom very much. We have an opportunity to talk about the children and other interesting things.

3 What do you have for breakfast?

4 For breakfast I have orange juice, coffee, rolls or toast, and eggs. Sometimes I have tea instead of coffee.

5 And after breakfast?

6 At seven-thirty I am ready to leave to catch the train. You know that I live outside the city. I go by car to the station. I leave the car there until the afternoon, when I return from the city. The train leaves for the city at a quarter to eight sharp. It seldom leaves late. It arrives at the city at quarter to nine sharp. It almost always arrives on time. From the railway station, I go to my office by underground. I arrive at about nine. In the office I read letters, dictate answers to the shorthand-typist, talk on the telephone to various clients and do a number of things that a businesswoman has to do.

7 And when do you have lunch?

8 Almost always at one. I take it in about 30 minutes.

9 It is very little time. In Spain you will see that customs are very different. The Spanish businessman spends much more time at meals. But another time we will speak more of this. What do you have for lunch?

10 Usually I have a sandwich and coffee and some dessert or other— a baked apple, a cake or ice cream.

11 What do you do after lunch?

12 I do the same as in the morning. Often some clients come to visit me in the afternoon and from time to time I go out to visit other clients.

13 At what time do you stop work?

14 At five o'clock sharp I leave the office and take the five-thirty train. I arrive home at about a quarter to seven and I sit down at table to have dinner.

15 You must be tired after such a day.

16 'Yes, indeed!' answers Mrs. Adams.

Pronunciation Aids

1 Practise:

preguntar (pre-ɣun-ˈtar)
madrugador (ma-ðru-ɣa-ˈðor)
madrugadora (ma-ðru-ɣa-ˈðo-ra)
desayuno (ðe-sa-ˈju-no)
desayunarse (ðe-sa-ju-ˈnar-se)
desayunamos (ðe-sa-ju-ˈna-mos)
oportunidad (o-por-tu-ni-ˈðað)
panecillos (pa-ne-ˈθi-ʎos)

tostadas (tos-ˈta-ðas)
huevos (ˈwe-vos) or (ˈwe-βos)
afuera (a-ˈfwe-ra)
taquígrafa (ta-ˈki-ɣra-fa)
teléfono (te-ˈle-fo-no)
clientes (ˈkljen-tes)
bocadillo (bo-ka-ˈði-ʎo)

2 **tostada** a piece of toast

Building Vocabulary

A. Sinónimos:

1 tomar el desayuno	desayunarse	to have breakfast
2 naturalmente	por supuesto	of course
3 platicar	charlar	to chat
4 algunas veces	de vez en cuando	sometimes

B. Antónimos:

1 después del desayuno	after breakfast	antes del desayuno	before breakfast
2 poco tiempo	little time	mucho tiempo	much time

C. Palabras Relacionadas:

1 **comer,** to eat **comedor,** dining-room **la comida,** the meal
2 **el desayuno,** the breakfast **desayunarse,** to have breakfast

D. Zumos (Juices)

1 zumo de naranja	orange juice	4 zumo de uvas	grape juice
2 zumo de tomate	tomato juice	5 zumo de piña	pineapple juice
3 zumo de toronja	grapefruit juice	6 zumo de limón	lemon juice

Expresiones Importantes

1 a eso de las siete	at about seven
2 a las cinco en punto	at five o'clock sharp
3 de costumbre	generally
4 ponerse	to become
5 Me pongo enfermo	I become sick

B. Expressions with **vez:**

1 **una vez**	one time	7 **ninguna vez**	at no time
2 **dos veces**	two times	8 **cuántas veces**	how many times
3 **otra vez**	another time		
4 **algunas veces**	sometimes	9 **cada vez**	each time
5 **muchas veces**	many times	10 **de vez en cuando**	from time to time
6 **raras veces**	seldom	11 **en vez de**	instead of

Exercise No. 64—Completion of Text

1 **Sra. Adams, ¿me permite Vd.** (to ask you at what time) **se levanta Vd.?**
2 **Me levanto** (at 6.30).
3 **Soy** (an early riser). **Mi esposo es** (an early riser).
4 **Siempre se levanta** (early).
5 **A las siete y media** (I am ready to leave).
6 (I read) **las cartas y** (I dictate) **las respuestas.**
7 **Para el almuerzo tomo** (a sandwich with coffee and some dessert or other).
8 (Often) **algunos clientes vienen** (to visit me).
9 **Termino el trabajo** (at five o'clock sharp).
10 (The customs) **son muy distintas en España.**

PARTE SEGUNDA

Grammar Notes

1 Present Tense of Model Reflexive verb. **lavarse** to wash oneself

me lavo	I wash myself
te lavas	you wash yourself (*fam.*)
Vd. se lava⎫	you wash yourself
se lava⎭	he washes himself
	she washes herself
	it washes itself
nos lavamos	we wash ourselves
os laváis	you wash yourselves (*fam.*)
Vds. se lavan⎫	you wash yourselves
se lavan⎭	they wash themselves

(a) Observe that the reflexive pronoun **se** means *oneself, yourself, himself, herself, itself, yourselves,* and *themselves.*

(b) Like other object pronouns reflexives usually precede the verb. Used with the infinitive, they follow the verb and are attached to it.

lavarse, to wash oneself   **Quiero lavarme,** I want to wash myself.

2 Present Tense of **sentarse(ie)** to sit down (seat oneself), **vestirse(i)** to dress oneself.

I sit down, etc.   I dress myself, etc.

me siento	nos sentamos	me visto	nos vestimos
te sientas	os sentáis	te vistes	os vestís
Vd. se sienta⎫ se sienta⎭	Vds. se sientan⎫ se sientan⎭	Vd. se viste⎫ se viste⎭	Vds. se visten⎫ se visten⎭

3 Other Reflexive Verbs

Some Spanish reflexive verbs are not translated by a reflexive verb in English.

sentarse, to sit down (to seat oneself)	**Me siento,** I sit down
levantarse, to get up (to raise oneself)	**Me levanto,** I get up
acostarse(ue), to go to bed	**Me acuesto,** I go to bed
llamarse, to be called (to call oneself)	**Me llamo,** My name is . . .
encontrarse(ue), to be (to find oneself)	**Me encuentro,** I am (somewhere)
comerse, to eat up	**Me como el pan.** I eat up the bread.
llevarse, to take away	**Se lleva el echarpe.** He takes away the shawl.
irse, to go away	**Me voy de esta ciudad.** I am going away from this city.
acordarse(ue), to remember	**Nos acordamos de él.** We remember him.
ponerse, to become	**Se ponen enfermos.** They become (get) ill.

Ejercicios (Exercises) No. 65A–65B

65A. Translate the following questions and answers. Then practise the Spanish aloud.

1 ¿A qué hora se acuesta Vd?
Me acuesto a las once de la noche.

2 ¿A qué hora se levanta Vd?
Me levanto a las siete de la mañana.

3 ¿Se lava Vd. antes de vestirse?
Sí, me lavo antes de vestirme.

4 ¿Dónde se encuentra Vd. al mediodía?
Me encuentro en mi oficina.

5 ¿Cuándo se va Vd. de aquí?
Mañana me voy de aquí.

6 ¿Se pone Vd. enfermo cuando come muchos dulces?
Sí, me pongo enfermo.

7 ¿En qué fila del cine se sientan Vds?
Nos sentamos en la fila catorce o quince.

8 ¿Se acuerdan Vds. de nuestras conversaciones?
Sí, nos acordamos de ellas.

65B. Make the Spanish sentences correspond to the English by inserting the correct form of the reflexive pronoun.

Ejemplo: 1. La Sra. Adams se sienta en el comedor.

1 Mrs. Adams sits down in the dining-room.
2 She gets up at seven o'clock.
3 She washes and dresses herself.
4 At what time do you go to bed?
5 I go to bed at 10 o'clock.
6 What is his name?
7 Mr. and Mrs. Adams are (find themselves) in the living-room.
8 When do you get up?
9 We get up about seven.
10 I don't remember the name.

1 La Sra. Adams —— sienta en el comedor.
2 —— levanta a las siete.
3 —— lava y —— viste.
4 ¿A qué hora —— acuesta Vd.?
5 —— acuesto a las diez.
6 ¿Cómo —— llama?
7 Los señores Adams —— encuentran en la sala.
8 ¿Cuándo —— levantan Vds.?
9 —— levantamos a eso de las siete.
10 No —— acuerdo del nombre.

NOTE: señores can mean Mr. and Mrs.

Exercise No. 66—Preguntas

66. Answer the following in complete sentences.

1 ¿A qué hora se levanta la Sra. Adams?
2 Entonces, ¿qué hace?
3 ¿En cuántos minutos se viste?
4 ¿Qué hace a eso de las siete?
5 ¿Se levanta su esposo temprano?
6 ¿Desayunan ellos juntos?
7 ¿Qué toma ella para el desayuno?
8 ¿Qué toma de vez en cuando en vez de café?
9 ¿A qué hora está lista para salir?

10 ¿Cómo va la Sra. Adams a la estación?
11 ¿A qué hora llega a su oficina?
12 ¿Cuándo toma el almuerzo?
13 ¿Qué toma para el almuerzo?
14 ¿Vienen clientes a visitarla por la tarde?
15 ¿A qué hora termina el trabajo?

CHAPTERS 15–18 PARTE PRIMERA

Repaso de Palabras
NOUNS

1 el almuerzo	11 la estrella	21 el panecillo
2 el asiento	12 la fiesta	22 la tostada
3 la cara	13 la historia	23 la película
4 el camino	14 el huevo	24 el metro
5 el cliente	15 el zumo	25 el postre
6 el coche	16 la luz	26 el recuerdo
7 el comienzo	17 la manzana	27 el río
8 la costumbre	18 la naranja	28 el sur
9 el bocadillo	19 el norte	29 el turista
10 el desayuno	20 el ojo	30 el teléfono

1 lunch	11 star	21 roll
2 seat	12 holiday	22 piece of toast
3 face	13 history	23 film
4 road	14 egg	24 underground
5 customer	15 juice	25 dessert
6 car	16 light	26 remembrance
7 beginning	17 apple	27 river
8 custom	18 orange	28 south
9 sandwich	19 north	29 tourist
10 breakfast	20 eye	30 telephone

VERBS

1 acordarse	15 irse	29 preferir(ie)
2 buscar	16 hallar	30 reír(i)
3 caminar	17 lavar	31 sonreír(i)
4 celebrar	18 lavarse	32 recordar(ue)
5 comer	19 levantar	33 sentarse(ie)
6 comerse	20 levantarse	34 sentir(ie)
7 cruzar	21 llevar	35 sentirse(ie)
8 deber	22 llevarse	36 significar
9 dejar	23 llamar	37 tratar
10 desayunarse	24 llamarse	38 terminar
11 dormir(ue)	25 poner	39 vestir(i)
12 dormirse	26 ponerse	40 vestirse
13 encontrar(ue)	27 oír	41 volver(ue
14 encontrarse	28 permitir	42 fue

1 to remember	5 to eat	9 to let, to leave
2 to look for	6 to eat up	10 to breakfast
3 to walk	7 to cross	11 to sleep
4 to celebrate	8 to owe, ought to	12 to fall asleep

13 to meet, to find	23 to call	33 to sit down
14 to be (somewhere)	24 to be named	34 to feel, regret
15 to go away	25 to put	35 to feel (sad, weak, etc.)
16 to find	26 to become	36 to mean
17 to wash	27 to hear	37 to try
18 to wash oneself	28 to permit	38 to end
19 to raise	29 to prefer	39 to dress
20 to get up	30 to laugh	40 to dress oneself
21 to carry, wear	31 to smile	41 to return
22 to take away	32 to recall	42 he (she) was

ADJECTIVES

1 ancho	5 chico	9 ocupado
2 barato	6 desocupado	10 oscuro
3 caro	7 junto	11 raro
4 conocido	8 mayor	12 tal

1 wide	5 small	9 busy, occupied
2 cheap	6 unoccupied	10 dark
3 dear	7 together	11 rare
4 well-known	8 older	12 such

ADVERBS

1 ordinariamente	2 naturalmente	3 temprano

1 ordinarily	2 naturally	3 early

PREPOSITIONS

1 contra	2 lejos de	3 en vez de

1 against	2 far from	3 instead of

IMPORTANT EXPRESSIONS

1 a pie	10 en punto
2 a eso de	11 hacer daño
3 a ver	12 más o menos
4 a tiempo	13 me gusta más
5 acabo de + infin.	14 no solamente
6 claro está	15 sino también
7 estar de pie	16 por consiguiente
8 desde luego	17 Vd. debe de estar cansado
9 de vez en cuando	18 dar un paseo

1 on foot	10 sharp, on the dot
2 at about	11 to hurt
3 let's see	12 more or less
4 on time	13 I prefer
5 I have just	14 not only
6 of course	15 but also
7 to stand	16 consequently
8 of course	17 you must be tired
9 from time to time	18 to take a walk

PARTE SEGUNDA

Ejercicio 67   Select the group of words in Column II which best completes the sentence begun in Column I.

I

1 Los niños Adams conocen
2 Desde la fila catorce
3 En Madrid hay calles
4 El 26 de julio es
5 Una de las avenidas más hermosas de Madrid
6 El río más largo del mundo
7 El Tajo y el Duero
8 Un madrugador se levanta
9 Para comenzar el desayuno la señora
10 Para llegar a la oficina viaja

II

(a) muy temprano.
(b) es la Gran Vía.
(c) es el Amazonas.
(d) la fiesta de Santiago.
(e) se puede ver y oír bien.
(f) en tren, en metro, y a pie.
(g) toma zumo de naranja.
(h) son dos ríos de España.
(i) a las estrellas de la pantalla.
(j) nombradas en memoria de los hombres célebres de España.

Ejercicio 68   Read the Spanish questions and then make your answer in Spanish correspond to the English answer following the question:

1 ¿Invita Vd. a sus amigos a su casa?
   Yes, I invite them from time to time.
2 ¿Prefiere Vd. el cine?
   No, I do not prefer it.
3 ¿Conocen los niños a las estrellas del cine?
   Yes, they know them well.
4 ¿Nos esperan Vds.?
   Yes, we are waiting for you.
5 ¿Dónde pone la criada las tazas?
   She puts them on the table.
6 ¿Me busca Vd.?
   No, I am not looking for you, sir.
7 ¿A qué hora se levanta Vd.?
   I get up at eight o'clock.

8 **¿Se lavan Vds. antes de comer?**
    Yes, we wash ourselves before eating.
9 **¿En qué fila se sientan los Adams?**
    They sit in row fifteen.
10 **¿Cómo se llama su padre?**
    My father's name is ——.

Ejercicio 69   Complete these sentences by writing all English words in Spanish.

1 **El Amazonas es el río** (the largest in the world).
2 **Londres es** (bigger than) **Manchester.**
3 **Mi padre es** (older than) **mi madre.**
4 **No soy** (so tall as) **mi hermano.**
5 **Anita es** (the youngest in) **la familia.**
6 **El domingo es** (the first day) **de la semana.**
7 **Hoy es** (January 30, 1968).
8 **¿Desea Vd. ir** (with me) **al teatro?**
9 **Pablo prefiere ir** (without me).
10 **Cuando** (I hear) **una palabra española** (I remember it).

Ejercicio 70   The following expressions are used in the sentences below. See if you can apply them correctly.

tener que + infinitive	**hacer preguntas**
darse la mano	**dar un paseo**
por consiguiente	**acostarse**
a eso de	**de vez en cuando**
deber de + infinitive	**otra vez**

1 **Los amigos** (shake hands).
2 (We must study) **todas los días.**
3 (I go to bed) **a las once.**
4 **El profesor** (asks many questions).
5 **El niño está enfermo.** (Consequently) **no puede ir a la escuela.**
6 **Voy el teatro** (from time to time).
7 **Me gusta** (to take a walk) **por la noche.**
8 (You must be) **muy cansado, señor.**
9 **Dígame su nombre** (again), **por favor.**
10 **Me levanto** (at about 7.30 a.m.).

PARTE TERCERA

Practise the Spanish aloud: **Diálogo**

En el mercado

   Estamos cerca de un puesto donde se venden mantas.
Comprador: **¿Cuánto cuesta ésta blanca y negra?**
Vendedor: **200 (doscientas) pesetas.**

Comprador: Es demasiado. Le doy a Vd. 125 (ciento veinte y cinco).
Vendedor: No, señor. Esta es muy fina. Por 175 (ciento setenta y cinco).
Comprador: Es mucho. Le doy 140 (ciento cuarenta).
Vendedor: Es barato, señor. Mire Vd. Es muy grande. Es para cama de matrimonio. Déme 160 (ciento sesenta).
Comprador: Yo soy soltero. No voy a casarme. Le doy 145 (ciento cuarenta y cinco).
Vendedor: No puedo, señor. Tengo mujer y seis niños. Tenemos que vivir. 155 (ciento cincuenta y cinco). Es el último precio.
Comprador: Muy bien.

Da al vendedor 155 pesetas y se lleva la manta negra y blanca. Es costumbre regatear y los dos se quedan muy contentos.

We are near a stand where blankets are sold.
Buyer: How much does this black and white one cost?
Seller: 200 pesetas.
Buyer: It's too much. I'll give you 125.
Seller: Well, no sir. It's very fine. For 175 pesetas it's yours.
Buyer: It's too much. I'll give you 140.
Seller: It is cheap sir. Look. It's very big. It's for a marriage bed. Give me 160.
Buyer: I am a bachelor. I'm not going to get married. I'll give you 145.
Seller: I cannot do it, sir. I have a wife and six children. We have to live. 155. It's the final price (offer).
Buyer: Very well.

He gives the seller 155 pesetas and takes away the black and white blanket. It is customary to bargain and both are (remain) pleased.

NOTE: **quedarse** *to remain* may be used instead of **estar** *to be.*

LECTURA

Exercise No. 71—Una visita a Soho

Es sábado. La señora Adams se levanta a las ocho, y mira por la ventana. El cielo es de color azul. Hay un sol brillante. Dice a su esposo, — Hoy vamos a visitar Soho. Es un distrito internacional. Allí se venden periódicos y revistas españoles, y hay tiendas españolas. Está cerca de los cines, de manera que (so that) por la tarde podemos ver una buena película.

— Está bien, dice su esposo.

A las nueve suben (get into) al coche y después de cuarenta y cinco minutos de viaje llegan a Soho. Bajan (they get out) del coche y comienzan a pasearse (to walk) por las calles. Al poco tiempo (in a little while) ven a un grupo de muchachas que están de pie (are standing) cerca de una tienda, y que hablan muy rápidamente en español.

La señora Adams saluda a las muchachas y empieza a charlar con ellas. Sigue la conversación:

— Buenos días, ¿son Vds. españolas?

— Sí, señora. Yo soy una estudiante. Estoy en Londres para aprender el inglés.

— Yo también soy española. Trabajo en una casa particular (a private house). Ayudo a la señora y cuido (look after) a sus niños.

— Yo, señora, soy inglesa, pero sé hablar bien el español. Tengo muchas amigas españolas y ellas son mis profesoras. En casa tengo libros en español y estudio mucho. A propósito, ¿es Vd. española?

— No, yo soy inglesa también, y como Vd. estudio el español. Me gusta mucho la lengua. Parece (it seems) que en Londres hay muchas personas que estudian el español. Hoy quiero comprar unas botellas de vino español. Dígame, ¿conoce Vd. una buena tienda?

— Sí, señora. En la esquina hay una tienda excelente. Allí se vende (*lit.* there sells itself) un vino de Málaga muy bueno.

— Muchas gracias, dice a la muchacha, hasta la vista.

— Hasta luego, señora.

Los señores Adams van a la tienda.

— ¡Qué muchacha tan simpática! dice la señora Adams a su esposo. Y entonces (then) traduce (she translates) la frase, porque éste no comprende el español: 'What a nice girl!'

— ¡Ya lo creo! responde sonriendo (smiling) el señor Adams, que después de todo (after all) sabe decir unas pocas palabras en español.

CHAPTER 19

¡QUÉ TIEMPO TAN LLUVIOSO!

PARTE PRIMERA

1 Está lloviendo mucho. La criada abre la puerta de la casa de los señores Adams. Entra el señor López.

2 La criada dice — Buenas noches, señor López. ¡Qué tiempo tan lluvioso! Pase Vd., pase Vd. Está Vd. bastante mojado. Por favor, déme el impermeable y el sombrero. Ponga el paraguas en el paragüero.

3 El señor López responde — Gracias. Ahora estoy bien. Llueve a cántaros, pero no hace frío. Estoy seguro de que no voy a coger un resfriado. ¿Está en casa la señora Adams?

4 Sí. Le espera a Vd. en la sala. Aquí está ella misma.

5 Buenas tardes, señor López. Mucho gusto en verle, pero Vd. no debería salir de su casa con este tiempo. Venga conmigo al comedor y tome una taza de té con ron para calentarse un poquito.

6 Gracias, señora Adams. Tengo un poco de frío. Me gusta mucho tomar una taza de té con Vd., y mientras bebemos el té con ron vamos a charlar sobre el tiempo. Es un tópico de conversación común y en este momento está muy a propósito.

7 Pasan al comedor charlando en voz animada. Se sientan a la mesa y la criada les trae una bandeja con dos tazas y platillos, una tetera con té caliente, un azucarero y unas cucharitas. Los pone en la mesa junto con una botella de ron que toma del aparador. Luego sale del comedor.

8 — Permítame servirle a Vd., señor López, — dice la señora Adams. Echa té y una porción generosa de ron en las tazas.

9 Mientras toman el té con ron siguen charlando en voz animada.

10 Afuera sigue lloviendo.

1 It is raining hard. The maid opens the door of the house of Mr. and Mrs. Adams. Mr. López enters.

2 The maid says, 'Good evening, Mr. López. What rainy weather! Come in, come in. You are quite wet. Give me, please, your raincoat and hat. Put your umbrella in the umbrella stand.'

3 Mr. López answers, 'Thank you. Now I feel all right. It is pouring with rain (*lit.* it is raining buckets), but it is not cold. I am sure that I will not catch cold. Is Mrs. Adams at home?'

4 Yes. She is waiting for you in the living-room. Here she is herself.

5 Good evening, Mr. López. I am very glad to see you, but you

134

should not go out of your house in weather like this. Come with me to the dining-room and drink a cup of tea with rum to warm yourself a bit.

6 Thank you, Mrs. Adams. I am a little cold. I am very glad to have a cup of tea with you and while we drink the tea with rum, we will chat about the weather. It is a common topic of conversation and just now is very appropriate.

7 They go into the dining-room chatting in animated voices. They sit down and the maid brings them a tray with two cups and saucers, a tea pot with hot tea, a sugar-bowl and some teaspoons. She puts them on the table together with a bottle of rum which she takes from the sideboard. Then she leaves the dining-room.

8 'Allow me to serve you, Mr. López,' says Mrs. Adams. She pours tea and a generous portion of rum into the cups.

9 While they are drinking the tea with rum they continue chatting in lively voices.

10 Outside it continues raining.

Pronunciation and Spelling Aids

1 In the combinations **gua, guo** (ɣwa, ɣwo), the **u** is pronounced: (pa-'ra-ɣwas).

2 In the combination **gue, gui**, the **u** is silent. It is there to show that the **g** is hard (not like g in **gente**). **si-guen, se-guir** ('si-ɣen, se-'ɣir).

3 In the combinations **güe, güi** (ɣwe, ɣwi), the ¨ (diaerisis) over the **u** shows that the **u** is pronounced: **paragüero** (pa-ra-'ɣwe-ro).

Building Vocabulary

A. 1 **él mismo**   he himself   3 **ellos mismos**   they themselves (*m*)
   2 **ella misma**   she herself   4 **ellas mismas**   they themselves (*f*)

B. **tomar** may mean to take, to eat, to drink, to catch (in *catch cold*)

Expresiones Importantes

A. Expressions of Weather

In Spanish we say: What weather does it *make* (**hace**)? It *makes* (**hace**) heat, cold, etc., *not* What is the weather? It is hot, cold etc.

In Spanish we say *I have* (**tengo**) warmth, cold, etc.; not *I am* warm, cold. etc.

1 **¿Qué tiempo hace?**
   What's the weather?
2 **Hace buen (mal) tiempo.**
   The weather is (bad) nice.

3 **Hace calor, hace frío, hace fresco.**
   It is warm (hot), it is cold, it is cool.
4 **Hace mucho calor. Hace mucho frío.**
   It is very hot. It is very cold.
5 **Hace viento. Hace sol (hay sol).**
   It is windy. It is sunny.
6 **Hay polvo (lodo).**
   It is dusty (muddy).
7 **Llueve (está lloviendo).**
   It is raining.
8 **Nieva (está nevando).**
   It is snowing.
9 **Tengo calor, frío.**
   I am warm (hot), cold.
10 **Tengo mucho calor, mucho frío.**
   I am very warm (hot), very cold.

Exercise No. 72—Completion of Text

1 **La criada dice —¡** (What rainy weather)!
2 (Come in, come in). **Vd. está bastante** (wet).
3 (Give me) **el impermeable y el sombrero.**
4 (Put) **el paraguas en el paragüero.**
5 **Llueve** ('buckets').
6 (Come with me) **al comedor.**
7 (Drink) **una taza de té con ron.**
8 (Permit me) **servirle a Vd.**
9 (While they are drinking) **el té siguen charlando.**
10 **Afuera** (it continues raining).

PARTE SEGUNDA

Grammar Notes

1 The Imperative or Command Forms of the Verb.

Infinitive	1st Person Singular		Imperative Singular	
hablar	**hablo**	I speak	**hable Vd.**	speak
pensar (ie)	**pienso**	I think	**piense Vd.**	think
contar (ue)	**cuento**	I count	**cuente Vd.**	count
comer	**como**	I eat	**coma Vd.**	eat
poner	**pongo**	I put	**ponga Vd.**	put
abrir	**abro**	I open	**abra Vd.**	open
venir	**vengo**	I come	**venga Vd.**	come
repetir (i)	**repito**	I repeat	**repita Vd.**	repeat

Infinitive	1st Person Singular		Imperative Singular	
oír	oigo	I hear	oiga Vd.	hear
traer	traigo	I bring	traiga Vd.	bring

Imperative Plural

hablen Vds.	speak
piensen Vds.	think
cuenten Vds.	count
coman Vds.	eat
pongan Vds.	put
abran Vds.	open
vengan Vds.	come
repitan Vds.	repeat
oigan Vds.	hear
traigan Vds.	bring

(a) To form the imperative take these steps:

1 Remove the -o from the first person singular.
2 For the imperative singular add -e to the stem of -ar verbs, and -a to the stem of -er and -ir verbs.
3 For the imperative plural add -en to the stem of -ar verbs, and -an to the stem of -er and -ir verbs.

   Thus the endings of the imperative are the reverse of the endings of the present tense, where -ar verbs have -a and -an, and -er and -ir verbs have -e and -en.

4 Use Vd. and Vds. after the verb. They may, however, be omitted like *you* in English.

2 Irregular Imperatives

Infinitive	Imperative Singular		Imperative Plural	
dar	dé Vd.	give	den Vds.	give
estar	esté Vd.	be	estén Vds.	be
ser	sea Vd.	be	sean Vds.	be
ir	vaya Vd.	go	vayan Vds.	go

3 The Imperative with Object Pronouns

(a) Object pronouns follow and are attached to the affirmative imperative form.

An accent mark must be added to hold the verb stress where it was before the pronoun was added.

Abra Vd. la puerta.	Open the door.
Ábra*la Vd.*	Open *it.*
Dejen Vds. los platos.	Leave the plates.
Déjen*los Vds.*	Leave *them.*
Óiga*me.*	Hear *me.*
Díga*me.*	Tell *me.*

(b) In the negative imperative, object pronouns precede the verb.

No abra Vd. la puerta.	Do not open the door.
No *la* abra.	Do not open *it*.
No tomen Vds. los platos.	Do not take the plates.
No *los* tomen.	Do not take *them*.

Ejercicios (Exercises) No. 73A–73B

73A. Rewrite each sentence, changing the direct object noun into an object pronoun. First, revise 'Grammar Notes 3'.

Ejemplo: Póng*ala* Vd. en la mesa.

1 Ponga Vd. *la tetera* en la mesa.
2 No abra Vd *la puerta*.
3 Repita Vd. *las preguntas*.
4 No deje Vd. *el paraguas* en el vestíbulo.
5 Traiga Vd. *los platos* al comedor.
6 No tomen Vds *el pan*.
7 Saluden Vds *a sus amigos*.
8 Compren Vds. *los billetes*.
9 Inviten Vds. *al profesor*.
10 Hagan Vds. *el ejercicio*.

73B. Write the first person singular, present; and the imperative, singular and plural, of the following verbs. Give the meaning of each form.

Ejemplo: entrar, entro I enter   entre Vd. entren Vds. enter.

1 escribir
2 leer
3 tener
4 ver
5 preguntar
6 recibir
7 repetir
8 ir
9 dar
10 ser

Exercise No. 74—Preguntas

1 ¿Hace buen o mal tiempo?
2 ¿Quién abre la puerta?
3 ¿Dónde pone el Sr. López el paraguas?
4 ¿Dónde espera al Sr. López la Sra. Adams?
5 ¿A dónde pasan la señora Adams y el señor López?
6 ¿Qué toman en el comedor?
7 ¿Qué pone la criada en la mesa?
8 ¿Qué hace ella luego?
9 ¿Quién sirve al Sr. López?
10 ¿Qué echa la Sra. Adams en las tazas?

CHAPTER 20

EL CLIMA DE ESPAÑA

PARTE PRIMERA

1 Todavía están sentados la Sra. Adams y el Sr. López en el comedor. Todavía están charlando y tomando el té con ron. Todavía está lloviendo afuera. Ya no tiene frío el Sr. López.

2 La señora Adams dice — El clima de Gran Bretaña y el de España son muy distintos, ¿verdad? Aquí en Gran Bretaña tenemos cuatro estaciones y cada estación es diferente.

3 Es cierto. En verano hace calor; a veces hace mucho calor. En invierno hace frío; muchas veces hace mucho frío y de vez en cuando nieva. En primavera comienza a hacer buen tiempo pero a menudo llueve, como esta noche. Normalmente hace tiempo agradable y hay sol. En el otoño hace fresco y hace viento. ¿Qué estación prefiere Vd.?

4 Prefiero la primavera, cuando toda la naturaleza se pone verde; pero me gusta también el otoño con sus colores vivos. Bien, basta del clima de Gran Bretaña. Dígame algo del clima de España.

5 Bueno. Oiga Vd. bien.

6 Acabamos de hablar del clima en Gran Bretaña. Ahora vamos a hablar del clima de la península ibérica. Vd. va a viajar en avión. Va a ver abajo el gran panorama de sierras con sus altos picos y grandes altiplanicies. España le va a parecer una tierra de montañas y altas llanuras. Es la verdad. Al atravesar la Península en coche se sube a una altura de 2.200 pies sobre el nivel del mar en Madrid. La ciudad está situada en la Meseta Central, cuya altura media es de unos 1.800 pies. España es un país de altas tierras. Excepto las dos mesetas de Castilla la Vieja y Castilla la Nueva, y los valles del Ebro y del Guadalquivir, la mayor parte de la Península es muy montañosa. En el norte, en los Pirineos, la cima más elevada es la del Aneto, con una altura de 11.168 (once mil ciento sesenta y ocho) pies. La cima más elevada de la Cordillera Bética es la del Mulhacén, 11.420 (once mil cuatrocientos veinte) pies.

7 La señora Adams dice — ¡De veras! España sí que es una tierra de montañas. Y este hecho determina en gran parte el clima de España, ¿verdad?

8 — Tiene Vd. razón. La mayor parte de la Península es una zona seca, donde hay mucho sol y pocas lluvias. Solamente en la provincia de Galicia, que se halla en el noroeste de la Península, hay muchas lluvias. Con su clima lluvioso y sus campos verdes Galicia se parece mucho a

139

Gran Bretaña. En la Meseta Central y en las altas montañas hace mucho frío en invierno, y los picos de Aneto y Mulhacén están coronados de nieve todo el año.

9 Hay de hecho dos zonas en España — la zona seca y la zona húmeda. Hay muchos contrastes en el clima de la Península. En el noroeste es lluvioso, en el Levante es muy templado todo el año, en la Meseta Central y en las montañas hace gran frío en invierno, y en las tierras calientes de Andalucía en el sur, el calor es muy pesado en verano. Pero ya es tarde. Vamos a continuar con este tema la próxima vez.

1 Mrs. Adams and Mr. López are still seated in the dining-room. They are still chatting and drinking tea with rum. It is still raining outside. Mr. López is no longer cold.

2 Mrs. Adams says, 'The climate of Great Britain and that of Spain are very different, are they not? Here in Great Britain we have four seasons and each season is different.'

3 That's true. In summer it is hot; sometimes it is very hot. In winter it is cold; often it is very cold and from time to time it snows. In spring it begins to be good weather but often it rains like tonight. Usually the weather is pleasant and the sun shines. In autumn it is cool and windy. Which season do you prefer?

4 I prefer the spring when all nature turns green; but I also like autumn with its bright colours. Well, enough of the climate of Great Britain. Tell me something about the climate of Spain.

5 Good. Listen carefully.

6 We have just talked about the climate of Great Britain. Now we are going to talk about the climate of the Iberian Peninsula. You are going to travel by plane. You will see below the great panorama of mountain ranges and large plateaux. Spain will seem to you a land of mountains and high plains. It is a fact. In crossing the Peninsula by car one climbs to an altitude of 2,200 feet above sea level at Madrid. The city is situated on the Central Plateau, whose average altitude is some 1,800 feet. Spain is a country of high lands. Except for the two plateaux of Old Castile and New Castile and the valleys of the Ebro and the Guadalquivir, the greater part of the Peninsula is very mountainous. In the north, in the Pyrenees, the highest peak is that of Aneto, with a height of 11,168 feet. The highest peak of the Andalusian Ranges is that of Mulhacén, 11,420 feet.

7 Mrs. Adams says: 'Really! Spain is indeed a land of mountains. And this fact largely (*lit.* in large part) determines the climate of Spain, doesn't it?'

8 You are right. The greater part of the Peninsula is a dry zone, where there is much sun and few rains. Only in the province of Galicia, which is (*lit.* finds itself) in the north-west of the Peninsula, is there a lot of rain. With its rainy climate and green fields Galicia is very much like

Great Britain. In the Central Plateau and in the high mountains it is very cold in winter, and the peaks of Aneto and Mulhacén are crowned with snow all year.

9 There are in fact two zones in Spain—the dry zone and the wet zone. There are many contrasts in the climate of the Peninsula. In the north-west it is rainy, in the east it is very temperate all the year, in the Central Plateau and the mountains it is very cold in winter, and in the warm lands of Andalusia in the south the heat is very heavy in summer. But it's already late. Let us continue this topic next time.

Pronunciation Aids

Practise:

naturaleza (na-tu-ra-ˈle-θa) **llanura** (ʎa-ˈnu-ra)
altiplanicie (al-te-pla-ˈni-θje) **Mulhacén** (mul-a-ˈθen)
Andalucía (an-da-lu-ˈθi-a) **Galicia** (ɣa-ˈli-θja)
cordillera (kor-ði-ˈʎe-ra)

Building Vocabulary

1 **Las cuatro estaciones** (the four seasons)
la primavera, spring **el verano,** summer **el otoño,** autumn **el invierno,** winter

Expresiones Importantes

1 **no importa,** it doesn't matter
2 **en efecto,** in fact
3 **ponerse,** to become
   La naturaleza se pone verde, Nature becomes green;
   to put on
   Me pongo el abrigo, I put my overcoat on
4 **todavía,** still
5 **ya no,** no longer **Ya no tiene frío,** He is no longer cold.

Exercise No. 75—Completion of Text

1 (It is raining) **afuera.**
2 **Todavía los señores** (are chatting and drinking) **té con ron.**
3 **En el verano** (it is hot); **en el invierno** (it is cold).
4 **¿Qué estación** (do you prefer)?
5 (Tell me) **algo del clima de España. Bueno.** (Listen well.)
6 (We have just spoken) **del clima de Gran Bretaña.**
7 (In crossing) **España** (one climbs) **hasta una altura de mil ochocientos (1,800) pies.**

8 **Desde la Meseta Central** (rise) **grandes montañas.**
9 **El pico Mulhacén es la cima** (highest in Spain).
10 **El pico Aneto está en** (the Pyrenees).

PARTE SEGUNDA

Grammar Notes

1 The Present Tense of **seguir (i)** to follow, **servir (i)** to serve.

I follow, continue, etc.		I serve, etc.	
sigo	seguimos	sirvo	servimos
sigues	seguís	sirves	servís
sigue	siguen	sirve	sirven

Imperative		Imperative	
siga Vd.	sigan Vds.	sirva Vd.	sirvan Vds.

(a) Verbs ending in **-guir,** like **seguir,** drop the silent **u** before the ending **-o** and **-a.**

(b) **seguir (i)** and **servir (i)** belong in the same stem-changing group as **pedir (i), repetir (i).**

2 The Present Progressive Tense of **hablar, aprender, vivir.**

Singular

estoy hablando (aprendiendo, viviendo)
I am speaking (learning, living)
estás hablando (aprendiendo, viviendo)
you are speaking (learning, living)
Vd. está hablando (aprendiendo, viviendo)
you are speaking (learning, living)
está hablando (aprendiendo, viviendo)
he, she, it is speaking (learning, living)

Plural

estamos hablando (aprendiendo, viviendo)
we are speaking (learning, living)
estáis hablando (aprendiendo, viviendo)
you are speaking (learning, living)
Vds. están hablando (aprendiendo, viviendo)
you are speaking (learning, living)
están hablando (aprendiendo, viviendo)
they are speaking (learning, living)

(a) The present progressive tense in Spanish is formed by the present tense of **estar** and the present participle of a verb.

(b) To form the present participle: remove the infinitive ending **-ar, -er,** or **-ir.** Add **-ando** to the remaining stem of **-ar** verbs; add **-iendo** to the stem of **-er** verbs and **-ir** verbs. The endings **-ando** and **-iendo** are equivalent to the English ending *-ing.*

hablando speaking **aprendiendo** learning **viviendo** living

(c) The simple present tense in Spanish may be translated into the English progressive form. However, to stress continuing action use the progressive tense:

No están saliendo ahora. They are not leaving now.

3 Present Participle of Some common Verbs

desear	to want	**deseando**	wanting
estudiar	to study	**estudiando**	studying
pensar (ie)	to think	**pensando**	thinking
contar (ue)	to count	**contando**	counting
hacer	to make, do	**haciendo**	making, doing
poner	to put	**poniendo**	putting
querer (ie)	to wish	**queriendo**	wishing
abrir	to open	**abriendo**	opening
leer	to read	**leyendo**	reading
creer	to believe	**creyendo**	believing
traer	to bring	**trayendo**	bringing
caer	to fall	**cayendo**	falling
ir	to go	**yendo**	going
repetir (i)	to repeat	**repitiendo**	repeating
pedir (i)	to ask for	**pidiendo**	asking for
ser	to be	**siendo**	being

(a) The Spanish does not permit an unaccented **i** between two vowels. Therefore, **-iendo** becomes **-yendo** in the following verbs.

leer, leyendo creer, creyendo oír, oyendo caer, cayendo traer, trayendo

(b) No Spanish word may begin with **ie.** Therefore: **yendo** going.

4 Position of Object Pronouns with Present Participles

Object pronouns follow the present participle and are attached to it, as in the case of the infinitive. An accent mark must be added to hold the stress on the first syllable of **-ando** and **-iendo:**

Está escribiendo la carta.	He is writing the letter.
Está escribiéndola.	He is writing it.
Estamos esperando al maestro.	We are expecting the teacher.
Estamos esperándole.	We are expecting him.
Estoy sentándome.	I am seating myself.

Ejercicios (Exercises) No. 76A–76B–76C

76A. Rewrite each sentence, changing the direct object noun into an object pronoun.

Ejemplo: Estamos estudiándo*las*.

1 Estamos estudiando *las lecciones*.
2 Carlos está escribiendo *la carta*.
3 ¿Estás leyendo *el cuento*, niño?
4 La criada está poniendo *la mesa*.
5 Los señores están tomando *el té*.
6 Juan y yo estamos contando *el dinero*.
7 ¿Están comprando Vds. *los billetes*?
8 No estoy leyendo *las revistas*.
9 ¿Quién está escribiendo *las cartas*?
10 Están vendiendo *los echarpes*.

76B. Rewrite each sentence replacing the English direct object pronouns by the correct Spanish pronouns.

Ejemplo: No estamos esperándo*la* a Vd., señora.

1 No estamos esperando (you), señora.
2 No estamos esperando (you), señor.
3 No están mirando (you), señores.
4 No están mirando (you), señoras.
5 ¿Quién está buscando (me)?
6 Yo estoy buscando (you), hijita.
7 El señor López está enseñando (us) a hablar español.

76C. Translate, using the present progressive tense. Omit all subject pronouns except **Vd.** and **Vds.**

1 We are studying
2 He is putting
3 We are opening
4 Are you (**Vd.**) reading?
5 She is bringing
6 Who is waiting?
7 Are you (**Vd.**) taking?
8 You (**tú**) are speaking
9 I am not writing
10 Is Mary working?
11 He is looking for
12 They are teaching

Exercise No. 77—Preguntas

1 ¿De qué están hablando los señores?
2 ¿Qué tiempo hace normalmente en primavera?
3 ¿Se pone verde la naturaleza en invierno?
4 ¿Qué ve abajo un viajero que viaja por avión en España?
5 ¿Dónde está situado Madrid?
6 ¿Qué altura tiene Madrid?

7 ¿Cuál es la cima más alta de la Península?
8 ¿Qué determina en gran parte el clima de España?
9 ¿Cuántas zonas hay en la Península?
10 ¿En qué parte de España hace mucho calor?

CHAPTER 21

EL CLIMA DE ESPAÑA (CONTINUACIÓN)

PARTE PRIMERA

1 Esta tarde seguimos charlando del clima de España y de las estaciones.

2 En Gran Bretaña hay cuatro estaciones. En España también hay cuatro estaciones. España es una tierra de fuertes contrastes: en la zona templada del Levante parece que hace primavera todo el año, mientras que en la Meseta Central los fríos del invierno son intensos, y el calor del verano es sofocante en el sur.

3 Voy a llegar a Madrid el treinta y uno de mayo, es decir casi al comienzo del verano.

4 Está bien. La primavera es una estación muy agradable allí.

5 ¿Hace sol?

6 ¡Ya lo creo! Los meteorologistas dicen que Madrid goza de muchos más días sin nubes que casi cualquier otra ciudad de Europa.

7 ¿Y es posible verse sorprendido por la lluvia?

8 En Madrid, no. Pero si Vd. quiere visitar Galicia, vale la pena llevar consigo un impermeable o un paraguas.

9 ¿Nunca hace frío en Madrid?

10 Por la noche puede hacer fresco, y un abrigo ligero o un jersey son de utilidad. Pero tenga cuidado del sol. Cuando el sol es muy fuerte en junio y en julio, es peligroso caminar o quedarse al sol sin sombrero.

11 Muchas gracias por estos consejos.[1] Voy a acordarme de ellos. Y al hacer la maleta no voy a olvidar el impermeable, un jersey y un abrigo ligero.

12 La próxima vez vamos a hablar de los alimentos y bebidas. ¿Le gusta este tema?

13 ¡Ya lo creo! responde la señora Adams.

1 This evening we continue chatting about the climate of Spain and the seasons.

2 In Great Britain there are four seasons. In Spain also there are four seasons. Spain is a land of strong contrasts: in the temperate zone in the east it seems to be spring all year, while in the Central Plateau the cold (*lit.* colds) of winter is intense, and the heat of the summer is suffocating in the south.

146

3 I shall arrive in Madrid on May 31, that is to say almost at the beginning of the summer.

4 That's good. Spring is a very pleasant season there.

5 Is there any sun?

6 I should say so! The meteorologists say that Madrid enjoys more cloudless (*lit.* without clouds) days than almost any other city of Europe.

7 And is it possible to be (*lit.* to see oneself) surprised by the rain?

8 In Madrid, no. But if you wish to visit Galicia, it is worth the trouble to take with you a raincoat or an umbrella.

9 Is it never cold in Madrid?

10 At night it can be cool, and a light coat or a sweater are useful. But be careful of the sun. When the sun is very strong in June and July, it is dangerous to walk or remain in the sun without a hat.

11 Many thanks for this advice. I shall remember it. And on packing my bag I shan't forget my raincoat, a sweater and a light coat.

12 Next time we are going to talk about food and drink. Does this topic please you?

13 I should say so! replies Mrs. Adams.

NOTE: 1. Spanish says: *advices*.

Pronunciation Aids

Practise:

lluvias ('ʎu-vjas) or ('ʎu-βjas)   llover (ʎo-'ver) or (ʎo-'βer)
sorprendido (sor-pren-'di-ðo)   veces ('ve-θes) or ('be-θes)
estaciones (es-ta-'θjo-nes)   bebidas (be-'βi-ðas)
cuidado (kwi-'ða-ðo)   ligero (li-'xe-ro)

Building Vocabulary

A. Antónimos:

1 algo	something	nada	nothing
2 antes de mi llegada	before my arrival	después de mi llegada	after my arrival
3 comenzar	to begin	terminar	to end
4 siempre	always	nunca	never
5 alguien	somebody	nadie	nobody

Expresiones Importantes

1 **no importa,** it doesn't matter
2 **por lo tanto, por eso,** therefore
3 **esta noche,** tonight

F

4 **tenga cuidado (con),** be careful (of)
5 **al hacer mi maleta,** on packing my valise
6 **Refrán (Proverb): Más vale algo que nada.** *Lit.* Something is worth more than nothing. *English proverb.* Half a loaf is better than none.

Exercise No. 78—Completion of Text

1 **Esta noche** (we continue speaking) **del clima.**
2 **España es una tierra** (of strong contrasts).
3 **Madrid** (enjoys) **mucho más** (days without clouds) **que las otras ciudades.**
4 **¿Es posible** (to be surprised by the rain)?
5 (It's worth the trouble) **llevar un impermeable.**
6 (Never) **hace frío** (except) **en las montañas.**
7 (Be careful of) **el sol.**
8 **Es peligroso** (to remain) **en el sol** (without) **sombrero.**
9 **Voy a** (remember) **de estos consejos.**
10 (On packing) **mi maleta no voy** (to forget) **el impermeable.**

PARTE SEGUNDA

Grammar Notes

1 Negative Words

(a) Common negative words are:

nadie	nobody	**nunca (jamás)**	never
ninguno	no, none, not any	**ni . . . ni**	neither . . . nor
nada	nothing	**tampoco**	neither, not . . . either

(b) If these negative words follow the verb, **no** must precede the verb. If the negative words precede the verb or stand alone, **no** is not required.

Nadie viene hoy. **No** viene **nadie** hoy. *Nobody* is coming today.
Ningún cliente viene. **No** viene **ningún** cliente. *No* customer is coming.
Nunca (jamás) hace frío. **No** hace **nunca** (jamás) frío. It is *never* cold.
Nada tengo. **No** tengo **nada.** I have *nothing*.
No tiene **ni** amigos **ni** dinero. He has *neither* friends *nor* money.
¿Qué quiere Vd.? **Nada.** What do you want? *Nothing*.
Pablo no desea ir. **Tampoco yo. (Ni yo tampoco.)** Paul doesn't want to go. *Neither* do I.

al cruzar España	on crossing Spain
sin trabajar	without working
después de comer	after eating
antes de comer	before eating

3 **Consigo,** with oneself (himself, herself, yourself, yourselves, themselves)

Lo trae consigo.	He brings it with him (self).
Vds. lo traen consigo.	You bring it with you (yourselves).

Exercise No. 79

Complete the following, replacing the English words by **nadie, ningún (o, a, os, as) nunca, nada, ni . . . ni, tampoco,** as needed.

1 **Muchos turistas no saben** (nothing) **de la historia de España.**
2 (Nothing) **es más fácil.**
3 (Never) **hace frío en la capital.**
4 **No es posible pasar sin números.** (Nor) **es posible comprar sin dinero.**
5 (Nobody) **puede vivir sin comer.**
6 **No hay** (nobody) **en la taquilla.**
7 **Más vale tarde que** (never).
8 **No anda** (never) **en el sol sin sombrero.**
9 **El hombre no está bien.** (Neither) **está contento.**
10 **No tenemos** (neither) **tiempo** (nor) **dinero.**
11 (No) **hombre puede vivir sin comer.**
12 **No vemos a** (no) **niño en la calle.**
13 **¿Tiene Vd. dinero? No tengo** (any).
14 **No hay** (any) **faja en esta cesta.**
15 **Más vale algo que** (nothing).

Exercise No. 80—Preguntas

1 **¿Dónde parece que hace primavera todo el año?**
2 **¿Hace calor en invierno en la Meseta Central?**
3 **¿Quién dice que Madrid goza de muchos días sin nubes?**
4 **¿En qué parte de la Península llueve mucho?**
5 **¿Hace frío en la capital?**
6 **¿Por qué es de utilidad un abrigo ligero?**
7 **¿Por qué es peligroso caminar en el sol sin sombrero?**
8 **¿Qué no va a olvidar la Sra. Adams al hacer su maleta?**
9 **¿De qué van a hablar la próxima vez?**
10 **¿Le gusta a la señora Adams este tema?**

CHAPTER 22

LA COMIDA ESPAÑOLA·

PARTE PRIMERA

1 Señora Adams, ¿le gusta la cocina española?

2 Sí, mucho, contesta la señora Adams. Conozco un buen restaurante español aquí en Londres. A mi esposo y a mí nos gusta mucho cenar en aquel restaurante.

3 Y, ¿cuáles platos les gustan más?

4 Nos gusta la paella valenciana.

5 ¿Sabe Vd. de qué hacen la paella?

6 Creo que sí. Se hace con arroz y con trozos de pollo, chorizo, pimiento, cangrejos, almejas y muchas otras cosas, me parece.

7 Muy bien. Pero Vd. olvida el ingrediente más importante — el aceite. El aceite es la base misma de la cocina española. También es la causa de muchos malestares turísticos. ¿Le gusta el aceite?

8 Sí, pero es un poco difícil acostumbrarse a su sabor. Me gusta comer una paella, pero después me siento, a veces, un poco débil. ¿Qué puedo hacer para acostumbrarme a los alimentos españoles? ¿Qué me aconseja Vd.?

9 Tenga cuidado con los platos típicos de las regiones de España — bacalao a la vizcaína, pollo a la chilindrón, cochinillo a la Segoviana, gambas al ajillo. Son muy sabrosos, pero al principio es mejor tomar platos conocidos — jamón, una chuleta, un bistec, etcétera.

10 Pero, continúa el señor López, hay platos típicos más ligeros — por ejemplo, el gazpacho, que es una sopa fría hecha de legumbres. Algunos dicen que el gazpacho es una ensalada líquida. Hay muchos alimentos típicos de España. Y no olvide Vd. la célebre tortilla.

11 Pero la tortilla es un alimento de Méjico, ¿verdad?, pregunta la señora Adams.

12 Es verdad. La tortilla es el pan de Méjico, y la hacen del maíz. Pero la tortilla española es otra cosa. La hacen de huevos, patatas, cebollas, y aceite de oliva.

13 ¡La conozco muy bien! En inglés la llamamos 'Spanish omelette', ¿verdad?

14 Exacto. Es un plato muy nutritivo. Y se puede comer frío también. ¿Y le gustan los vinos españoles?

15 ¡Por supuesto! Vd. olvida que a nosotros los británicos nos gusta el Jerez, y que aquí se pueden comprar excelentes vinos tintos y blancos.

16 ¿Y hay muchas clases de postres?

17 A los españoles les gusta comer un dulce, un flan o una de las muchas frutas que se venden en el mercado.

18 Debo saber leer el menú en un restaurante, ¿verdad?

19 Sí, y también debe Vd. probar los alimentos de España. Pero todo con moderación. El estómago británico no se acostumbra rápidamente a los alimentos picantes de España, y Vd. no quiere tener dolor de estómago. No lo olvide — Comemos para vivir; no vivimos para comer.

20 No voy a olvidarlo. Y no voy a olvidar ninguno de sus buenos consejos.

21 Y no olvide tampoco que a los españoles les gusta comer más tarde que a los británicos. La hora de la comida es a las dos o dos y media de la tarde, y la de la cena a eso de las diez de la noche.

22 ¡Veo que voy a tener que acostumbrarme también a la hora española!, dice la señora Adams.

1 Mrs. Adams, do you like Spanish cooking?

2 'Yes, very much,' replies Mrs. Adams. 'I know a good Spanish restaurant here in London. My husband and I like dining in that restaurant a lot.'

3 And which dishes do you like most?

4 We like the Valencian *paella*.

5 Do you know what they make the *paella* from?

6 I think so. It is made with rice and with pieces of chicken, sausage, pepper, crayfish, clams and many other things, it seems to me.

7 Very good. But you are forgetting the most important ingredient— the olive oil. Olive oil is the very basis of Spanish cooking Also it is the cause of many tourist indispositions. Do you like olive oil?

8 Yes, but it is a little difficult to get used to its taste. I like eating a *paella*, but afterwards I sometimes feel a little weak. What can I do to get used to Spanish foods? What do you advise me?

9 Take care with the typical dishes of the regions of Spain—cod in the Biscayan fashion, chicken *a la chilindrón* (*fried in oil and garlic with a rich sauce of, amongst other things, onion, tomatoes and peppers*), sucking pig in the Segovian fashion, prawns fried with garlic. They are very tasty, but at the beginning it is better to have familiar dishes— ham, a chop, steak, etc.

10 'But,' continues Mr. López, 'there are lighter typical dishes—for example, *gazpacho*, which is a cold soup made from vegetables. Some say that *gazpacho* is a liquid salad. There are many foods typical of Spain. And don't forget the famous *tortilla*.'

11 'But the *tortilla* is a Mexican food, isn't it?' asks Mrs. Adams.

12 That's true. The *tortilla* is the bread of Mexico, and they make it from maize, but the Spanish *tortilla* is a different thing. They make it from eggs, potatoes, onions, and olive oil.

13 I know it very well. In English we call it a Spanish omelette, don't we?

14 That's right. It is a very nutritive dish. And it can also be eaten cold. And do you like Spanish wines?

15 Of course! You are forgetting that we British like sherry, and that here excellent red and white wines can be bought.

16 And are there many kinds of desserts?

17 Spaniards like to eat a sweet, custard or one of the many fruits that are sold in the market.

18 I should know how to read the menu in a restaurant, shouldn't I?

19 Yes, and you should also try the Spanish foods. But everything in moderation. The British stomach does not accustom itself quickly to the sharp foods of Spain, and you don't want stomach-ache. Don't forget. We eat to live; we do not live to eat.

20 I will not forget. And I will not forget any of your good advice.

21 And don't forget either that the Spaniards like to eat later than the British. Lunchtime is two or two-thirty, and that of dinner at about ten at night.

22 'I see that I am going to have to get used to Spanish time as well!' says Mrs. Adams.

Pronunciation Aids

Practise:

acostumbrado (a-kos-tum-ˈbra-ðo)
aceite (a-ˈθej-te)
vizcaína (viθ-ka-ˈi-na) or (biθ-ka-ˈi-na)
ajillo (a-ˈxi-ʎo)

Jerez (xe-ˈreθ)
aconseja (a-kon-ˈse-xa)
huevos (ˈwe-vos) or (ˈwe-βos)
tortilla (tor-ˈti-ʎa)

Building Vocabulary

A. Frutas Fruits

el plátano	banana	**la naranja**	orange
la cereza	cherry	**la pera**	pear
la fresa	strawberry	**la piña**	pineapple
el melocotón	peach	**la toronja**	grapefruit
la lima	lime	**la uva**	grape
el limón	lemon		

B. Carne Meat   Pescados Fish

el bacalao	cod	**el pato**	duck
el bistec	steak	**el pavo**	turkey
la chuleta	chop	**el pescado**	fish
el cochinillo	sucking pig	**el pollo**	chicken

el cordero	lamb	el puerco	pork
el chorizo	blood sausage	el rosbif	steak
el hígado	liver	la salchicha	sausage
el jamón	ham	la ternera	veal
la langosta	lobster	el tocino	bacon

C. Legumbres y Verduras Vegetables and Greens

el ajo	garlic	los guisantes	peas
el arroz	rice	las habas	broad beans
la cebolla	onion	las judías	green beans
la col	cabbage	la lechuga	lettuce
la coliflor	cauliflower	la patata	potato
los espárragos	asparagus	la seta	mushroom
los garbanzos	chick peas	la zanahoria	carrot

Expresiones Importantes

1 dolor de cabeza	headache	3 dolor de estómago	stomach-ache
2 dolor de muelas	toothache	4 eso es	that's right

Exercise No. 81—Completion of Text

1 (It is made) **con arroz y con** (pieces of chicken).
2 **El aceite es la base de la** (Spanish cooking).
3 **Es la causa** (of many tourist indispositions).
4 **¿Qué puedo hacer** (to accustom myself) **a los alimentos españoles?**
5 (Take care) **con los platos típicos.**
6 **Al principio es mejor tomar** (familiar dishes).
7 **El gazpacho es una** (liquid salad).
8 (They make it with eggs) **patatas y cebollas.**
9 (I know it) **muy bien.**
10 **Es un plato** (very nutritive).
11 **También** (it can be eaten cold).
12 **Vd.** (should) **probar los alimentos.**
13 (We eat) **para vivir.** (We do not live) **para comer.**
14 **No voy** (to forget) **sus consejos.**

PARTE SEGUNDA

Grammar Notes

1 The Present Tense of **sentir (ie)** to feel, to regret, **conocer** to know

I feel, etc.		I know, etc.	
siento	sentimos	conozco	conocemos
sientes	sentís	conoces	conocéis
siente	sienten	conoce	conocen

(a) **parecer** to seem, and **traducir** to translate, are irregular in the first person singular, like **conocer**. Thus: **parezco, pareces,** etc.; **traduzco, traduces,** etc.

2 Special Uses of the Reflexive Verb

(a) The reflexive verb is often used instead of the passive.

Se venden frutas.	Fruits are sold (fruits sell themselves).
Se abre la puerta.	The door is opened (the door opens itself).
Aquí se habla español.	Here Spanish is spoken.
Se ve mucha gente en el parque.	Many people are seen in the park.

(b) The reflexive verb is used in certain impersonal constructions where the English has an indefinite subject such as one, people, they or you.

se dice	one says	people say they say it is said
¿cómo se dice?	how does one say?	how do you say?
se puede	one may	can
se sube	one goes up	

(c) The reflexive verb is at times used with a different meaning than the simple verb:

comer	to eat		**ir**	to go
comerse	to eat up		**irse**	to go away
parecer	to seem		**encontrar**	to meet
parecerse	to resemble		**encontrarse**	to be (somewhere); to meet someone

3 conocer, saber

(a) **saber** means to know facts and things (never persons) by means of the mind, **saber** also means to *know how*.

Sabemos dónde vive Juan.	We know where John lives.
Sabemos cuántos años tiene.	We know how old he is.
Sabemos los números en español.	We know the numbers in Spanish.
Sé cantar esta canción.	I know how to sing this song.

(b) **conocer** means to know in the sense of to be acquainted with a person or thing; to recognize; to know by sight, hearing or any of the senses.

Conozco a Juan.	I know (am acquainted with) John.
Conozco esta casa.	I know (recognize by sight) this house.
Conocemos este restaurante. Es muy bueno.	We know this restaurant. It is very good.
Conozco esta canción.	I know (recognize on hearing) this song.

Ejercicios (Exercises) No. 82A–82B

82A. Replace the English words by the correct Spanish reflexive verbs.

1 ¿(May one) **entrar en el parque?**
2 ¿(How does one say) **en inglés — Permítame?**
3 **Aquí** (are sold) **flores.**
4 **Muchos coches** (are seen) **en los caminos.**
5 (People say) **que el presidente viene hoy.**
6 **Aquí** (Spanish is spoken).
7 (They eat up) **todos los alimentos.**
8 ¿(Do you know) **a aquellos profesores?**
9 (I do not know them).
10 ¿(Do you know how) **contar hasta ciento?**
11 **Mañana** (I go away).
12 (We know how) **cantar estas canciones.**
13 **La tortilla** (resembles) **a nuestra 'omelette'.**
14 **Tengo** (a stomach-ache).

82B. Match up the Spanish words in Group II with the English words in Group I.

Group I	Group II
1 the peas	(a) el postre
2 the steak	(b) las habas
3 the pear	(c) el arroz
4 the corn	(d) la carne
5 the dessert	(e) el jamón
6 the rice	(f) la pera
7 the beans	(g) el pan
8 the ham	(h) la salchicha
9 the meat	(i) los guisantes
10 the chicken	(j) las chuletas
11 the bread	(k) el maíz
12 the sausage	(l) la naranja
13 the chops	(m) el bistec
14 the foods	(n) el pollo
15 the orange	(o) la manzana
16 the apple	(p) los alimentos

Exercise No. 83—Preguntas

1 ¿Dónde comen los señores Adams la paella?
2 ¿Cuál es la base de la cocina española?
3 ¿Qué causa el aceite?
4 ¿Qué plato se llama una ensalada líquida?
5 ¿Cuál es el pan de Méjico?

6 ¿De qué hacen la tortilla española?
7 ¿Se puede comer la tortilla solamente caliente?
8 ¿Qué clase de postres comen los españoles?
9 ¿Por qué es mejor probar los alimentos típicos de España con moderación?
10 ¿A qué hora cenan los españoles?

REVISION 5

CHAPTERS 19–22 PARTE PRIMERA

Repaso de Palabras

NOUNS

	Spanish		English
1	el abrigo	1	overcoat
2	el aceite	2	olive oil
3	la altura	3	height
4	el arroz	4	rice
5	el bacalao	5	cod
6	la botella	6	bottle
7	la bebida	7	drink
8	la carne	8	meat
9	el clima	9	climate
10	el cochinillo	10	sucking pig
11	el consejo	11	advice
12	las chuletas	12	chops
13	el estado	13	state
14	la estación	14	season
15	el flan	15	crème caramel, custard
16	la gente	16	people
17	el hecho	17	fact
18	el impermeable	18	raincoat
19	el invierno	19	winter
20	el jamón	20	ham
21	el menú	21	menu
22	la lluvia	22	rain
23	el maíz	23	corn
24	el mar	24	sea
25	el melón	25	melon
26	la naturaleza	26	nature
27	la nieve	27	snow
28	el otoño	28	autumn
29	el paraguas	29	umbrella
30	la pera	30	pear
31	el pie	31	foot
32	el pollo	32	chicken
33	el pico	33	peak
34	la primavera	34	spring
35	la tortilla	35	omelette
36	la sierra	36	mountain range
37	el sombrero	37	hat
38	el verano	38	summer

VERBS

	Spanish		English
1	acostumbrarse	1	to accustom oneself
2	aconsejar	2	to advise
3	bajar	3	to go down; get out (of a car)
4	conocer	4	to know
5	charlar	5	to chat
6	descansar	6	to rest
7	llover (ue)	7	to rain
8	olvidar	8	to forget
9	parecer	9	to seem
10	parecerse	10	to resemble
11	ponerse	11	to become
12	preocuparse	12	to worry
13	probar (ue)	13	to try
14	quedar	14	to remain
15	seguir (i)	15	to follow, continue
16	servir (i)	16	to serve
17	sentirse (ie)	17	to feel (weak, ill, etc.)
18	subir	18	to go up; get into (a car)
19	traer	19	to bring, carry

157

ADJECTIVES

1 agradable	7 frío	13 mismo
2 caliente	8 fuerte	14 peligroso
3 común	9 húmedo	15 picante
4 débil	10 ligero	16 sabroso
5 diferente	11 lluvioso	17 seguro
6 distinto	12 mojado	18 seco

1 pleasant	7 cold	13 same
2 hot	8 strong	14 dangerous
3 common	9 damp	15 sharp, spicy
4 weak	10 light	16 tasty
5 different	11 rainy	17 certain
6 different	12 wet	18 dry

ADVERBS

1 afuera	3 entonces	5 todavía
2 abajo	4 solamente	6 todavía no

1 outside	3 then	5 still
2 below	4 only	6 not yet

PREPOSITIONS

1 junto con	2 antes de	3 cerca de

1 together with	2 before	3 near

PRONOUNS

1 algo	2 alguien	3 consigo

1 something	2 somebody	3 with himself, herself, themselves

NEGATIVES

1 nada	4 nunca	7 jamás
2 nadie	5 ni . . . ni	8 todavía no
3 ninguno	6 tampoco	

1 nothing	4 never	7 never
2 nobody	5 neither . . . nor	8 not yet
3 no, none, not any	6 neither, not . . . either	

IMPORTANT EXPRESSIONS

1 a menudo	8 dolor de muelas
2 acabar de	9 hacer la maleta
3 con su permiso	10 no importa
4 de veras	11 por lo tanto
5 en coche	12 tener cuidado
6 es cierto	13 vale la pena
7 dolor de cabeza	14 eso es

1 often	8 toothache
2 to have just	9 to pack the trunk
3 with your per-mission	10 it does not matter
	11 therefore
4 indeed	12 to be careful
5 by car	13 it is worth the trouble
6 it is true	14 that's right
7 headache	

PARTE SEGUNDA

Ejercicio 84. From Group 2 select the opposite for each word in Group 1.

1 antes de comer	7 fuerte	(a) caliente	(g) nunca
2 frío	8 trabajar	(b) después de comer	(h) olvidar
3 siempre	9 lluvioso	(c) nada	(i) débil
4 alguien	10 despacio	(d) de prisa	(j) terminar
5 comenzar	11 algo	(e) seco	(k) nadie
6 recordar	12 ahora	(f) entonces	(l) descansar

Ejercicio 85 Complete the following sentences in Spanish.

1 **Cuando hace frío** (I am cold).
2 **Cuando hace calor** (I am warm).
3 **En verano** (the weather is nice).
4 **En primavera** (it rains a great deal).
5 **En otoño** (it is cool).
6 **En invierno** (it is cold).
7 **Cuando llueve** (I wear a raincoat).
8 **Cuando nieva** (I wear an overcoat).
9 **Cuando hace calor** (it is dusty).
10 **Me gustan** (all the seasons).

Ejercicio 86 Select the group words in the right-hand column which best complete the sentences begun in the left-hand column.

1 **Prefiero la primavera**	(a) **el clima de España.**
2 **No me gusta el invierno**	(b) **es una tierra de contrastes.**
3 **Voy a decir algo sobre**	(c) **en todos los mercados.**
4 **Es verdad que España**	(d) **porque hace buen tiempo.**
5 **Se venden frutas**	(e) **comer platos con aceite.**
6 **Lleve Vd. un paraguas consigo**	(f) **porque hace mucho frío.**
7 **A los españoles les gusta**	(g) **contar en español.**
8 **No voy a olvidar**	(h) **porque está lloviendo.**
9 **Sabemos**	(i) **a los alumnos de esta clase.**
10 **Conocemos bien**	(j) **ningunos de sus consejos.**

Ejercicio 87 Read each command. Then translate the sentence that follows it. Watch out for the position of the object pronoun!

> Ejemplo: **Cuenta Vd. el dinero.** I count it. **Lo cuento.**

1 **Abra Vd. la puerta.** I open it.
2 **Cuente Vd. los picos.** I count them.

3 **Coma Vd. la carne.** I eat it.

4 **Ponga Vd. la mesa.** I set it.

5 **Repita Vd. las preguntas.** I repeat them.

6 **Dejen Vds. los platos.** We leave them.

7 **Tomen Vds. las tazas.** We take them.

8 **Aprendan Vds. las lecciones.** We learn them.

9 **Escriban Vds. el ejercicio.** We write it.

10 **Lean Vds. el periódico.** We read it.

Ejercicio 88 Substitute the present participle for the infinitive in parentheses to make the present progressive tense.

Ejemplo: 1. Está lloviendo a cántaros.

1 Está (llover) a cántaros.

2 Estamos (echar) el café.

3 Están (pedir) informes.

4 Estoy (leer) las cartas.

5 ¿Está (pensar) Vd. en su padre?

6 ¿Quién está (traer) la tetera?

7 ¿Quiénes están (oír) al maestro?

8 ¿No están (contar) el dinero?

9 ¿La criada está (poner) la mesa?

10 ¿Qué está (hacer) Carlos?

PARTE TERCERA

Diálogo

Practise the Spanish aloud:

En el restaurante

— ¿Qué hay en el menú del día? — pregunta la Sra. Adams al mozo.

¿Quiere Vd. tomar algunos platos españoles, Sra. Adams?

Pues, todavía no. Acabo de llegar a España y es mejor, al principio, comer platos conocidos.

¿Me permite Vd. recomendar el filete mignon a la parrilla?

Debe de estar muy bueno, pero prefiero probar las chuletas.

Chuletas de ternera, entonces. Y puede escoger Vd. dos legumbres.

Patatas y zanahorias. Como postre, déme flan, por favor. Es un postre español que me gusta mucho.

¿Y de beber?

Café con leche, por favor.

Muy bien, Sra. Adams.

Y hágame el favor de traer la cuenta.

Aquí la tiene, Sra. Adams.

Muchas gracias.

A Vd., señora.

'What is there on the set menu?' Mrs. Adams asks the waiter.

Do you want to eat some Spanish dishes, Mrs. Adams?

Well, not yet. I have just arrived in Spain and it is better, at first, to eat customary dishes.

Will you permit me to recommend the grilled filet mignon?

It must be very good but I prefer to try the chops.

Veal chops, then. And you may choose two vegetables.

Potatoes and carrots. As dessert, give me caramel cream, please. It is a Spanish dessert that I like very much.

And to drink?

Coffee with milk, please.

Very well, Mrs. Adams.

And please bring me the bill.

Here it is, Mrs. Adams.

Many thanks.

Thank you, madam.

LECTURA

Exercise No. 89—A Felipe no le gusta estudiar la aritmética

Un día, al volver (upon returning) de la escuela, dice Felipe a su madre, — No me gusta estudiar la aritmética. Es tan difícil. ¿Para qué necesitamos tantos (so many) ejercicios y problemas hoy día? ¿No es verdad que tenemos máquinas calculadoras (adding machines)?

La señora Adams mira a su hijo y dice, — No tienes razón, hijito. No es posible pasar sin números. Por ejemplo, siempre es necesario cambiar dinero, hacer compras, calcular distancias y . . . y . . .

La madre deja de (stops) hablar al ver (on seeing) que Felipe no presta atención a lo que (what) ella dice.

— A propósito, continúa la madre con una sonrisa (smile), — el fútbol tampoco (either) te interesa, hijo mío?

— Ya lo creo, mamá.

— Pues, si el Chelsea ha ganado (have won) treinta partidos (games) y ha perdido (have lost) diez, ¿sabes qué tanto por ciento de los partidos ha ganado?

Al oír (On hearing) esto Felipe abre la boca y exclama, — Tienes razon, mamá. Los números, la aritmética y las matemáticas son muy importantes. Creo que voy a estudiar mucho más.

CHAPTER 23

EL PUEBLO[1] DE ESPAÑA

PARTE PRIMERA

1 Voy a hacerle algunas preguntas acerca del pueblo de España, dice la señora Adams. ¿Está Vd. listo? ¿Quiere Vd. otro puro? Aquí tiene las cerillas y el cenicero.

2 Gracias, señora Adams. Estoy muy bien. Continúe, por favor.

3 Ante todo, ¿quiénes son los españoles?

4 No sabemos mucho de los orígenes del pueblo. Los primeros habitantes de la Península fueron los iberos. A través de los siglos el país sufrió muchas invasiones, por ejemplo, las de los celtas, los romanos, los visigodos y los árabes.

5 ¿Cuántos habitantes hay ahora en España?

6 Hoy día viven en España más o menos 34 (treinta y cuatro) millones de personas. Se dice que los españoles son el pueblo más monárquico del mundo, y que por eso hay en España 34 millones de reyes. El sentido de la independencia, del honor y del orgullo es muy típico del pueblo. El escritor Ramiro de Maeztu dijo: Las diferencias se expresan en los distintos trajes, pero la igualdad está en las almas.

7 ¿Dónde vive la mayor parte de los habitantes, en la ciudad o en el campo?

8 Hay ciudades grandes muy modernas y grandes industrias. Casi dos millones y medio de personas viven en Madrid, una ciudad muy hermosa. Pero la mitad del pueblo vive en el campo y trabaja en la agricultura.

9 ¿Cuáles son los productos más importantes?

10 España produce y exporta una variedad de productos — trigo, arroz, naranjas y limones. Pero el aceite es el producto más importante de todos. España es el primer exportador de aceite del mundo.

11 Además de ser agricultores e industriales, los españoles son artistas y artesanos, ¿verdad?

12 Tratan siempre de embellecer una vida dura. Son muy trabajadores, pero saben también vivir. Y conocen a fondo como hacer cosas artísticas.

13 ¿De qué artes se ocupan?

14 Mucha gente se ocupa de las artes populares — la cerámica, el tejido; hace cestas, artículos de cuero, de cobre, de hojalata, de oro, de plata y de laca.

15 A propósito, acabo de recibir un envío de algunos artículos de

162

España. ¿Quiere Vd. venir a mi oficina el jueves a las tres de la tarde para verlos? Entonces volveremos a hablar de las artes populares.

16 Con mucho gusto, Sra. Adams. Tenemos cita para el jueves a las tres, ¿verdad?

17 Hasta el jueves, entonces.

18 Hasta luego. Que Vd. lo pase bien.

1 'I am going to ask you some questions about the people of Spain,' says Mrs. Adams. 'Are you ready? Do you want another cigar? Here are the matches and the ashtray.'

2 Thank you, Mrs. Adams. I am very comfortable. Continue, please.

3 First of all, who are the Spaniards?

4 We do not know much of the origins of the people. The first inhabitants of the Peninsula were the Iberians. Throughout the centuries the country suffered many invasions, for example, those of the Celts, the Romans, the Visigoths and the Arabs.

5 How many inhabitants are there now in Spain?

6 Today there live in Spain more or less 34 million persons. It is said (*lit.* it says itself) that the Spanish are the most monarchic people in the world and because of this there are in Spain 34 million kings. The feeling of independence, honour and pride is very typical of the people. The writer Ramiro de Maeztu said: 'The differences express themselves in the different dresses but equality is in their souls.'

7 Where do the majority of the inhabitants live, in the city or in the country?

8 There are big, very modern cities and big industries. Almost two and a half million persons live in Madrid, a very beautiful city. But half the population lives in the country and work in agriculture.

9 What are the most important products?

10 Spain produces and exports a variety of products—wheat, rice, oranges and lemons. But olive oil is the most important product of all. Spain is the prime exporter of olive oil in the world.

11 Besides being agriculturalists and industrialists, Spaniards are artists, are they not?

12 They always try to beautify a hard life. They are very hardworking but they also know how to live. And they know thoroughly how to make artistic things.

13 What arts are they engaged in?

14 Many people are engaged in the popular arts—ceramics, weaving; they make baskets, leather goods, things of copper, tin, gold, silver and lacquer.

15 By the way, I have just received a shipment of some articles from Spain. Do you want to come to my office on Thursday at three in the afternoon to look at them? Then we will talk again about the popular arts.

16 With pleasure, Mrs. Adams. We have an appointment for Thursday at three, haven't we?

17 Until Thursday, then.

18 Good-bye. Good luck to you.

NOTE: 1. **Pueblo** can mean town, people or population.

Pronunciation Aids

1 Practise:

continúe (kon-ti-ˈnu-e)
industrias (in-dus-ˈtrjas)
variedad (va-rje-ðað) or (ba-rje-ðað)
embellecer (em-be-ʎe-ˈθer)
trabajadores (tra-βa-xa-ˈðo-res)
artísticos (ar-ˈtis-ti-kos)

cerámica (θe-ˈra-mi-ka)
tejido (te-ˈxi-ðo)
envío (en-ˈvi-o) or (em-ˈbi-o)
hojalata (o-xa-ˈla-ta)
cuero (ˈkwe-ro)
cobre (ˈko-βre)

2 **y** and **e** mean *and*. **e** is used instead of **y** when the next word begins with the letter **i**, to avoid repetition of the **i** (ee) sound: agricultura **e** industria.

o and **u** mean *or*. **u** is used instead of **o** when the next word begins with **o** to avoid repetition of the **o** sound: septiembre **u** octubre.

Building Vocabulary

A. Materias Primas (Raw Materials)

el algodón	cotton	**el oro**	gold
el cobre	copper	**la paja**	straw
el cuero	leather	**el petróleo**	petroleum
el hierro	iron	**la plata**	silver
la lana	wool	**el plomo**	lead
la madera	wood	**la seda**	silk

B. Sinónimos:

el idioma	**la lengua**	language
acabar	**terminar**	to finish
el cigarro	**el puro**	cigar
la cerilla	**el fósforo**	match
encantado	**con mucho gusto**	with great pleasure

Expresiones Importantes

a causa de	because of	**a fondo**	fully, completely, thoroughly
ante todo	first of all	**ocuparse de**	to be engaged in (to busy oneself with)

que Vd. lo pase bien good luck to you (may you get along well)

Exercise No. 90—Completion of Text

1 **Voy a** (ask you) **algunas preguntas.**
2 **Son** (about the people) **de España.**
3 (Here are) **las cerillas.** (Continue), **por favor.**
4 **¿**(Who) **son los españoles?**
5 **¿Cuántas personas viven** (nowadays) **en España?**
6 **En España hay** (31 million kings).
7 **España produce y exporta** (a variety of products).
8 **El aceite es** (the most important product) **de todos.**
9 **Son** (artists and artisans).
10 **¿De qué artes** (are they engaged)?
11 (They are engaged) **de las artes populares.**
12 **Hacen** (baskets and leather articles).
13 (I have just received) **un envío de España.**
14 (We will talk again) **de las artes populares.**
15 (Good luck to you).

PARTE SEGUNDA

Grammar Notes

1 Present Tense of **volver (ue)** to return, go back; **volver a hablar** to speak again

I return, etc.

		I speak again, etc.	
vuelvo	volvemos	vuelvo a hablar	volvemos a hablar
vuelves	volvéis	vuelves a hablar	volvéis a hablar
vuelve	vuelven	vuelve a hablar	vuelven a hablar

  (a) **Vuelvo a casa.** I return home. **Volvemos al cine.** We return to the cinema.

  (b) **Volver a,** plus an infinitive, means to do something again.

Vuelvo a escribir la carta   I am writing the letter again.
Hoy volvemos a hablar de las artes.   Today we shall speak again of the arts.

  Another way of expressing the same idea:

Escribo la carta otra vez.   **Hoy hablamos de las artes otra vez.**

2 **acabar** to finish, **acabar de recibir** to have just received

  (a) **Acabo el trabajo.** I finish the work.

¿Acaban Vds. la lección?   Are you finishing the lesson?

  (b) **acabar de** plus an infinitive, means to have just done something.

Acabo de recibir un envío.   I have just received a shipment.
Acaba de enseñar la lección.   He has just taught the lesson.

Ejercicios (Exercises) No. 91A–91B

91A. Repeat aloud the Spanish sentences many times.

1 **¿Acaba Vd. de comer?** Have you just eaten?
2 **Sí, acabo de comer.** Yes, I have just eaten.
3 **¿Acaba de dormir el niño?** Has the child just slept?
4 **No, no acaba de dormir.** No, he has not just slept.
5 **¿Acaban de tomar la cena?** Have they just eaten supper?
6 **Sí, acaban de tomarla.** Yes, they have just eaten it.
7 **¿Cuándo vuelve Vd. a casa?** When do you return home?
8 **Vuelvo a casa a las siete.** I return home at seven.
9 **Vuelven a leer el libro.** They are reading the book again.
10 **Carlos vuelve a venir acá.** Charles is coming here again.

NOTE: **acá** here, and **allá** there, are used instead of **aquí** and **allí** with verbs of motion.

91B. Translate:

1 When do they return home?
2 They return home at ten o'clock in the evening.
3 The students are writing the exercises again.
4 I am reading the guide book (**la guía de viajero**) again.
5 We have just received a shipment of merchandise (**mercancía**).
6 I have just spoken about the climate.
7 She has just returned from the jewellery shop (**joyería**).
8 They have just bought silver earrings (**pendientes de plata**).
9 Have you just come from the cinema?
10 We are finishing the work (**el trabajo**).

Exercise No. 92—Preguntas

1 **¿Quién va a hacer algunas preguntas?**
2 **¿Cuál es la primera pregunta?**
3 **¿Cómo se llaman los primeros habitantes de la Península?**
4 **¿Cuántos habitantes tiene España?**
5 **¿Qué sentido es típico del pueblo?**
6 **¿Cuáles son los productos de España?**
7 **¿Cuál es el producto más importante de España?**
8 **¿De qué artes se ocupan muchas personas?**
9 **¿De qué materiales hacen cosas artísticas?**
10 **¿Quién acaba de recibir un envío de mercancía de España?**

CHAPTER 24

LAS ARTES POPULARES

PARTE PRIMERA

1 En la oficina de la Sra. Adams. Acaba de recibir unas cajas de mercancía de España y ha invitado al Sr. López a verlas con ella.

2 Vamos a ver los artículos de España, Sr. López. Acabo de recibirlos.

3 Con mucho gusto. Y entretanto podemos hablar de las artes populares.

4 Sabemos, Sr. López, que algunos de los artículos más artísticos que hacen los artesanos españoles son los de uso diario. Así es que el vestido es también un arte popular, ¿verdad?

5 Es cierto. El vestido típico de las regiones da a los campesinos un aspecto pintoresco. Las mujeres llevan faldas largas y blusas con bordados sencillos. Lejos de las ciudades visten todavía blusas y faldas de antaño.

6 Los días de fiestas la gente lleva su vestido tradicional, y también cuando los bailadores danzan los bailes folklóricos. El traje tradicional de los vascos es muy sencillo pero hermoso: los hombres llevan una camisa blanca, pantalones blancos y una faja roja. ¡Qué contraste con los colores brillantes del traje tradicional de los gitanos en Andalucía! ¿Le mandan faldas de colores?

7 Desgraciadamente, no. Pero acabo de recibir esos echarpes tejidos de lana, de algodón y de seda. ¿Son muy bonitos, verdad? ¡Qué graciosos son los dibujos!

8 Son muy hermosos, pero me gustan más aquellos objetos de cerámica.

9 A mí también me gustan, señor López. Mire Vd. esos jarros y vasos. Mire los dibujos — éstos de pájaros y ésos de animalitos que adornan los jarros. Aquellas botellas son muy bonitas y prácticas — están envueltas en cuero, que sirve para proteger el vidrio.

10 De veras, toda esta cerámica es hermosísima[1] y estoy seguro de que se vende bien. Viene de Talavera, ¿verdad?

11 En efecto. Y esos objetos de cerámica son de Manises. Tengo también muñecas hechas de cerámica que representan señoras y toreros. Espero también recibir muy pronto un envío de objetos de arte hechos de hojalata y de cobre. Y van a mandarme cestas de varios tamaños y estilos, dice la señora Adams.

12 Hemos hablado de las fiestas, pero ¿qué sabe Vd. de las fiestas?

13 Sé muy poco de las fiestas.

14 Entonces tenemos que hablar de las fiestas la próxima vez. ¿Le parece bien el martes a las ocho?

15 Me parece bien.

16 Hasta el martes, Sra. Adams.

17 Que Vd. lo pase bien, Sr. López.

1 In the office of Mrs. Adams. She has just received some boxes of merchandise from Spain and has invited Mr. López to look at them with her.

2 Let us look at the things from Spain, Mr. López. I have just received them.

3 With pleasure. And meanwhile we can talk about the popular arts.

4 We know, Mr. López, that some of the most artistic things that the Spanish craftsmen make are those articles of daily use. So it is that the clothing is also a popular art, is it not?

5 That's right. The typical dress of the regions gives the country people a picturesque look. The women wear long skirts and blouses with simple embroidery. Far from the cities they still dress in the blouses and skirts of olden times.

6 On feast days the people wear their traditional dress, and dancers perform folk dances. The traditional costume of the Basques is very simple but beautiful. The men wear a white shirt, white trousers and a red sash. What a contrast with the brilliant colours of the traditional costume of the gipsies in Andalusia! Do they send you coloured skirts?

7 Unfortunately, no. But I have just received those shawls, woven in wool, cotton and silk. They are very pretty, aren't they? Aren't the designs lovely!

8 They are very beautiful, but I prefer those ceramic objects.

9 I like them too, Mr. López. Look at those jugs and vases. Look at the designs—these of birds and those of little animals which decorate the jugs. Those bottles are very pretty and practical—they are covered in leather, which serves to protect the glass.

10 Indeed, all this ceramic ware is very beautiful, and I am sure it sells well. It comes from Talavera, doesn't it?

11 It does. And those ceramic objects are from Manises. I also have some dolls made of pottery which represent Spanish ladies and bull-fighters. I also hope I shall soon receive a shipment of art objects made from tin plate and copper. And they are going to send me baskets of various sizes and styles, says Mrs. Adams.

12 We have spoken of fiestas, but what do you know about the fiestas?

13 I know very little about fiestas.

14 Then, we must talk about fiestas the next time. Is Tuesday at eight all right with you?

15 It is all right with me.

16 Until Tuesday, Mrs. Adams.

17 Good luck to you, Mr. López.

NOTE: 1. The ending **-ísimo, -a** is equivalent to *very*: **malo** bad, **malísimo, -a** very bad.

Pronunciation Aids

Practise:

sencillos (sen-ˈθi-ʎos)	**botella** (bo-ˈte-ʎa)
brillantes (bri-ˈʎan-tes)	**vestido** (ves-ˈti-ðo) or (bes-ˈti-ðo)
gitano (xi-ˈta-no)	**cestas** (ˈθes-tas)
desgraciadamente	**hojalata** (o-xa-ˈla-ta)
(ðes-ɣra-θja-ða-ˈmen-te)	

Building Vocabulary

A. la mano, the hand. Nouns ending in **-o** are masculine. **La mano** is an exception.

B. La Ropa   Clothing, Wearing Apparel

el abrigo	overcoat	**el impermeable**	raincoat
la blusa	blouse	**las medias**	stockings
los calcetines	socks	**los pantalones**	trousers
la camisa	shirt	**el pañuelo**	handkerchief
la corbata	tie	**el sombrero**	hat
el echarpe	shawl	**el traje**	suit, costume
la faja	sash	**el vestido**	dress
la falda	skirt	**los zapatos**	shoes
los guantes	gloves		

Expresiones Importantes

1 **entretanto**	meanwhile
2 **de seguro**	certainly
3 **¿Le parece (a Vd.) bien?**	Is it all right with you?
4 **Me parece bien.**	It's all right with me.
5 **Se visten con blusas**	They dress in blouses.

Exercise No. 93—Completion of Text

1 **Vamos** (to look at) **los artículos de España.**

2 (In the meanwhile) **vamos a hablar de** (the folk arts).

3 **Estos artículos son** (of daily use).
4 **Llevan blusas** (with simple embroidery).
5 **Las mujeres se visten de** (long skirts).
6 **Los hombres llevan** (a white shirt).
7 **El traje de los vascos** (is simple but beautiful).
8 **¡Qué contraste con** (the brilliant colours) **del traje tradicional** (of the gipsies).
9 (I like) **los dibujos de pájaros.**
10 **La faja está tejida** (of wool or cotton).
11 **El cuero** (serves to protect) **el vidrio.**
12 (Of course) **van a mandarme** (baskets of various sizes).
13 (We must talk) **de las fiestas.**
14 Is Tuesday all right with you?
15 It's all right with me.

PARTE SEGUNDA

Grammar Notes

1 Demonstrative Pronouns

(a) **este** dibujo **y ése**	*this* sketch and *that* (*one*)
esta casa **y aquélla**	*this* house and *that* (*one*)
estos libros **y ésos**	*these* books and *those*
esa tienda **y ésta**	*that* shop and *this* (*one*)
esos trajes **y éstos**	*those* costumes and *these.*
aquel coche **y éste**	*that* car and *this one*

When the noun is omitted after a demonstrative adjective, the adjective becomes a demonstrative pronoun. The demonstrative pronoun takes an accent mark and agrees in number and gender with the omitted noun.

(b) **esto, eso, aquello.** These are neuter forms of the demonstrative pronoun. They are used to point out a thing not yet mentioned, and to refer to a whole sentence or idea. They do not have an accent mark.

¿Qué es *esto*? What's *this*? (pointing to it)
Es perezoso. *Eso* **es verdad.** He is lazy. *That* is true.

2 The Former, the Latter

éste means the latter; **aquél** and **ése,** the former. They agree in number and gender with the nouns to which they refer. The accent mark is usually omitted over capitals.

El Sr. Adams y su esposa están en casa.	Mr. Adams and his wife are at home.
Esta **lee una revista.**	*The latter* is reading a magazine.
Aquél **escribe una carta.**	*The former* is writing a letter.

Ejercicios (Exercises) No. 94A–94B–94C

94A. Write each sentence putting the verbs into Spanish. Remember: **vestir (i)** to dress, **vestir de** to dress in, **vestirse** to dress oneself, **llevar** to wear.

1 (I dress) **al niño.**
2 I dress myself.
3 (They dress in) **faldas bordadas.**
4 (We dress) **a los niños.**
5 **Las niñas** (dress themselves).
6 **¿Qué** (do you — **Vd.** — wear) **los domingos?**

7 (I wear) **mi vestido nuevo.**
8 **¿Quiénes** (wear) **echarpes?**
9 **Las señoritas** (wear) **guantes.**
10 (We are wearing) **zapatos nuevos.**

94B. Complete these sentences using the correct demonstrative adjectives and pronouns.

Ejemplo: Este dibujo es antiguo, ése es moderno.

1 (This) **dibujo es antiguo,** (that one) **es moderno.**
2 (These) **echarpes tienen dibujos de animalitos,** (those) **tienen dibujos de pájaros.**
3 (Those) **faldas son de lana,** (these) **son de algodón.**
4 (This) **blusa tiene bordados sencillos,** (that one) **es moderna.**
5 (That—*distant*) **casa es antigua,** (this one) **es moderna.**
6 **El Sr. López y la Sra. Adams son amigos.** (The latter) **es negociante,** (the former) **es profesor.**
7 **Ana y María son alumnas.** (The latter) **aprende el español,** (the former) **aprende el francés.**
8 **¿Qué es** (this)? **¿Qué es** (that)?
9 **El hombre es rico.** (That) **es verdad.**
10 **Felipe trabaja diligentemente. Todos saben** (that).

94C. Repeat the Spanish sentences aloud many times.

1 **¿Qué está comprando Vd.?**	1 What are you buying?
2 **Estoy comprando un sombrero.**	2 I am buying a hat.
3 **¿Qué está comprando su hermana?**	3 What is your sister buying?
4 **Está comprando una faja.**	4 She is buying a sash.
1 **¿Tiene Vd. un echarpe?**	1 Have you a shawl?
2 **No tengo echarpe.**	2 I have no shawl.
3 **¿Tiene Vd. un pañuelo?**	3 Have you a handkerchief?
4 **No tengo pañuelo.**	4 I have no handkerchief.
1 **¿Lleva Vd. guantes en invierno?**	1 Do you wear gloves in winter?
2 **Sí, llevo guantes en invierno.**	2 Yes, I wear gloves in winter.

3 ¿Lleva Vd. abrigo? 3 Do you wear an overcoat?
4 Llevo abrigo cuando hace frío. 4 I wear an overcoat when it is cold.

Exercise No. 95—Preguntas

1 ¿Quién acaba de recibir una caja de mercancía de España?
2 ¿Qué da a los campesinos un aspecto pintoresco?
3 ¿Quién viste la faja roja?
4 ¿De qué están tejidos los echarpes?
5 ¿Qué clase de dibujos adorna los jarros?
6 ¿En qué están envueltas las botellas?
7 ¿Para qué sirve el cuero?
8 ¿De dónde viene la cerámica que vende la señora Adams?
9 ¿De qué sabe muy poco la Sra. Adams?
10 ¿Qué dice la Sra. Adams al Sr. López cuando éste sale de su casa?

CHAPTER 25

LOS DÍAS DE FIESTA

PARTE PRIMERA

1 — ¿Cuáles son los días de fiesta en España?, pregunta la señora Adams al señor López.

2 Hay fiestas en varios días en un pueblo u otro. Estas fiestas están dedicadas al santo patrón del lugar. Todas se celebran con procesiones, ferias, juegos, cohetes y otros fuegos artificiales. Un elemento casi esencial de las fiestas es la corrida de toros.

3 Por supuesto, los españoles celebran la Navidad.

4 Sí. En la Navidad celebran el nacimiento de Jesucristo, visitan las iglesias y se cantan villancicos. Pero, como en Gran Bretaña, la fiesta de Navidad es también una fiesta mundana.

5 ¿Vd. quiere decir que comen mucho?

6 Sí. A los españoles les gusta escoger y comer el pavo tradicional. En la Nochebuena, es decir la víspera de Navidad, se asan castañas y patatas en las calles.

7 Y en las casas particulares, ¿hay también árboles de Navidad?

8 No, pero cada familia tiene su nacimiento, con figuritas de barro que representa la escena de Belén.

9 Y ¿qué dicen los españoles cuando se encuentran en la fiesta de Navidad?

10 Se desean 'Felices Pascuas'. A propósito, diciembre es el mes del gran sorteo de la lotería. Al que escoge un buen billete, el mejor regalo de todos es un premio, quizás el premio gordo. En general no es costumbre dar regalos de Navidad, pero los niños reciben regalos doce días después, en el Día de Reyes. El cinco de enero los Tres Reyes desfilan por las calles, y por la noche dejan regalos para los niños buenos.

11 Y el primero de mayo, ¿se celebra la Fiesta del Trabajo?

12 Sí, ésta es una fiesta cívica. Como en muchos otros países del mundo, nadie trabaja en la Fiesta del Trabajo. Hay manifestaciones políticas y grandes mítines, pero tambien la gente va de jira a los parques o al campo.

13 ¿Hay fiestas en la Semana Santa?

14 ¡Claro está! Las fiestas de la Semana Santa en Sevilla son las más importantes de España, y gozan de fama internacional. Más de cincuenta cofradías desfilan por las calles. Y el esplendor de las procesiones es magnífico.

173

15 ¡Qué lástima que no puedo verlas! dice la señora Adams.

16 Pero Vd. sí debe asistir al Encierro de Pamplona el siete de julio, dice el señor López con una sonrisa. En aquel día de fiesta los toros corren libres por las calles. ¡Es un deporte magnífico para los jóvenes que quieren hacerse toreros!

17 ¡Pero yo no soy joven y no quiero hacerme torero! responde la señora Adams.

1 'What are the fiesta days in Spain?' Mrs. Adams asks Mr. López.

2 There are fiestas on various days in one town or another. These fiestas are dedicated to the patron saint of the place. All are celebrated with processions, fairs, games, rockets and other fireworks. An almost essential element of the fiestas is the bullfight.

3 Of course, the Spaniards celebrate Christmas.

4 Yes. At Christmas they celebrate the birth of Jesus Christ, they visit the churches, and Christmas carols are sung. But, as in Great Britain, the feast of Christmas is also a worldly feast.

5 You mean they eat a lot?

6 Yes. The Spaniards like to choose and eat the traditional turkey. On Holy Night, that is to say Christmas Eve, chestnuts and potatoes are roasted in the streets.

7 And in private houses, are there also Christmas trees?

8 No, but each family has its nativity, with little clay figures, which represents the scene in Bethlehem.

9 And what do the Spanish people say when they meet one another at Christmas time?

10 They wish one another Merry Christmas. By the way, December is the month of the big draw in the lottery. To the one who chooses a good ticket, the best present of all is a prize, perhaps the first (*lit.* the fat) prize. In general it is not the custom to give Christmas presents, but the children receive presents twelve days after, at Epiphany (*lit.* the Day of the Kings, i.e. the Wise Men). On January 5, the Three Kings parade through the streets and at night leave presents for good children.

11 And on May 1 do they celebrate Labour Day?

12 Yes, this is a civic holiday. As in many other countries of the world, nobody labours on Labour Day. There are political demonstrations and big meetings, but people also go for picnics in the parks or in the country.

13 Are there fiestas in Holy Week?

14 Yes indeed! The fiestas of Holy Week in Seville are the most important in Spain, and are internationally famous. Over 50 'brotherhoods' process through the streets. And the splendour of the processions is magnificent.

15 'What a pity I can't see them!' says Mrs. Adams.

16 'But you should indeed be present at the "Encierro" at Pamplona on July 7,' says Mr. López with a smile. 'On that fiesta day the bulls run free through the streets. It is a magnificent sport for the young men who want to become bullfighters!'

17 'But I am not a young man and I don't want to become a bullfighter,' replies Mrs. Adams.

Pronunciation Aids

Practise:

Navidad (na-vi-'ðað) or (na-βi-'ðað)
villancicos (vi-ʎan-'θi-kos) or (bi-ʎan-'θi-kos)
Nochebuena (no-tʃe-'βwe-na)
Felices Pascuas (fe-'li-θes 'pas-kwas)

cofradía (ko-fra-'ði-a)
diciembre (ði-'θjem-bre)
árbol ('ar-βol)
nacimiento (na-θi-'mjen-to)
quizás (ki-'θas)
Encierro (en-'θje-rro)

Building Vocabulary

A. Palabras relacionadas

1 **jugar**	to play	4 **regalar**	to give a present
juego	game	**regalo**	present
2 **correr**	to run	5 **trabajar**	to work, labour
corrida	bullfight (*lit.* running)	**trabajo**	work, labour
3 **nacer**	to be born		
nacimiento	birth		

B. Partes de la Cara   Parts of the Face

la boca	mouth	**los oídos**	ears (internal)
los dientes	teeth	**las orejas**	ears (external)
los labios	lips	**los ojos**	eyes
la nariz	nose	**las mejillas**	cheeks

Expresiones Importantes

1 **Felices Pascuas**	Merry Christmas
2 **el premio gordo**	the first prize
3 **ir de jira**	to go for a picnic
4 **¡qué lástima!**	what a pity!
5 **hacerse**	to become
6 **Vd. debe asisitir a**	you should be present at

Exercise No. 96—Completion of Text

1 **Hay fiestas** (in some town or other).
2 **Todas** (are celebrated) **con procesiones y juegos.**
3 (Of course) **celebran la Navidad.**
4 Christmas carols are sung.
5 **La fiesta de Navidad es** (also a worldly feast).
6 (You mean) **que comen mucho.**
7 **En las calles** (are roasted) **castañas.**
8 **Diciembre es el mes** (of the big draw) **de la lotería.**
9 **Los niños reciben regalos** (twelve days after).
10 **Nadie trabaja** (on Labour Day).
11 **La gente** (goes for picnics).
12 ¡(What a pity) **que no puedo verlas!**
13 It is a magnificent sport!
14 **No quiero** (become a bullfighter).

PARTE SEGUNDA

Grammar Notes

1 Present Tense of

coger to catch, pick up,   **escoger** to choose,

    I catch, etc.   I choose, etc.

cojo	**cogemos**	**escojo**	**escogemos**
coges	**cogéis**	**escoges**	**escogéis**
coge	**cogen**	**escoge**	**escogen**

      Imperative   Imperative

coja Vd.   **cojan Vds.**   **escoja Vd.**   **escojan Vds.**

NOTE: Before the endings **-o** and **-a, g** becomes **j,** so as to keep the same sound as is found in the infinitive (**-ger**).

2 Shortened Adjectives

The following adjectives drop the ending **-o** when used before a masculine noun:

(**uno**)	**un hombre**	one man
(**alguno**)	**algún pueblo**	some town
(**ninguno**)	**ningún padre**	no father
(**bueno**)	**un buen hombre**	a good man
(**malo**)	**un mal hombre**	a bad man
(**primero**)	**el primer día**	the first day
(**tercero**)	**el tercer año**	the third year

NOTE: **algún** and **ningún** have an accent mark to hold the stress on the syllable **-gún.**

3 Present Participle of Stem-Changing Verbs. **pedir (i)**, and verbs like it, which have the stem change **e** to **i** in the present tense, have the same change in the present participle.

Infinitive	Present Tense	Present Participle
pedir	(yo) pido	pidiendo
repetir	(yo) repito	repitiendo
servir	(yo) sirvo	sirviendo
despedirse	(yo) me despido	despidiéndome

Ejercicios (Exercises) No. 97A–97B

97A. Complete these sentences in Spanish.

1 Enero es el (first) mes del año.
2 Marzo es el (third) mes del año.
3 Vamos a pasar un (good) rato.
4 Tenemos un (good) maestro.
5 El científico Einstein es un (great) hombre. No es un hombre (big, tall).
6 Tenemos asientos en la (third) fila.
7 Hace (bad) tiempo en invierno.
8 El (first) de enero.
9 Ellos tienen (good) asientos.
10 (Some) día Vd. irá a España.

97B. Write each sentence putting all the verbs into Spanish.

1 (They sing) villancicos.
2 (We celebrate) la Navidad.
3 (They visit) las iglesias.
4 (They choose) el pavo tradicional.
5 (I am preparing) la comida.
6 ¿(Do you use) un bolígrafo?
7 La cesta (contains) panecillos.
8 Un niño (tries to) correr.
9 Todos (pick up) los libros
10 Los Reyes Magos (bring) los regalos.

Exercise No. 98—Preguntas

1 ¿Cómo se titula (entitled) esta lectura (reading selection)?
2 ¿Cómo se celebran las fiestas de los santos patrones?
3 ¿Cuál es un elemento casi esencial de estas fiestas?
4 ¿Qué celebra la fiesta de Navidad?
5 ¿Qué se come?
6 ¿Cuándo se asan castañas y patatas en las calles?
7 ¿Qué representa un 'nacimiento'?

8 ¿Cuándo se hace el gran sorteo de la lotería?
9 ¿Cuándo reciben los niños regalos?
10 ¿Qué fiesta se celebra el primero de mayo?
11 ¿Qué fiestas de la Semana Santa son las más importantes de España?
12 ¿Qué se puede ver el siete de julio en Pamplona?

CHAPTER 26

¿QUÉ LUGARES QUIERE VD. VISITAR, SRA. ADAMS?

PARTE PRIMERA

1 Pronto Vd. va a salir para España, Sra. Adams. ¿Ha decidido qué lugares quiere visitar?

2 No pienso en otra cosa y estoy leyendo mucho en las varias guías del viajero.

3 Viajaré en avión a la capital. Tomando el centro de la ciudad como punto de partida, visitaré lugares de interés en la capital, en los alrededores y en otras partes del país.

4 En la capital, veré el Parque del Retiro con sus árboles y avenidas hermosas, y el Jardín Botánico. Y pasaré al menos un día en el Museo del Prado, que está muy cerca. Visitaré los museos de Arte Contemporáneo, de Artes Decorativas, del Pueblo Español y del Teatro. Voy a ver el Palacio Real, las muchas iglesias, y muchos lugares más de interés. También tengo ganas de ir a ver los mercados y el Rastro, donde podré comprar artículos de interés folklórico.

5 En los alrededores visitaré el Valle de los Caídos. Se dice que es muy imponente, con su cruz gigante. Y mientras estoy en la capital visitaré los alrededores y algunos de los pueblos cercanos.

6 No deje Vd. de visitar también Alcalá de Henares, donde nació Cervantes. Vd. visitará la vieja universidad, que fue muy célebre, sobre todo en los siglos 15 y 16.

7 Iré al Escorial, el monasterio construido por Felipe Segundo. Está situado en la sierra de Guadarrama, y se dice que es un lugar muy popular en verano porque allí hace fresco.

8 Es verdad. Y Vd. hallará muchas cosas de interés en Segovia, una ciudad típica de Castilla. Verá el acueducto romano, que funciona todavía, y el Alcázar, la fortaleza de la ciudad. Hay muchos pueblos bonitos no lejos de Madrid. Estoy seguro de que Vd. irá también a Talavera, y Manises, pueblos célebres por su cerámica.

9 Sin falta. E iré a todos los pueblos conocidos por sus artes populares y sus plateros y . . .

10 Sus proyectos son muy ambiciosos. Veo que siempre es Vd. la negociante, señora Adams.

11 No es eso. Mi viaje es un viaje de negocios y quiero aprovecharme de ello, pero también me interesa el pueblo de España que vive fuera de los

G

**grandes centros. Quizás veré también los monumentos árabes de Anda-
lucía, y conoceré a los gitanos que viven en las cuevas.
12 Tengo ganas de acompañarla, señora Adams, pero no es posible.
13 ¡Qué lástima, señor López!**

1 Soon you are going to leave for Spain, Mrs. Adams. Have you
decided what places you want to visit?

2 I think of nothing else and I am reading a great deal in the various
guide books.

3 I shall travel by plane to the capital. Taking the centre of the city
as a point of departure, I shall visit places of interest in the capital, in
the surrounding area and in other parts of the country.

4 In the capital, I shall see the Retiro Park with its trees and beauti-
ful avenues, and the Botanical Garden. And I will spend at least one
day in the Prado Museum, which is very near. I shall visit the museums of
Contemporary Art, of Decorative Arts, of the Spanish People and of the
Theatre. I shall go to see the Royal Palace, many of the churches, and
many more places of interest. I also have a desire to go to see the
markets and the flea-market, where I shall be able to buy articles of
folklore interest.

5 In the surrounding area I shall visit the Valley of the Fallen. It is
said that it is very impressive with its gigantic cross. And while I am in
the capital I shall visit the suburbs and some of the nearby towns.

6 Don't fail to visit Alcalá de Henares too, where Cervantes was
born. You will visit the old university, which was very famous, above
all in the 15th and 16th centuries.

7 I shall go to the Escorial, the monastery built by Philip II. It is
situated in the Guadarrama mountains, and it is said that it is a very
popular place in summer because it is very cool there.

8 It's true. And you will find much of interest in Segovia, a typical
city of Castile. You will see the Roman aqueduct, which still works, and
the Alcázar, the fortress of the city. There are many pretty towns not
far from Madrid. I am sure you will also go to Talavera and Manises,
towns famous for their pottery.

9 Without fail. And I shall go to all the other towns known for
their folk arts and their silversmiths and . . .

10 Your projects are very ambitious. I see that you are always the
businesswoman, Mrs. Adams.

11 It is not that. My trip is a business trip and I want to profit from
it, but also I am interested in the Spanish people who live outside the
big centres. Perhaps I shall also see the Arabic monuments of Andalusia,
and get to know the gipsies who live in the caves.

12 I would like to go with you, Mrs. Adams, but it is not possible.

13 What a pity, Mr. López!

Pronunciation Aids

Practise:

alrededores (al-re-ðe-'ðo-res)   **Caídos** (ka-'i-ðos)
Henares (e-'na-res)   **acueducto** (a-kwe-'ðuk-to)
Alcázar (al-'ka-θar)   **Andalucía** (an-da-lu-'θi-a)

Building Vocabulary

A. Sinónimos:

1 contestar	responder	to answer
2 desear	querer	to wish, want
3 estoy seguro	estoy cierto	I am sure
4 el lugar	el sitio	place

B. Expressions of Future

1 mañana	tomorrow
2 pasado mañana	day after tomorrow
3 la próxima vez (semana)	next time (week)
4 el próximo año	next year
5 el año que viene	next year
6 mañana por la mañana	tomorrow morning

Expresiones Importantes

1 estoy seguro	I am sure
2 No deje Vd. de (ver, etc.)	do not fail to (see, etc.)
3 pensar en	to think of
4 tengo ganas	I have a desire (a mind to)

Exercise No. 99—Completion of Text

1 (I am reading) **en las varias guías.**
2 (I shall travel) **en avión.**
3 (I shall visit) **lugares de interés.**
4 (I shall see) **el Palacio Real.**
5 (I shall spend) **un día en el parque del Retiro.**
6 (I am sure) **de que irá Vd. a los mercados.**
7 **Iré** (to the flea market).
8 (In the surrounding area) **visitaré el Valle de los Caídos.**
9 **Se dice** (that it is very impressive).
10 (While I am in the capital) **visitaré los alrededores.**
11 (Do not fail to) **visitar Alcalá de Henares.**
12 (You will find) **muchas cosas de interés en Segovia.**
13 Without fail.

14 **Me interesa el pueblo que vive** (outside the big centres).
15 (I have a desire) **de acompañarla, señora Adams.**

PARTE SEGUNDA

Grammar Notes

1 The Future Tense. Model Verb, **hablar.**

hablar-é	I shall speak
hablar-ás	you will speak
hablar-á	{you, he, she, it} will speak
hablar-emos	we shall speak
hablar-éis	you will speak
hablar-án	{you (pl.), they} will speak

(a) The future endings of *all* verbs are:

singular **-é -ás -á**   plural **-emos -éis -án**

(b) To form the regular future add these endings to the *whole infinitive* as a base.

hablaré	**hablarás**	etc.	**viviré**	**vivirás**	etc.
estaré	**estarás**	etc.	**seré**	**serás**	etc.
aprenderé	**aprenderás**	etc.	**abriré**	**abrirás**	etc.

2 The Irregular Future

In a few common verbs there is a change in the infinitive base when the future endings are added. Thus:

saber to know		**tener** to have		**salir** to leave	
I shall know, etc.		I shall have, etc.		I shall leave, etc.	
sabré	**sabremos**	**tendré**	**tendremos**	**saldré**	**saldremos**
sabrás	**sabréis**	**tendrás**	**tendréis**	**saldrás**	**saldréis**
sabrá	**sabrán**	**tendrá**	**tendrán**	**saldrá**	**saldrán**

querer to wish		**venir** to come		**valer** to be worth	
I shall wish, etc.		I shall come, etc.		I shall be worth	
querré	**querremos**	**vendré**	**vendremos**	**valdré**	**valdremos**
querrás	**querréis**	**vendrás**	**vendréis**	**valdrás**	**valdréis**
querrá	**querrán**	**vendrá**	**vendrán**	**valdrá**	**valdrán**

poder to be able		**decir** to say		**hacer** to do, make	
I shall be able, etc.		I shall say, etc.		I shall do, make, etc.	
podré	**podremos**	**diré**	**diremos**	**haré**	**haremos**
podrás	**podréis**	**dirás**	**diréis**	**harás**	**haréis**
podrá	**podrán**	**dirá**	**dirán**	**hará**	**harán**

Ejercicios (Exercises) No. 100A–100B–100C

100A. Translate:

1 Visitaremos Salamanca.	9 No tendré frío.
2 Pasaré una semana allí.	10 El no vendrá acá.
3 Me gustará ver la Universidad.	11 Saldremos a las ocho.
4 ¿Quién viajará a España?	12 Haré este papel.
5 Ellos no trabajarán mucho.	13 Querrán comer.
6 ¿Estudiarán Vds. la lección?	14 Ella lo pondrá en la mesa.
7 ¿Tomará Vd. café?	15 No podré ir allá.
8 Felipe no escribirá la carta.	

100B. Answer these questions in complete sentences (in the future), with the help of the words in parentheses.

Ejemplo: ¿A dónde irá Vd. esta noche? (al cine)   Esta noche iré **al cine.**

1 ¿Qué comprará Vd.? (una corbata)
2 ¿Cuánto costará? (cien pesetas)
3 ¿A dónde irá Vd. en el verano? (al campo)
4 ¿Quién irá con Vd.? (mi hermano)
5 ¿A qué hora volverá Vd. del cine? (a las nueve de la tarde)
6 ¿A quién verá Vd. en la estación? (a mi amigo Guillermo)
7 ¿A qué hora saldrá Vd. de su casa? (a las ocho de la mañana)
8 ¿A qué hora tomarán Vds. la cena? (a las siete)
9 ¿A quiénes visitarán Vds. en la ciudad? (a nuestros amigos)
10 ¿Qué estudiarán Vds. esta tarde? (nuestras lecciones de español)

100C. Translate:

1 I shall learn	7 Will John see?	13 You (**Vd.**) will put
2 He will write	8 Who will visit?	14 They will not want
3 They will go	9 I shall not travel	15 Will you (**Vd.**) go out?
4 We shall eat	10 Will they study?	16 I shall have
5 She will speak	11 I shall make	17 They will be here
6 Will you work?	12 He will come	18 Will you (**Vds.**) go?

Exercise No. 101—Preguntas

1 ¿Cómo se titula esta lectura?
2 ¿Quién va a salir pronto para España?
3 ¿Qué clase de libros está leyendo ella?
4 ¿Cómo viajará?
5 ¿Qué lugar tomará como punto de partida?
6 ¿Cómo se llama el parque que está cerca del Museo del Prado?
7 ¿Cuánto tiempo pasará la Sra. Adams en el Museo del Prado?
8 ¿Qué espera comprar en el Rastro?
9 ¿Quién nació en Alcalá de Henares?

10 ¿Quién hizo construir (had built) el monasterio del Escorial?
11 ¿Cómo se llama la fortaleza de Segovia?
12 ¿Cuáles son los nombres de dos pueblos célebres por su cerámica?
13 ¿Qué monumentos verá quizás la Sra. Adams en Andalucía?
14 ¿Quién tiene ganas de acompañar a la Sra. Adams?

REVISION 6

CHAPTERS 23–26 PARTE PRIMERA

Palabras

NOUNS

1 el artista	14 el cuero	27 el oro
2 el árbol	15 la falda	28 el pavo
3 el arte	16 la guía	29 la plata
4 el algodón	17 el idioma	30 los pantalones
5 el baile	18 el juego	31 el pañuelo
6 la blusa	19 el juguete	32 el platero
7 la boca	20 el jardín	33 el regalo
8 la castaña	21 la lana	34 la ropa
9 la camisa	22 la madera	35 el sastre
10 la canción	23 la mano	36 el tejido
11 los calcetines	24 las medias	37 el traje
12 la cara	25 la nariz	38 el vestido
13 la corbata	26 el ojo	39 el zapato

1 artist	14 leather	27 gold
2 tree	15 skirt	28 turkey
3 art	16 guide	29 silver
4 cotton	17 language	30 trousers
5 dance	18 game	31 handkerchief
6 blouse	19 toy	32 silversmith
7 mouth	20 garden	33 present
8 chestnut	21 wool	34 clothing
9 shirt	22 wood	35 tailor
10 song	23 hand	36 cloth
11 socks	24 stockings	37 suit
12 face	25 nose	38 dress
13 necktie	26 eye	39 shoe

VERBS

1 bailar	8 durar	15 ocuparse de
2 cantar	9 emplear	16 representar
3 celebrar	10 escoger	17 romper
4 coger	11 llevar	18 vestir
5 contener	12 mandar	19 vestirse
6 cubrir	13 mirar	20 volver
7 decidir	14 observar	

1 to dance	8 to last	15 to be busy with
2 to sing	9 to employ	16 to represent
3 to celebrate	10 to choose	17 to break
4 to pick up, to catch	11 to bring, wear	18 to dress
5 to contain	12 to send	19 to dress oneself
6 to cover	13 to look at	20 to return
7 to decide	14 to observe	

ADJECTIVES

1 cubierto	5 hecho	9 pintoresco
2 cercano	6 imponente	10 precioso
3 chico	7 lleno	11 popular
4 envuelto	8 magnífico	12 tejido

1 covered	5 made	9 picturesque
2 near	6 impressive	10 precious
3 pretty, little	7 full	11 folk, popular
4 covered (surrounded by)	8 magnificent	12 woven

ADVERBS

1 de antemano	2 entretanto	3 todavía

1 beforehand	2 in the meantime	3 still

PREPOSITIONS

1 acerca de	2 a causa de	3 fuera de

1 concerning	2 because of	3 outside of

IMPORTANT EXPRESSIONS

1 acabar de + infin.	7 ir de jira
2 al fin	8 vestir de
3 al principio	9 volver a + infin.
4 llegar a + infin.	10 a la derecha
5 ¿le parece bien?	11 a la izquierda
6 me parece bien	

1 to have just	7 to go for a picnic
2 finally	8 to dress in
3 at first	9 to do again
4 to succeed in	10 to the right
5 is it all right with you?	11 to the left
6 it is all right with me	

PARTE SEGUNDA

Ejercicio 102.   From Group II select the synonym for each word or expression in Group I.

Group I		Group II	
1 contestar	7 me acuerdo	(a) terminar	(g) vestir de
2 desear	8 vuelvo a	(b) lengua	(h) el año que
3 acabar	escribir	(c) responder	viene
4 llevar	9 por eso	(d) lugar	(i) recuerdo
5 sitio	10 idioma	(e) querer	(j) escribo otra
6 el año próximo	11 por supuesto	(f) por lo tanto	vez
	12 me gusta más		(k) prefiero
			(l) claro está

Ejercicio 103 Complete the following sentences by translating the given words.

Remember: 1. **ponerse** = to put on. 2. Use the definite article (**el, la, los, las**) instead of the possessive adjective (**mi, tu, su,** etc.) with clothing, when the meaning is clear.

NOTE: Another meaning of **ponerse** is to become. **Los árboles se ponen verdes.** The trees become green.

Ejemplo: Me pongo la camisa (*not* **mi camisa**). I put on my shirt.

1 **Me pongo** (my trousers).
2 **Te pones** (your hat).
3 **El se pone** (his suit).
4 **Vd. se pone** (your tie).
5 **Ella se pone** (her sash).
6 **Nos ponemos** (our shoes).
7 **Vds. se ponen** (your gloves).
8 **Ellos se ponen** (their shirts).
9 **Ellas se ponen** (their dresses).
10 **Póngase** (your overcoat).

Ejercicio 104 Select the group of words in the right-hand column which best completes the sentence in the left-hand column.

Remember: **se lleva** = is worn, one wears   **se llevan** = are worn, one wears

1 **Se lleva abrigo**
2 **Se lleva impermeable**
3 **Se lleva sombrero**
4 **Se llevan zapatos**
5 **Se llevan guantes**
6 **Se lleva traje de deporte**

(a) **cuando se juega al tenis.**
(b) **para proteger la cabeza.**
(c) **cuando hace frío.**
(d) **para proteger las manos.**
(e) **cuando llueve.**
(f) **para proteger los pies.**

Ejercicio 105 Complete these sentences, putting all the English words into Spanish.

1 (The baker) **vende pan en la** (bakery).
2 (The silversmith) **hace artículos de plata en la** (the silversmith's shop).
3 (The shoemaker) **vende zapatos en la** (shoe shop).
4 **El** (tailor) **hace trajes en la** (tailor's shop).
5 **Quien vende es** (a seller).
6 **Quien compra es** (a buyer).
7 **Comemos y hablamos con la** (mouth).
8 **Oímos con los** (ears).
9 **Vemos con los** (eyes).
10 **Otras partes de la** (face) **son** (the nose) **y** (the lips).

PARTE TERCERA

Diálogo 1

Practise the Spanish aloud:

En el autobús

1 **Dispénseme, señor, ¿dónde bajo para el Correo Central?** (**para la**

Plaza de Colón)? (para la Puerta de Toledo)? (para la embajada de Gran Bretaña)? (para la estación de ferrocarril)? (para el mercado)? etc.

2 Vd. baja en la esquina de la calle de Alcalá con el Paseo del Prado (etc.).

3 ¿A cuántas manzanas de aquí?

4 Más o menos diez (cinco, etc.) manzanas, señor.

5 ¿En cuántos minutos llegaremos?

6 En unos minutos.

7 Muchas gracias, señor.

In the Bus

1 Excuse me, sir, where do I get off for the Main Post Office? (for Columbus Square)? (for the Toledo Gate)? (for the embassy of Great Britain)? (for the railway station)? (for the market)? etc.

2 You get off at the corner of Alcalá Street and the Prado Avenue (etc.).

3 How many blocks from here?

4 More or less ten (five, etc.) blocks, sir.

5 In how many minutes will we get there?

6 About fifteen minutes.

7 Thank you very much, sir.

Diálogo 2

Practise the Spanish aloud:

Sobre el correo

1 Sra. Adams, por supuesto tiene Vd. mucha correspondencia. ¿Hay un buzón en su edificio?

2 Naturalmente. Tenemos un buzón en donde echamos nuestras cartas. Pero enviamos al Correo Central los paquetes postales.

3 ¿Quién los lleva allá?

4 Nuestro chico de oficina. Él nos compra también los muchos sellos que necesitamos — sellos de correo aéreo, etc.

5 ¿Dónde está la oficina principal de correos?

6 No está lejos de aquí.

About the Mail

1 Mrs. Adams, of course you have much correspondence. Is there a letter-box in your building?

2 Naturally. We have a letter-box where we post our letters. But we send parcel post packages to the main post office.

3 Who takes them there?

4 Our office boy. He also buys us the many stamps that we need—air mail stamps, etc.

5 Where is the main post office?
6 It is not far from here.

LECTURA

Exercise No. 106—El cumpleaños de la señora Adams

Es el veintidós de marzo, día del cumpleaños (birthday) de la señora Adams. Hoy cumple (she is) treinta y cinco años de edad. Para celebrar este día, la familia Adams va a cenar (dine) a un restaurante español de Londres.

Cuando entran en el restaurante ven una hermosa canasta (basket) llena de (full of) rosas rojas en el centro de la mesa reservada para los Adams. Naturalmente la señora Adams está muy sorprendida y da mil gracias y besos (kisses) a su querido esposo.

Después de una sabrosa comida, Anita, la hija menor, dice en voz baja (in a low voice) a sus hermanos, — ¡Ya! (Ready) Y cada uno de los cuatro hijos saca (take out) de debajo de la mesa una bonita caja. Son regalos para su madre.

Anita le da un pañuelo de seda; Rosita, una blusa de algodón; Guillermo, un par de guantes y Felipe, un echarpe de lana.

La semana próxima papá Adams calcula la cuenta de aquel día, que es como sigue:

Cena—Ocho libras y setenta peniques	£ 8·70
Propina—Ochenta y siete peniques	·87
Flores—Una libra y veinticinco peniques	1·25
Regalos—Cuatro libras y quince peniques	4·15
Total—Catorce libras y noventa y siete peniques	£14·97

CHAPTER 27

LA SRA. ADAMS ESCRIBE UNA CARTA A SU AGENTE

PARTE PRIMERA

1 La Sra. Adams y el Sr. López están sentados en la sala de la primera. Es la penúltima cita antes de la salida de la Sra. Adams para España. La Sra. Adams tiene en la mano una copia de su carta a su agente, el Sr. Carrillo, y la respuesta de éste, que acaba de llegar.

2 Sr. López, voy a leerle mi carta al Sr. Carrillo.

3 Me gustará mucho oírla.

4 La Sra. Adams lee la siguiente carta:

Londres, 4 de mayo de 1968

Sr. Rufino Carrillo
Calle de la Princesa, 40
Madrid, España

Muy señor mío:

Tengo el gusto de informarle que voy a hacer un viaje a España. Saldré de Londres por avión el 31 de mayo y llegaré al aeropuerto de Madrid. Tengo la intención de permanecer en la capital dos meses. Será un viaje de recreo y también de negocios. Tomando la capital como punto de partida, haré viajes a lugares de interés en España. Espero también ir por avión a Tenerife, y tal vez a las otras Islas Canarias.

Siempre le he apreciado mucho a causa de sus excelentes servicios por nuestra casa y ahora espero aprovechar la oportunidad de conocerle a Vd. personalmente. Tenga la bondad de informarme sobre la fecha más conveniente para una cita. Sé que está Vd. muy ocupado y que viaja mucho. Por eso le escribo de antemano, esperando tener el gusto de verle a Vd.

Estará sorprendido Vd. de saber que desde hace cinco meses tomo lecciones de conversación española. Vd. sabe que yo sabía leer el español bastante bien, pero no sabía ni escribirlo ni hablarlo. Esta carta, espero, le mostrará a Vd. que he adelantado un poco en escribir. Espero poder conversar con Vd. en su hermoso idioma. Creo que no tendrá Vd. mucha dificultad en entenderme. Mi maestro es el Sr. Eugenio López, compatriota de Vd.

En espera de sus gratas noticias, quedo de Vd. atto. y s.s.,

Juana Adams

5 Estupendo, Sra. Adams. No hay ninguna falta en toda la carta.

190

6 Y ahora ¿me hará Vd. el favor de leerme la respuesta que ha recibido del Sr. Carrillo?

7 Con mucho gusto, señor López.
    Continúa en el Capítulo 28

1 Mrs. Adams and Mr. López are seated in the living-room of the former. It is the penultimate appointment before the departure of Mrs. Adams for Spain. Mrs. Adams has in her hand a copy of her letter to her agent, Mr. Carrillo, and the latter's answer, which has just arrived.

2 Mr. López, I am going to read you my letter to Mr. Carrillo.

3 I would like very much to hear it.

4 Mrs. Adams reads the following letter:

London, May 4, 1968

Mr. Rufino Carrillo
40 Princess St.
Madrid, Spain

Dear Sir,

I am pleased to tell you that I am going to make a trip to Spain. I shall leave London by plane on May 31 and will arrive at the airport of Madrid. I intend to remain in the capital two months. It will be a pleasure trip and also a business trip. Taking the capital as a point of departure, I shall take trips to places of interest in Spain. I hope also to go by plane to Tenerife and perhaps to the other Canary Isles.

I have always appreciated you very much because of your excellent services to our firm and now I hope to take advantage of the opportunity to meet you personally. With this in mind I beg you to let me know the most convenient date for an appointment. I know that you are very busy and that you travel a great deal. For that reason I am writing you beforehand hoping to have the pleasure of seeing you.

You will be surprised to learn that for five months I have been taking lessons in Spanish conversation. You know that I could read Spanish fairly well but I could neither write it nor speak it. This letter, I hope, will show you that I have made a little progress in writing. I hope to be able to talk with you in your beautiful language. I think you won't have much difficulty in understanding me. My teacher is Mr. Eugene López, a fellow-countryman of yours.

I look forward to hearing from you.

                                Yours sincerely,
                                  Jane Adams

5 Wonderful, Mrs. Adams. There is not a single error in the whole letter.

6 And now, will you kindly read me the answer you have received from Mr. Carrillo?

7 With great pleasure, Mr. López.

Continued (*lit*. it continues) in Chapter 28

Pronunciation Aids

1 Practise:

aeropuerto (a-e-ro-ˈpwer-to)
apreciado (a-pre-ˈθja-ðo)
aprovechar (a-pro-ve-ˈtʃar) or
(a-pro-βe-ˈtʃar)
personalmente (per-so-ˈnal-ˈmen-te)
conveniente (kon-ve-ˈnjen-te) or
(kom-be-ˈnjen-te)
sorprendido (sor-pren-ˈdi-ðo)
entenderme (en-ten-ˈder-me)
compatriota (kom-pa-ˈtrjo-ta)
comercial (ko-mer-ˈθjal)

bondadosa (bon-da-ˈðo-sa)
siguiente (si-ˈɣjen-te)
servicios (ser-ˈvi-θjos) or
(ser-ˈβi-θjos)
oportunidad (o-por-tu-ni-ˈðað)
antemano (an-te-ˈma-no)
adelantado (a-ðe-lan-ˈta-ðo)
correspondencia
(ko-rres-pon-ˈden-θja)
encabezamiento
(en-ka-βe-θa-ˈmen-to)
conclusiones (koŋ-klu-ˈsjo-nes)

Building Vocabulary

A. Sinónimos:

1 bello	hermoso	beautiful
2 comprender	entender (ie)	to understand
3 el idioma	la lengua	language
4 mostrar (ue)	enseñar	to show
5 por eso	por lo tanto	therefore

6 Tenga la bondad de . . .⎱
  Hágame el favor de . . .⎰ please
  (*Lit*. Have the kindess to; do me the favour to)

B. Palabras Relacionadas

1 la mano	the hand	5 a la izquierda	to the left
2 la mano derecha	the right hand	6 de antemano	beforehand
3 la mano izquierda	the left hand	7 hecho a mano	handmade
4 a la derecha	to the right		

Expresiones Importantes

A. Salutation: Business Letters

1 **Muy señor mío**   Dear Sir   3 **Muy señora mía**   Dear Madam
2 **Muy señores míos**   Gentlemen

B. Conclusion: Business Letters

En espera de sus gratas noticias, quedo de Vd.   Awaiting your reply,
                                                  I remain

atto. afmo. y s.s.	sincerely yours, yours very truly
atto. (atento)	attentive
afmo. (afectísimo)	most affectionate
s.s. (su servidor)	your servant

Exercise No. 107—Completion of Text

1 **Voy** (to read to you) **mi carta.**
2 (I will be very glad) **oírla.**
3 **Tengo el gusto** (to inform you) **que saldré el 31 de mayo.**
4 **Siempre** (I have appreciated you).
5 (Kindly) **informarme sobre la fecha** (most convenient).
6 **Sé que Vd. está** (very busy).
7 (Therefore) **le escribo** (in advance).
8 **Espero tener el gusto** (of seeing you).
9 **Esta carta** (will show you) **que he adelantado.**
10 **Vd. no tendrá dificultad** (in understanding me).
11 (There is not any) **falta en la carta.**
12 **Tengo que** (give my sincere thanks to you).
13 You are very kind.
14 ¿(Will you kindly) **leerme la respuesta?**

PARTE SEGUNDA

Grammar Notes

1 The Indirect Object

As in English the indirect object is the *to* (sometimes *for*) object. It indicates the person or persons *to* whom, sometimes *for* whom, the action is performed.

Escribo una carta a mi agente.   I write a letter to my agent.

2 The Indirect Object Pronouns

Observe the indirect object pronouns in the following sentences.

Carlos *me* da el vaso.	Charles gives *me* the glass.
Juan *te* escribe una carta.	John writes *you* (*fam.*) a letter.
Pablo *le* da (a Vd.) el dinero.	Paul gives *you* the money.
Ana *le* lleva (a él) la silla.	Anna brings *him* the chair.
Yo *le* leo (a ella) el cuento	I read *her* the story.
El profesor *nos* da la lección.	The teacher gives *us* the lesson.
La criada *les* da (*a Vds.*) los platos.	The servant gives *you* the plates.

Nosotros *les* vendemos (*a ellos*)   We sell *them* (*m.*) the car.
   el coche.

Los niños *les* traen (*a ellas*) las   The children bring *them* (*f.*) the
   flores.   flowers.

(a) The Indirect Object Pronouns are:

me (to) me	**le . . . a Vd.** (to) you	**les . . . a Vds.** (to) you
te (to) you (*fam.*)	**le . . . a él** (to) him	**les . . . a ellos** (to) them (*m.*)
nos (to) us	**le . . . a ella** (to) her	**les . . . a ellas** (to) them (*f.*)
os (to) you (*fam. pl.*)		

(b) The indirect object pronouns, **me, te, nos, os** are like the direct object pronouns.

(c) The indirect object pronoun **le** can mean *to you, to him* or *to her*. The indirect object pronoun **les** can mean *to you* (*pl.*), *to them* (*m.*), *to them* (*f.*).

If necessary to make the meaning clear, add: **a Vd., a él, a ella, a Vds., a ellos, a ellas,** immediately after the verb.

(d) Like the direct object, the indirect object precedes the verb, except when used with the infinitive, the present participle, or the affirmative imperative.

3 Familiar Verbs which may take Indirect Objects

dar	to give	**traer**	to bring
enseñar	to show, teach	**entregar**	to deliver
mostrar (ue)	to show	**leer**	to read
enviar	to send	**escribir**	to write
mandar	to send	**decir (i)**	to say
llevar	to carry		

4 Indirect Objects with **gustar, parecer, importar.**

(a) **gustar,** to be pleasing to

Me gusta el cuento. I like the story. (*Lit.* To me is pleasing the story.)
¿Les gustan a Vds. los cuentos? Do you like the stories?

(b) **parecer** to seem

Me parece bien. It seems (is) all right to me.
Le parece bien a ella. It seems (is) all right to her.

(c) **importar** to be important to (another meaning of **importar**)

No nos importa. It is not important to us. It does not concern us.
No les importa a ellos. It is not important to them. It does not concern them.

Ejercicios (Exercises) No. 108A–108B

108A. Translate:

1 ¿Le dará Vd. a él las naranjas?
2 Tráigame Vd. los zapatos.
3 Tenga la bondad de leernos la carta.
4 Le escribiré una carta a ella cuanto antes.
5 ¿Me enseñará Vd. las palabras nuevas?
6 No podemos mandarles a Vds. el dinero.
7 ¿Quién nos leerá el cuento?
8 Dígame — ¿qué hace María en la cocina?
9 No me gustará la corrida de toros.
10 ¿Le parece bien esa fecha?
11 No me parece bien.
12 No me importan estas cosas.

108B. Complete the Spanish sentences, filling in the correct indirect object pronouns, so that the Spanish sentences correspond exactly to the English.

Remember: **le** = to you (*sing.*), to him, to her; **les** = to you (*plur.*), to them (*m.* and *f.*).

Ejemplo: I am writing *you* a letter. *Le* escribo una carta.

1 Will you give *him* the money?
2 They bring *us* the clothing.
3 Will you teach *her* the lesson?
4 I like your hats.

5 They like your garden.
6 Tell *me* the truth.
7 It's of no concern *to them.*
8 The booking clerk will give *you* the tickets.
9 I like sweets.
10 Their parents are buying *them* the toys.
11 I shall speak *to you* (*fam.*) on the telephone, Henry.
12 I am bringing *you* the umbrella, sir.
13 Bring us the coffee, please.

14 It seems good to me.
15 They seem good to us.

1 ¿—— dará Vd. el dinero?
2 —— traen la ropa.
3 ¿—— enseñará Vd. la lección?
4 —— gustan los sombreros de Vds.
5 —— gusta a ellos su jardín.
6 Díga —— la verdad.
7 No —— importa a ellos.
8 El taquillero —— dará a Vds. las entradas.
9 —— gustan los dulces.
10 Sus padres están comprándo —— los juguetes.
11 —— hablaré por teléfono, Enrique.
12 Estoy trayendo —— a Vd. el paraguas, señor.
13 Tráiga —— Vd. el café, por favor.
14 —— parece bien.
15 —— parecen bien.

Exercise No. 109—Preguntas

1 ¿Dónde están sentados la Sra. Adams y el Sr. López?

2 ¿Qué tiene en la mano la señora Adams?

3 ¿Qué va a leerle al Sr. López?

4 ¿A quién le gustará mucho oírla?

5 ¿Cuál es la fecha de la carta?

6 ¿A quién escribe la carta la Sra. Adams?

7 ¿Qué saludo usa la Sra. Adams?

8 ¿Quién irá de viaje a España?

9 ¿Cuándo saldrá la Sra. Adams de Londres?

10 ¿Cuándo llegará al aeropuerto de Madrid?

11 ¿Cuánto tiempo permanecerá en la capital?

12 ¿A dónde hará viajes?

13 ¿A dónde irá tal vez en avión?

14 ¿De quién ha apreciado los servicios la Sra. Adams?

15 ¿A quién quiere conocer personalmente?

CHAPTER 28

LA SEÑORA ADAMS RECIBE UNA CARTA

PARTE PRIMERA

La Sra. Adams tiene en la mano la respuesta que acaba de recibir de su agente, el Sr. Carrillo. Está leyéndola.

1 Muy señora mía:

2 Estoy muy agradecido por su carta del 4 de mayo en la que Vd. tiene la bondad de informarme de su visita a España.

3 Tengo el gusto de informarle que estaré en la capital durante los meses de junio y julio y quiero aprovechar la oportunidad de ponerme enteramente a sus órdenes.

4 Tendré gran placer en saludarle en el aeropuerto el 31 de mayo. Espero poder facilitar su estancia en esta capital tanto en las diversiones como en los negocios.

5 Con mucho gusto hablaré con Vd. en español y estoy seguro de que Vd. lo habla perfectamente. Por cierto, lo escribe Vd. sumamente bien. Quiero felicitarles a Vd. y a su profesor, el Sr. López.

6 Esperando la pronta oportunidad de conocerle a Vd., la saludo muy atentamente, s.s.

Rufino Carrillo

7 Es una carta muy amable, dice el señor López. Hasta ahora Vd. ha conocido y ha apreciado al señor Carrillo solamente como un buen representante. Sin duda alguna, Vd. verá que es también muy simpático, como tantos. Perdóneme si estoy orgulloso de mi pueblo. Pero Vd. verá por sí misma.

8 Estoy segura de que estaré muy contenta entre la gente de España. Y lo mejor es que podré hablar con ellos en su propio idioma.

9 Claro está. Bueno, Sra. Adams, el martes que viene es nuestra última cita antes de su salida para España. Nos veremos en su oficina, ¿verdad?

10 Sí. ¿Y me dará Vd. unos últimos consejos?

11 Con mucho gusto, Sra. Adams.

Mrs. Adams has in her hand the reply which she has just received from her agent, Mr. Carrillo. She is reading it.

1 Dear Madam,

197

2 I am much obliged to you for your letter of May 4 in which you have the kindness to tell me of your visit to Spain.

3 I am very pleased to tell you that I shall be in the capital during the months of June and July and I want to take advantage of the opportunity of putting myself entirely at your service.

4 I shall be delighted to greet you at the airport on May 31. I hope to be able to facilitate your stay in this capital in matters of recreation as well as in matters of business.

5 With much pleasure, I will talk with you in Spanish and I am sure that you speak it perfectly. Indeed you write it extremely well. I want to congratulate you and your teacher, Mr. López.

6 Looking forward to meeting you soon, I remain.

Yours sincerely,
Rufino Carrillo

7 It is a very kind letter, says Mr. López. Until now you have known and appreciated Mr. Carrillo only as a good representative. Without any doubt, you will find that he is also very nice like so many Spaniards. Pardon me if I am proud of my people. But you will see for yourself.

8 I am sure that I shall be very happy among the people of Spain. And the best is that I shall be able to speak to them in their own language.

9 Very true. Well, Mrs. Adams, next Tuesday is our last appointment before your departure for Spain. We shall meet in your office, shan't we?

10 Yes, and will you give me some final advice?

11 With great pleasure, Mrs. Adams.

Pronunciation Aids

1 Practise:

agradecido (a-ɣra-ðe-'θi-ðo)   sumamente (su-ma-'men-te)
aprovechar (a-pro-ve-'tʃar)   felicitarles (fe-li-θi-'tar-les)
enteramente (en-te-ra-'men-te)   apreciado (a-pre-'θja-ðo)
estancia (es-'tan-θja)   represento (rre-pre-'sen-to)
diversiones (ði-ver-'sjo-nes) or   perdóneme (per-'ðo-ne-me)
   (ði-βer-'sjo-nes)   orgulloso (or-ɣu-'ʎo-so)
perfectamente (per-'fek-ta-'men-te)

Building Vocabulary

Sinónimos:

1 informar — avisar, to inform
2 enteramente — completamente, entirely
3 tendré gran placer en — me gustará mucho, I shall be pleased to
4 dispénseme — perdóneme, pardon me

Expresiones Importantes

A. 1 **aprovechar la oportunidad de,** to take advantage of the opportunity to
   2 **esperando la pronta oportunidad de conocerle,** looking forward to meeting you soon
   3 **a sus órdenes,** at your service
   4 **estoy muy agradecido,** I am much obliged
   5 **lo mejor es,** the best is; **lo peor es,** the worst is
   6 **quiero felicitarle a Vd.,** I want to congratulate you
   7 **sin duda alguna,** without any doubt
   8 **Vd. tiene a bien informarme,** you have the kindness to inform me

B. Salutations: Letters to Friends

Querido Pablo; Querida Elena	Dear Paul; dear Ellen
Querido amigo; Querida amiga	Dear Friend
Estimado amigo; Estimada amiga	My esteemed Friend

C. Conclusions: Letters to Friends

Su sincero amigo Su sincera amiga	Your sincere friend
Sinceramente Afectuosamente	Sincerely Affectionately
Le saluda cordialmente su amigo (a)	Cordial greetings from your friend
Reciba un abrazo de su amigo (a)	Receive an embrace from your friend

NOTE: **Querido (a)** is for relatives and very intimate friends. It is not used freely like the English Dear —, which is the form of address even for business letters.

Exercise No. 110—Completion of Text

A. Complete these sentences by putting all English words into Spanish.

1 **La Sra. Adams tiene** (a letter in her hand).
2 (I am much obliged) **por su carta del 4 de mayo.**
3 **Vd. tiene la bondad** (to inform me) **de su visita a España.**
4 (I shall take great pleasure) **en esperarle en el aeropuerto.**
5 (I shall speak) **con Vd. en español.**
6 (I am sure that) **Vd. lo habla perfectamente.**
7 **Quiero** (to congratulate you) **a Vd. y a su profesor.**
8 (Without any doubt) **Vd. verá que el Sr. Carrillo es** (very congenial).
9 (Pardon me). **Estoy muy** (proud) **de mi pueblo.**
10 **Vd. verá** (for yourself) **que los españoles son** (very friendly).
11 (I am sure) **de que** (I will be able) **hablar con ellos en su propio idioma.**
12 (The best is) **que puedo hablar español.**

13 (The worst is) **que Vd. no puede ir conmigo.**
14 (Each other) **veremos en su oficina.**
15 **Le daré a Vd.** (some final advice).

PARTE SEGUNDA

Grammar Notes

1 Use of **hacer** in Time Expressions.

(a) ¿Cuánto tiempo hace que estudia Vd. el español?
(How much time does it make that you are studying Spanish?)

1 How long have you been studying Spanish?

(b) Hace cinco meses que estudio el español.
(It makes five months that I am studying Spanish.)

2 I have been studying Spanish five months.

(c) Estudio el español hace cinco meses.
(I am studying Spanish it makes five months.)

3 I have been studying Spanish for (since) five months.

To express an action which began in the past and is still going on, the Spanish uses **hace** (it) makes, plus an expression of time, plus **que**, plus the present tense of the verb (ex. b).

If the **hace** expression comes after the verb, **que** is omitted (ex. c).

2 Use of the Definite Article in place of the Possessive Adjective.

1 **El señor tiene una carta en la mano.**
The gentleman has a letter in his hand.

2 **Ana se pone el sombrero en la cabeza.**
Anna puts her hat on her head.

The definite article is used instead of the possessive adjective with parts of the body and clothing when there is no doubt who is meant.

3 Reflexive Pronouns with a Reciprocal Meaning.

Nos veremos.
We shall see each other.

No se conocen el uno al otro.
They do not know each other.

Juana y Ana se admiran la una a la otra.
Jane and Anna admire each other.

(a) When the reflexive pronoun is used with a reciprocal meaning, **el uno al otro (la una a la otra)**, *one another*, may be added for clarity.

Ejercicios (Exercises) No. 111A–111B–111C

111A. Complete these sentences by putting the English words into Spanish.

Ejemplo: 1. ¿Cuánto tiempo hace que estudia Vd. el español?

1 ¿(How long) **hace que estudia Vd. el español?**
2 (For six months) **que estudio el español.**
3 (For ten years) **que el Sr. López es profesor.**
4 (For 45 minutes) **que esperamos.**
5 (For three days) **que mi madre está enferma.**
6 **Hace seis meses que** (I have known him).
7 **Hace cinco semanas que** (they have lived in this house).
8 **Hace tres horas que** (the children have been in the cinema).
9 **Hace diez años que** (he has been in this country).
10 **Hace cinco días que** (I have been here).

111B. Change the following affirmative commands into negative commands.

Remember: 1. In affirmative commands object pronouns follow the verb. 2. In negative commands they precede it.

Ejemplo: Déme el libro. No me dé el libro.

1 **Pónganlos Vds. en la mesa.**
2 **Escríbales Vd. las cartas.**
3 **Tráiganlos a la casa.**
4 **Dígame las respuestas.**
5 **Mándele los artículos.**
6 **Tráigame la carne y el pescado.**
7 **Déme un billete de ida y vuelta.**
8 **Cómpreme una bolsa de cuero.**
9 **Léanles todos los cuentos.**
10 **Véndale el coche.**

NOTE: The singular imperative of **dar, dé Vd.,** takes an accent mark to distinguish it from **de** (of).

111C. Answer the following questions in the future with both **sí** and **no**. Use an object pronoun in each answer.

Remember: If the question has **Vd.** as subject, the answer has **(yo)** as subject; if the question has **Vds.,** the answer has **(nosotros)**.

Ejemplos: ¿Comerá Vd. la carne? Sí, la comeré. No, no la comeré.
¿Comerán Vds. la carne? Sí, la comeremos. No, no la comeremos.

1 ¿Visitará Vd. el museo?
2 ¿Escribirá Vd. la carta?
3 ¿Comprará Vd. el coche?
4 ¿Traerá Vd. los cestos?
5 ¿Tomará Vd. el té?
6 ¿Pedirán Vds. los billetes?
7 ¿Venderán Vds. la casa?
8 ¿Querrán Vds. las frutas?
9 ¿Seguirán Vds. a sus amigos?
10 ¿Repetirán Vds. las preguntas?

Exercise No. 112—Preguntas

 1 ¿Qué acaba de recibir la Sra. Adams?
 2 ¿Cuándo estará en la capital el Sr. Carrillo?
 3 ¿Dónde esperará a la Sra. Adams?
 4 ¿En qué lengua conversará con ella?
 5 ¿De qué está seguro él?
 6 ¿A quiénes quiere felicitar el Sr. Carrillo?
 7 ¿Quién está orgulloso de su pueblo?
 8 ¿Qué verá la Sra. Adams por sí misma?
 9 ¿Cuándo será la última cita de la Sra. Adams y el Sr. López?
10 ¿Dónde se verán?

CHAPTER 29

LOS CONSEJOS DEL SEÑOR LÓPEZ

PARTE PRIMERA

1 Hace calor en la oficina de la señora Adams. No hace viento. Por la ventana abierta se oyen los ruidos de la calle.

2 — Me alegro de salir de la ciudad, — dice la señora Adams al señor López.

3 — Tengo ganas de ir a España también, — contesta el señor López.

4 ¿No puede Vd. ir allá este año?

5 Desgraciadamente, no es posible.

6 Por lo menos, ¿me hace Vd. el favor de darme unos últimos consejos? ¿Es muy distinta la vida en España de la vida en Gran Bretaña?

7 Sí, señora Adams, hay muchas costumbres diferentes. En general, la vida en España es más formal. Son muy importantes las formalidades. Y eso de la cortesía, yo creo, tiene una significación profunda — quiere decir que cada hombre es digno de respeto.

8 — Es verdad, — responde la señora Adams.

9 He notado que entre los negociantes también hay más formalidad en España que en Gran Bretaña. Les gusta charlar un rato acerca de otras cosas antes de emprender un negocio. Quieren llegar a conocerse el uno al otro.

10 Estaré muy contenta allí.

11 Se dice que en general la vida es más tranquila allí. Espero que sí. Estoy cansada de ir siempre con prisas.

12 A propósito, Sra. Adams, ¿ha leído Vd. los libros sobre España que le he recomendado?

13 Sí, los he leído todos. Me han sido muy útiles e interesantes.

14 Bueno. He dicho muchas veces que Vd. se entenderá muy bien en España. En cuanto a mí, pasaré el verano en Londres. He gozado de nuestras conversaciones y voy a echarla de menos.

15 Pensaré en Vd. a menudo y le escribiré de vez en cuando.

16 Me gustará mucho recibir sus cartas desde España. Pues bien, tenemos que despedirnos. Hágame el favor de saludar de mi parte al señor Adams y a sus hijos.

17 Gracias y mucha suerte, Sr. López.

18 Buen viaje, Sra. Adams.

Se dan la mano.

1 It is hot in Mrs. Adams's office. There is no wind. Through the open window the noises of the street can be heard.

2 'I shall be glad to get away from the city,' says Mrs. Adams to Mr. López.

3 'I wish I were going to Spain, too,' says Mr. López.

4 Can't you go there this year?

5 Unfortunately, it is not possible.

6 At least, will you please give me some final advice? Is life in Spain very different from life in Great Britain?

7 Yes, Mrs. Adams, there are many different customs. In general, life in Spain is more formal. The formalities are very important. And the matter of courtesy, I think, has a profound significance—it means that every man is worthy of respect.

8 'That is true,' answers Mrs. Adams.

9 I have noticed that among businessmen too there is more formality in Spain than in Great Britain. They like to chat a little about other things before taking up business. They want to get to know one another.

10 I shall be very happy there.

11 They say that in general life is more tranquil there. I hope so. I am tired of being in a hurry.

12 By the way, Mrs. Adams, have you read the books on Spain which I have recommended to you?

13 Yes, I have read them all. They have been very useful and interesting to me.

14 Good. I have said many times that you will get along in Spain. As for me, I shall spend the summer in London. I have enjoyed our conversations and I am going to miss you.

15 I shall think of you often and I shall write you from time to time.

16 I shall be glad to receive your letters from Spain. Well then, we have to take leave of each other. Kindly give my regards to Mr. Adams and to your children.

17 Thank you and good luck, Mr. López.

18 Happy voyage, Mrs. Adams.

They shake hands.

Pronunciation Aids

1 Practise:

viento (ˈvjen-to) or (ˈbjen-to)
ruidos (ˈrrwi-ðos)
acompañarla (a-kom-pa-ˈnjar-la)
desgraciadamente
  (ðes-ɣra-ˈθja-ða-ˈmen-te)
cortesías (kor-te-ˈsi-as)

acostumbrarse (a-kos-tum-ˈbrar-se)
apresurarse (a-pre-su-ˈrar-se)
despedirnos (ðes-pe-ˈðir-nos)
leído (le-ˈi-ðo)
caído (ka-ˈi-ðo)
creído (kre-ˈi-ðo)

significado (siɣ-ni-fi-ˈka-ðo)   oído (o-ˈi-ðo)
formalidad (for-ma-li-ˈðað)

2 The combinations (diphthongs) **ai, oi, ei** become separate vowels,
a-í, o-í, and **e-í,** when the **í** has an accent mark.

Building Vocabulary

A. Sinónimos:

1 **alegrarse (de)**	**estar contento (de)**	to be happy (to)
2 **a menudo**	**muchas veces**	often
3 **ir con prisas**	**tener prisa**	to be in a hurry
4 **hay que**	**es necesario**	it is necessary, one must

Expresiones Importantes

1 **en cuanto a mí**	as for me
2 **espero que sí**	I hope so
3 **espero que no**	I hope not
4 **He gozado de nuestras conversaciones**	I have enjoyed our conversations.
5 **Voy a echarle de menos**	I am going to miss you.

Exercise No. 113—Completion of Text

1 (I shall be glad) **salir de la ciudad.**
2 (I wish I were) **de ir a España también.**
3 (At least) **haga el favor de** (to give me) **algunos consejos.**
4 (The matter of courtesy) **tiene una significación profunda.**
5 (It means) **que cada hombre** (is worthy) **de respeto.**
6 (They like) **charlar un rato** (about) **otras cosas.**
7 **Quieren llegar a** (to know each other).
8 (As I have told you), **es mejor no apresurarse.**
9 (People say) **que en general la vida es más tranquila.** (I hope so.)
10 **Estoy cansada** (of being in a hurry).
11 ¿(Have you read) **los libros sobre España?**
12 (As for me) **me quedaré aquí en Londres.**
13 (I have enjoyed) **de nuestras conversaciones.**
14 **Tenemos que** (take leave of each other).
15 They shake hands.

PARTE SEGUNDA

Grammar Notes

1 The Present Perfect Tense—Model Verbs: **hablar, aprender, vivir.** This is one of the tenses used to indicate past time.

Singular

> **he hablado (aprendido, vivido)**
> I have spoken (learned, lived)
> **has hablado (aprendido, vivido)**
> you have spoken (learned, lived)
> **Vd. ha hablado (aprendido, vivido)**
> you have spoken (learned, lived)
> **ha hablado (aprendido, vivido)**
> he, she, it has spoken (learned, lived)

Plural

> **hemos hablado (aprendido, vivido)**
> we have spoken (learned, lived)
> **habéis hablado (aprendido, vivido)**
> you have spoken (learned, lived)
> **Vds. han hablado (aprendido, vivido)**
> you have spoken (learned, lived)
> **han hablado (aprendido, vivido)**
> they have spoken (learned, lived)

(a) As in English, the present perfect tense in Spanish is formed by the present tense of the auxiliary (helping) verb, **haber** (*to have*) plus the past participle of the verb.

(b) The endings of the auxiliary verb **haber** are: singular **-e, -as, -a;** plural **-emos, -éis, -an.** You have learned that these are also the endings in the future tense (see Chapter 26). In the future, however, all the endings except **-emos** have an accent mark.

(c) To form the regular past participle of an **-ar** verb, drop the **-ar** and add **-ado.** To form the past participle of an **-er** or **-ir** verb drop the **-er** or **-ir** and add **-ido.**

(d) The subject may never, as in English, come between the auxiliary verb and the past participle. Object pronouns precede the auxiliary verb.

¿Ha escrito Carlos la carta?	Has Charles written the letter?
Sí, la ha escrito.	Yes, he has written it.

2 The Past Participles of some familiar Verbs

he comprado	I have bought	he querido	I have wished
he enseñado	I have taught	he vendido	I have sold
he tomado	I have taken	he comido	I have eaten

he trabajado	I have worked	he bebido	I have drunk
he andado	I have walked	he tenido	I have had
he deseado	I have wanted	he ido	I have gone
he pasado	I have passed	he sido	I have been
he estado	I have been	he venido	I have come

3 Past Participles with an Accent Mark

When the stem of the verb ends in a vowel, the **i** of **-ido** has an accent mark.

he leído	(le-í-do)	I have read
he caído	(ca-í-do)	I have fallen
he oído	(o-í-do)	I have heard
he traído	(tra-í-do)	I have brought
he creído	(cre-í-do)	I have believed

4 Irregular Past Participles

Most past participles are regular. The most common irregulars are:

abrir	he *abierto*	I have opened
cubrir	he *cubierto*	I have covered
decir	he *dicho*	I have said
escribir	he *escrito*	I have written
hacer	he *hecho*	I have done
poner	he *puesto*	I have put
ver	he *visto*	I have seen
volver	he *vuelto*	I have returned
morir	ha *muerto*	he has died
romper	he *roto*	I have broken

NOTE: the proverb (**refrán**): **Dicho y hecho.** No sooner said than done. *Lit.* Said and done.

5 haber and tener

haber, to have, as you have seen, is used as an auxiliary verb to form the present perfect tense.

tener, to have, means to *possess*. It is never used as an auxiliary verb.

He vendido la casa.	I have sold the house.
He tenido una casa.	I have had (possessed) a house.
Tengo una casa.	I have (possess) a house.

Ejercicios (Exercises) No. 114A–114B–114C

114A. Translate:

1 Hemos tenido un buen viaje.
2 Los lápices han caído al suelo.
3 No han dicho nada.
4 ¿Qué ha hecho Pablo con el dinero?
5 Nadie ha abierto las puertas.

6 No hemos leído esos periódicos. 9 Nunca he creído ese cuento.
7 ¿Han estado Vds. en el cine? 10 ¿Qué han dicho ellos?
8 ¿Ha estado enferma la niña?

114B. Translate:

1 I have noted
2 He has said
3 They have not read
4 (ser) They have been
5 (estar) We have been
6 I have not worked
7 Have you taught (Vd.)?
8 Who has not written?
9 What have you done (Vds.)?
10 You (tú) have opened.
11 What has John said?
12 She has taken
13 I have not believed
14 We have heard
15 Have you (Vds.) heard?

114C. Change the following sentences 1. to the future, 2. to the present perfect. Do not change the subject.

Ejemplo: **Compro un sombrero. Compraré un sombrero. He comprado un sombrero.**

1 El Sr. García vende su casa.
2 Trabajo en la ciudad.
3 Escribimos una carta.
4 Leen las revistas.
5 ¿Toma Vd. la cena a las ocho?
6 Tú no aprendes la lección.
7 ¿Busca el niño a su madre?
8 ¿Compran Vds. zapatos nuevos?
9 Salgo de la ciudad.
10 Entran en la casa.

Exercise No. 115—Preguntas

1 ¿Dónde se encuentran los señores Adams y López?
2 ¿Qué tiempo hace?
3 ¿Qué se oye por la ventana?
4 ¿Quién se alegra de irse de la ciudad?
5 ¿Quién tiene ganas de ir a España también?
6 ¿Qué responde el Sr. López a la pregunta — No puede ir Vd. allá este año?
7 ¿Es la vida en España más formal que la vida en Gran Bretaña?
8 ¿Qué quiere decir la importancia de la cortesía en España?
9 ¿Qué ha notado el Sr. López entre los negociantes?
10 ¿Quién está cansada de ir con prisas?
11 ¿Quién ha leído libros sobre España?
12 ¿Quién ha recomendado estos libros?
13 En cuanto al Sr. López, ¿dónde pasará el verano?
14 ¿En quién pensará a menudo la Sra. Adams?
15 ¿Le escribirá cartas al Sr. López de vez en cuando?

CHAPTER 30

LA SEÑORA ADAMS SALE PARA ESPAÑA

PARTE PRIMERA

1 Hace cinco meses que la señora Adams estudia el español. Ha pasado muchas horas en conversación con su profesor, el señor López. También ha aprendido la gramática necesaria y ha leído mucho sobre España. Verdaderamente ha trabajado mucho. Ahora habla español bastante bien y espera hacerse entender muy bien en España.

2 La señora Adams ha obtenido los billetes para el vuelo y su pasaporte. Por supuesto la señora Adams ha escrito una carta a su agente en España haciéndole saber la hora de llegada del avión a la capital. Este ha prometido recibirla en el aeropuerto.

3 Al fin llega el 31 de mayo, día de la salida. El avión de la señora Adams sale del Aeropuerto de Londres a las diez y media de la mañana. Ella tiene que estar en el aeropuerto una media hora antes para mostrar su billete y hacer pesar su equipaje. La familia no va a acompañarla a España porque los hijos tienen que terminar el año escolar y su esposo tiene que quedarse en casa porque tiene negocios importantes en Londres. Además, viajar con cuatro niños desde cinco hasta diez años de edad no es solamente difícil sino también bastante caro.

4 Por supuesto toda la familia está muy animada. Los niños no han dormido mucho y a las cinco de la mañana todos están despiertos.

5 A las ocho de la mañana la familia entera está lista para salir para el aeropuerto. La señora Adams ha hecho dos maletas y las pone en el coche. Entonces suben todos al coche que se pone en marcha y llega al aeropuerto a eso de las diez menos cuarto. La señora Adams hace revisar su billete y hace pesar su equipaje. Tiene que pagar tres libras de exceso porque el peso total excede las 44 libras permitidas gratis.

6 Luego la señora Adams se despide de su esposo y de sus hijos que le dan 'el buen viaje'. Sube al avión saludando a su esposo y a sus hijos que están mirándola con mucha emoción. A las diez y media en punto despega el avión.

7 La señora Adams está en camino.

1 Mrs. Adams has been studying Spanish for five months. She has spent many hours in conversation with her teacher, Mr. López. Also she has learned the necessary grammar and has read a great deal about

Spain. She really has worked very hard. Now she speaks Spanish quite well and she expects to get along very well in Spain.

2 Mrs. Adams has obtained the tickets for the flight, and her passport. Of course Mrs. Adams has written a letter to her agent in Spain letting him know the time of arrival of the plane at the capital. The latter has promised to meet her at the airport.

3 At last May 31st, the day of departure, arrives. Mrs. Adams's plane leaves London Airport at ten-thirty in the morning. She must be at the airport half an hour before to show her ticket and have her baggage weighed. Her family is not going with her to Spain because her children have to finish the school year and her husband has to remain at home because he has important business in London. Besides, travelling with four children from five to ten years of age is not only difficult but quite expensive.

4 Of course the whole family is very excited. The children have not slept very much and at five in the morning all are awake.

5 At eight in the morning the whole family is ready to leave for the airport. Mrs. Adams has packed two valises and puts them in the car. Then all get into the car which starts off and arrives at the airport at about 9.45. Mrs. Adams has her ticket checked and has her baggage weighed. She has to pay £3 extra because the total weight exceeds the 44 pounds allowed free.

6 Then Mrs. Adams takes leave of her husband and children, who wish her 'a happy voyage'. She goes up into the plane waving to her husband and children who are watching her with great excitement. At 10.30 o'clock sharp the plane takes off.

7 Mrs. Adams is on her way.

Pronunciation Aids

1 Practise:

verdaderamente
(ver-ða-ðe-ra-ˈmen-te) or
(ber-ða-ðe-ra-ˈmente)
pasado (pa-ˈsa-ðo)
aprendido (a-pren-ˈdi-ðo)
hecho (ˈe-tʃo)
conseguido (kon-se-ˈɣi-ðo)
prometido (pro-me-ˈti-ðo)

dormido (ðor-ˈmi-ðo)
despierto (ðes-ˈpjer-to)
revisar (rre-vi-ˈsar)
despedirse (ðes-pe-ˈðir-se)
se despide (se ðes-ˈpi-ðe)
equipaje (e-ki-ˈpa-xe)
aeropuerto (a-e-ro-ˈpwer-to)

Building Vocabulary

A. **Antónimos:**

| 1 | empezar (ie) | to begin |
| | acabar, terminar | to finish |

2 **abrir**   to open
   cerrar (ie)   to close
3 **abierto**   open
   cerrado   closed
4 **acostarse (ue)**   to go to bed
   levantarse   to get up
5 **dormir (ue)**   to sleep
   estar despierto   to be awake
6 **dormirse**   to go to sleep
   despertarse   to wake up
7 **despedirse (de)**   to take leave (of)
   saludar (a)   to greet
8 **llegar (a)**   to arrive (at)
   salir (de)   to leave (from)
9 **la llegada**   the arrival
   la salida   the departure
10 **suben al coche**   they get into the car
   bajan del coche   they get out of the car

Expresiones Importantes

1 **cuidar a los niños**   to take care of the children
2 **haciéndole saber**   letting him know
3 **hacer una maleta**   to pack a suitcase
4 **no solamente ... sino también**   not only ... but also
5 **quedar en casa**   to remain at home

Exercise No. 116—Completion of Text

1 (For five months) **que la Sra. Adams estudia el español.**
2 **La Sra. Adams** (has obtained) **los billetes.**
3 (Of course) **la Sra. Adams ha escrito a su agente.**
4 (Finally) **llega el 31 de mayo.**
5 **La familia no va** (to accompany her).
6 **Viajar con cuatro niños** (is not only) **difícil** (but also) **bastante caro.**
7 **La familia** (is ready) **para salir.**
8 **La Sra. Adams** (has packed two suitcases).
9 **Todos** (get into the car).
10 (It starts off) **y llega al aeropuerto** (about) **las diez.**
11 **El peso total** (of her baggage) **excede las 44** (pounds).
12 **Por eso** (she has to) **pagar £3 (tres libras) extra.**
13 **La negociante** (takes leave of) **su esposo y de sus hijos.**
14 (At 11 o'clock sharp) **despega el avión.**
15 Mrs. Adams is on her way.

H

PARTE SEGUNDA

Grammar Notes

1 Present Tense of **dormir (ue)** to sleep, **despedirse (i)** to take leave.

I sleep, etc.   I take leave, etc.

duermo	**dormimos**	**me despido**	**nos despedimos**
duermes	**dormís**	**te despides**	**os despedís**
duerme	**duermen**	**se despide**	**se despiden**

Imperative   Imperative

duerma Vd.	**duerman Vds.**	**despídase Vd.**	**despídanse Vds.**

2 Present Perfect of **dormir (ue)** and **despedirse (i)**.

I have slept, etc.   I have taken leave, etc.

he dormido	**hemos dormido**	**me he despedido**	**nos hemos despedido**
has dormido	**habéis dormido**	**te has despedido**	**os habéis despedido**
ha dormido	**han dormido**	**se ha despedido**	**se han despedido**

In the present perfect tense of a reflexive verb, the reflexive pronoun must precede the auxiliary verb.

No me he lavado.   I have not washed myself.

¿Se ha lavado Vd.?   Have you washed yourself?

3 Past Participles used as Adjectives.

Study the following expressions, noting in each a past participle used as an adjective.

1 **el libro abierto**	the open book
2 **El libro está abierto**	The book is open
3 **La ventana cerrada**	the closed window
4 **La ventana está cerrada.**	The window is closed.

(a) Past participles may be used as adjectives. Like other adjectives they agree in number and gender with the nouns they modify.

(b) Past participles as predicate adjectives, are generally used with **estar.**

Ejercicios (Exercises) No. 117A–117B–117C

117A. Translate:

1 Estamos comenzando la lección.
2 Hemos comenzado el ejercicio.
3 No me acuerdo de él.
4 Me he acordado de ella.
5 ¿Están sentándose?
6 ¿Se han sentado?

7 ¿Están repitiendo Vds. las palabras?
8 ¿Han repetido Vds. las palabras?
9 La criada está poniendo la mesa.
10 La criada no ha puesto la mesa.
11 La mesa está puesta.
12 Ella está sirviendo el café.
13 Ella ha servido el té.
14 ¿Qué frutas prefiere Vd.?
15 ¿Qué frutas ha preferido Vd.?
16 Los niños están acostándose.
17 Ya se han acostado.
18 ¿Están pidiendo Vds. información?
19 ¿Han pedido Vds. información?
20 El trabajo no está acabado.

117B. Complete by putting the English words into Spanish.

1 La ventana está (open).
2 La puerta está (closed).
3 Los niños están (awake).
4 La mesa está (set).
5 La casa está (sold).
6 Los muchachos están (dressed).
7 Los señores están (seated).
8 Las cartas están (written).
9 El año escolar está (finished).
10 El traje está (made) **a mano.**

117C. Translate:

1 I sleep.
2 He is sleeping (prog. tense).
3 They sleep.
4 Do you **(Vd.)** sleep?
5 I take leave.
6 They take leave.
7 We do not take leave.
8 I have slept.
9 Have you **(Vd.)** slept?
10 We have not slept.
11 I have taken leave.
12 They have not taken leave.
13 Have you **(Vds.)** taken leave?
14 Sleep **(Vd.).**
15 Do not sleep **(Vds.).**

Exercise No. 118—Preguntas

1 ¿Cuánto tiempo hace que la Sra. Adams estudia el español?
2 ¿Con quién ha pasado muchas horas en conversación?
3 ¿Qué ha aprendido?
4 ¿Cómo ha trabajado?
5 ¿Cómo habla español ahora?
6 ¿Qué ha obtenido la Sra. Adams?
7 ¿A quién ha escrito la Sra. Adams?
8 ¿Qué le ha prometido su agente?
9 ¿A qué hora están despiertos todos los niños?
10 ¿A qué hora sale el avión del aeropuerto?

11 ¿Qué tiene que mostrar cada pasajero?

12 ¿Va a acompañar a la Sra. Adams su familia?

13 ¿Qué tienen que terminar sus niños?

14 ¿Para qué tiene que quedarse en casa el señor Adams?

REVISION 7

CHAPTERS 27–30 PARTE PRIMERA

Repaso de Palabras

NOUNS

1 el aeropuerto	9 la entrada	17 el punto
2 el aire	10 la luna	18 un rato
3 los alrededores	11 el modismo	19 el ruido
4 el cariño	12 las noticias	20 el servicio
5 la cortesía	13 el negocio	21 los servicios
6 la corrida de toros	14 la partida	22 el sitio
7 la cultura	15 el pasaporte	23 la visita
8 la dirección	16 el placer	24 la vista

1 airport	9 entrance, ticket	17 point
2 air	10 moon	18 a while, time
3 suburbs	11 idiom	19 noise
4 affection	12 news	20 service
5 courtesy	13 business	21 toilet
6 bullfight	14 departure	22 place
7 culture	15 passport	23 visit
8 address	16 pleasure	24 view

VERBS

1 acompañar	8 cuidar	15 felicitar
2 alegrarse	9 despedirse de	16 gozar de
3 aprovechar	10 extender(ie)	17 irse
4 apreciar	11 envidiar	18 mostrar(ue)
5 ayudar	12 informar	19 pesar
6 cansarse	13 faltar	20 prometer
7 confesar(ie)	14 facturar	21 usar

1 to accompany	8 to take care of	15 to congratulate
2 to be glad	9 to take leave of	16 to enjoy
3 to take advantage of	10 to extend	17 to go away
4 to appreciate	11 to envy	18 to show
5 to help	12 to inform	19 to weigh
6 to get tired	13 to be lacking	20 to promise
7 to confess	14 to check (baggage)	21 to use

ADJECTIVES

1 abierto	6 cierto	11 ocupado
2 amable	7 conveniente	12 orgulloso
3 bello	8 despierto	13 siguiente
4 bondadoso	9 digno	14 sorprendido
5 caro	10 entero	15 último

1 open	6 certain	11 busy
2 friendly	7 convenient	12 proud
3 beautiful	8 awake	13 following
4 kind	9 worthy	14 surprised
5 dear	10 entire	15 final

ADVERBS

| 1 atentamente | 3 enteramente | 5 perfectamente |
| 2 desgraciadamente | 4 entretanto | 6 sumamente |

| 1 attentively | 3 entirely | 5 perfectly |
| 2 unfortunately | 4 meanwhile | 6 completely |

IMPORTANT EXPRESSIONS

1 a menudo	12 hace algún tiempo
2 bastante bien	13 hay que
3 de antemano	14 hecho a mano
4 de seguro	15 por lo menos
5 dispénseme	16 qué lástima
6 echar de menos	17 ponerse en marcha
7 en cuanto a mí	18 sin duda alguna
8 espero que sí	19 tener la intención
9 espero que no	20 la mano izquierda
10 ir con prisas	21 la mano derecha
11 estar en camino	

1 often	12 some time ago
2 quite well	13 it is necessary
3 beforehand	14 hand-made
4 surely	15 at least
5 pardon me	16 what a pity
6 to miss	17 to set out
7 as for me	18 without any doubt
8 I hope so	19 to intend
9 I hope not	20 the left hand
10 to be in a hurry	21 the right hand
11 to be on the way	

PARTE SEGUNDA

Ejercicio 119 From Group II select the antonyms for each word in Group I.

Group I		Group II	
1 me acuesto	6 abro	(a) comienzo	(f) me levanto
2 me despido	7 aprendo	(b) cierro	(g) enseño
3 duermo	8 mando	(c) saludo	(h) recibo
4 acabo	9 subo a	(d) vendo	(i) bajo de
5 compro	10 llego a	(e) estoy despierto	(j) salgo de

Ejercicio 120 Complete the following sentences by selecting expressions from those listed (**a** to **j**).

Be sure to use the correct forms of the verbs.

1 (Pardon me), **señor, tengo que despedirme.**
2 (It is necessary) **obtener un pasaporte.**
3 **Estudiamos el español** (for some time).
4 (They intend to) **salir para España mañana.**
5 (Often) **he pensado en Vd.**
6 **No puedo hablar más porque** (I am in a hurry).
7 **María** (will remain at home) **porque está enferma.**
8 ¿(At least) **me dará Vd. algunos consejos?**
9 (As for me) **pasaré todo el verano en la ciudad.**
10 **Me haré entender en España porque hablo español** (quite well).

(a) **tener la intención de**
(b) **a menudo**
(c) **dispénseme**
(d) **estar de prisa**
(e) **por lo menos**
(f) **hay que**
(g) **quedarse en casa**
(h) **bastante bien**
(i) **hace algún tiempo**
(j) **en cuanto a mí.**

Ejercicio 121 Select the group of words in the right-hand column which best completes each sentence begun in the left-hand column.

1 **Ahora espero aprovechar la oportunidad**
2 **La Sra. Adams no es solamente una buena negociante**
3 **Ha aprendido a hablar español**
4 **La carta que he recibido**
5 **Si Vd. quiere viajar en España**
6 **Después de despedirse de su familia**
7 **El Sr. López tiene ganas de ir a España**
8 **Pensaré a menudo en Vd.**
9 **Ya no puedo quedar aquí**
10 **Hace cinco meses**

(a) **lea Vd. algo de sus costumbres.**
(b) **pero tiene que quedarse en Londres.**
(c) **porque tengo prisa.**
(d) **de conocerle personalmente.**
(e) **sino también una mujer de cultura.**
(f) **de mi agente es muy amistosa (friendly).**
(g) **porque quiere visitar a su agente.**
(h) **entra la Sra. Adams en el avión.**
(i) **que estudio el español.**
(j) **porque voy a echarle de menos.**

Ejercicio 122 Complete the Spanish sentences so that they correspond to the English sentences. Be careful to use the correct indirect object pronouns.

Ejemplo: Me gusta la carta.

1 I like the letter.
2 They like to travel.
3 We like the aeroplanes.
4 Do you like the paintings, Madam?
5 He does not like tomatoes.
6 She does not like this style.

1 —— **gusta la carta.**
2 —— **gusta viajar.**
3 —— **gustan los aviones.**
4 ¿—— **gustan las pinturas, señora?**
5 **No** —— **gustan los tomates.**
6 **No** —— **gusta esta moda.**

7 Do you like to dance, gentlemen?	7 ¿—— gusta bailar, caballeros?
8 Don't you like to play, Anita?	8 ¿No —— gusta jugar, Anita?
9 It seems all right to us.	9 —— parece bien.
10 It doesn't concern me.	10 No —— importa.

Ejercicio 123 In the following sentences fill in the past participle of the verbs in parentheses.

1 Los pájaros han (cantar) todo el día.
2 ¿Por qué no han (volver) Vds. a casa?
3 ¿Ha (llegar) el tren todavía?
4 ¿Han (put) Vds. los objetos de arte en la mesa?
5 El señor ha (hacer) un viaje de recreo.
6 Los empleados han (abrir) las cajas.
7 Hemos (recibir) una caja de mercancía.
8 Le he (decir) a Vd. la verdad.
9 ¿Han (leer) Vds. muchos libros sobre España?
10 ¿Se han (despedir) todos los viajeros?

Ejercicio 124 Complete the following sentences with a past participle.

Remember: In these sentences the past participle is used as an adjective and therefore must agree with the noun it modifies.

Ejemplo: 1. Las señoritas están sentadas en la sala.

1 Las señoritas están (sentar) en la sala.
2 La tierra está (cubrir) de nieve (snow).
3 El viento viene por la puerta (abrir).
4 Todos los cuartos están (cerrar).
5 Los echarpes están (hacer) a mano.
6 Estas cartas están (written) en español.
7 La mesa está (poner).
8 No hemos visto el ejercicio (escribir).
9 El trabajo está (acabar).
10 Tiene un libro (abrir) en la mano.

Ejercicio 125. Translate the English sentences. Be careful to use the correct direct object pronouns.

Ejemplo: 1. ¿Ha comprado Vd. la cesta? La he comprado.

1 ¿Ha comprado Vd. la cesta?	1 I have bought it.
2 ¿Ha abierto Vd. la ventana?	2 I have opened it.
3 ¿Ha oído Vd. el ruido?	3 I have heard it.
4 ¿Ha obtenido Vd. el pasaporte?	4 I have obtained it.
5 ¿Ha ayudado Vd. a sus amigos?	5 I have helped them.
6 ¿Han visto Vds. los echarpes?	6 We have seen them.
7 ¿Han vendido Vds. los billetes?	7 We have sold them.
8 ¿Han completado Vds. el ejercicio?	8 We have completed it.

9 ¿Han escrito Vds. las cartas?   9 We have written them.
10 ¿Han leído Vds. la revista?   10 We have read it.

Diálogo

En el aeropuerto

Practise the Spanish aloud:

— Buenos días, Sr. Carrillo. ¿Espera Vd. a alguien en el próximo avión?

— Sí, estoy esperando a la Sra. Adams de Londres, jefe de la casa que represento en España.

— ¿La conoce Vd. personalmente?

— La conozco solamente por correspondencia. Pero tengo su fotografía y debo reconocerla. Es una mujer de treinta y cinco años de edad.

— ¿Cuándo llega el avión de Londres?

— Debe de llegar a la una menos veinte.

— ¿Llega con retraso?

— No, llega a tiempo. ¡Ah! Ya llega. Está acercándose. Está bajando. Ya está aterrizando.

Dispénseme, señor, voy a saludar a la Sra. Adams.

— Bienvenida a España, Sra. Adams. ¿Ha tenido Vd. un buen viaje?

— ¡Estupendo! Me alegro mucho de estar en España. A menudo he soñado con este momento.

— Bueno. Estoy seguro de que estará Vd. muy contenta aquí.

Good day, Mr. Carrillo. Are you waiting for someone on the next plane?

Yes, I am waiting for Mrs. Adams from London, head of the firm which I represent in Spain.

Do you know her personally?

I know her only by correspondence. But I have her photograph and I should recognize her. She is a woman of 35.

When does the plane arrive from London?

It should arrive at 12.40.

Is it late?

No, it is on time. Ah! It is arriving now. It is approaching. It is coming down. It is landing now.

Excuse me, sir, I am going to greet Mrs. Adams.

Welcome to Spain, Mrs. Adams. Have you had a good trip?

Superb! I am very happy to be in Spain. I have often dreamed of this moment.

Good. I am sure that you will be very happy here.

LECTURA

Exercise No. 126—Un programa extraordinario en el cine

Esta tarde el señor Adams y su esposa van al cine. Al señor Adams no le gusta la mayor parte de las películas de Hollywood, sobre todo aquéllas en que los vaqueros americanos se disparan tiros (fire shots) los unos a los otros. Tampoco le interesan la películas de detectives.

Pero esta tarde se exhibe (is being shown) un programa extraordinario en un cine que está a cosa de un kilómetro de su casa. La película se llama 'Un viaje por España'. Es una película sobre el país que nuestra amiga la Sra. Adams va a visitar dentro de unos meses y que trata de (deals with) su historia, su geografía, sus ríos, montañas, ciudades, etc.; es decir, una película que debe interesar mucho a los turistas.

Los Adams entran en el cine a las ocho y media. Casi todos los asientos están ocupados y por eso tienen que sentarse en la tercera fila. Esto no le gusta a la señora Adams porque los movimientos en la pantalla le hacen daño a los ojos. Afortunadamente pueden cambiar de asientos después de quince minutos y se mudan (move) a la fila trece.

Los Adams gozan mucho de esta película y también aprenden mucho acerca de las costumbres de España.

Al salir (On leaving) del cine, la señora Adams dice a su esposo, ¿Sabes, Carlos? Creo que me haré entender muy bien en España. He entendido (I have understood) casi todas las palabras de los actores y las actrices de esta película.

CHAPTER 31

LA SEÑORA ADAMS LLEGA A ESPAÑA

PARTE PRIMERA

FOREWORD

Mrs. Adams is now in Spain and writes ten letters to Mr. López, about some of the places she visits and about some of her experiences and impressions.

There are many references in her letters to things she has discussed with her teacher so that much of the vocabulary of Chapters 3 to 30 is repeated in the letters.

It is therefore very desirable that you re-read all the texts and dialogues of the previous chapters *before* proceeding with Chapter 31. You will be able to do this easily and rapidly, with little or no reference to the English translation. Thus you will in a pleasant manner revise the vocabulary and important expressions.

Chapters 2 to 25 are in the present tense which is by far the most important and most used tense in the affairs of daily life. In Chapters 26 to 30 the future and present perfect tenses were introduced. In Chapter 31 Mrs. Adams begins to relate her experiences, that is to say, what *happened* to her. She will begin to use the preterite tense which is the chief tense for relating what *happened* in definite past time.

Thus in Chapter 31 you will accompany Mrs. Adams not only into Spain, but also into the realm of the preterite tense, which you will find useful.

You should continue your pronunciation practice by reading aloud as often as possible dialogues and parts of conversational texts from previous chapters.

El ejercicio hace al maestro.

Primera Carta de España

Madrid, 4 de junio de 1968

Estimado amigo:

1 Después que llegó el avión al aeropuerto de Madrid y los aduaneros me revisaron el equipaje en la aduana, fui a la sala de espera.

2 De repente un apuesto señor se acercó a mí y dijo — Dispénseme, ¿Es Vd. la señora Adams?

3 — Soy yo, — contesté. — Y Vd. es el señor Carrillo, ¿verdad? Mucho gusto en conocerle.

4 — El gusto es mío, — respondió el señor Carrillo.

5 Vd. recordará, Sr. López, que el Sr. Carrillo es el agente de nuestra casa en Madrid y que prometió recibirme en el aeropuerto.

6 Cuando salimos juntos a la calle el señor Carrillo llamó un taxi. Dijo al conductor — Al Hotel Emperador, por favor.

7 Salimos del aeropuerto. Marchando a una velocidad espantosa por una gran avenida, pensé — El Sr. López está muy equivocado en cuanto a la tranquila vida española.

8 Por la ventanilla del taxi vi correr por todas partes, a la misma velocidad espantosa, autobuses, coches y quién sabe qué más.

9 Traté de decir al conductor — ¡Por favor, más despacio! Pero olvidé por entero el español.

10 — Yo no tengo prisa — grité al fin al conductor.

11 — Ni yo tampoco, señora — me contestó, doblando la calle a toda velocidad.

12 Bueno, al fin llegamos sanos y salvos al hotel. El coche paró y bajamos. El Sr. Carrillo y yo entramos en el hotel. Le dije al conserje — Buenas tardes. ¿Tiene Vd. una habitación con baño?

13 Tenemos una habitación en el segundo piso. Da a la plaza. Es el número 25.

14 ¿Cuánto cuesta?

15 Trescientas pesetas al día, señora.

16 Muy bien. Voy a quedarme aquí varias semanas. Hágame el favor de mandar a un muchacho para buscar las maletas.

17 Ahora mismo, señora. Habla Vd. el español muy bien. ¿Hace mucho tiempo que Vd. está aquí en España.

18 — Acabo de llegar, — contesté yo, un tanto orgullosa.

19 — ¿Está Vd. aquí de turista? — preguntó el dependiente.

20 Estoy aquí en viaje de recreo y de negocios.

21 El Sr. Carrillo y yo charlamos un rato más y después nos despedimos. El señor Carrillo prometió llamarme por teléfono para concertar una cita.

22 Subí en el ascensor a la habitación número 25. Es muy cómoda. No me falta nada. Vuelvo a decirle, señor López, que voy a estar muy contenta en España.

> Le saluda cordialmente su amiga
> Juana Adams
>
> Madrid, June 4, 1968

Dear (Esteemed) Friend:

1 After the aeroplane arrived at the airport of Madrid and the customs officers examined my luggage in the customs house, I went to the waiting-room.

2 Suddenly a handsome gentleman approached me and asked, 'Excuse me, are you Mrs. Adams?'

3 'It is I,' I answered. 'And you are Mr. Carrillo, are you not? I am very pleased to meet you.'

4 'The pleasure is mine,' answered Mr. Carrillo.

5 You will remember, Mr. López, that Mr. Carrillo is the agent of our firm in Madrid and that he promised to meet me at the airport.

6 When we went outside together Mr. Carrillo called a taxi. He said to the driver, 'To the Hotel Emperador, please.'

7 We left the airport. Travelling with frightful speed along the great avenue, I thought 'Mr. López is very mistaken as regards the quiet life of Spain!'

8 Through the window of the taxi I saw on all sides, dashing at the same frightening speed, buses, cars and who knows what else?

9 I tried to say to the driver, 'Please, more slowly.' But I forgot my Spanish completely.

10 'I am not in a hurry,' at last I shouted to the driver.

11 'Neither am I, madam,' he answered me, turning a corner at full speed.

12 Well, at last we arrived safe and sound at the hotel. The car stopped and we got out. Mr. Carrillo and I entered the hotel. I said to the clerk, 'Good day. Have you a room with bath?'

13 We have a room on the second floor. It opens onto the plaza. It is number 25.

14 How much is it?

15 Three hundred pesetas a day, madam.

16 Very well. I am going to remain here several weeks. Please send a boy to get my bags.

17 Right away, madam. You speak Spanish very well. You have been in Spain a long time?

18 'I have just arrived,' I answered, somewhat proud.

19 'You are here as a tourist?' asked the clerk.

20 I am here on a pleasure and business trip.

21 Mr. Carrillo and I chatted a while longer and then we said goodbye. Mr. Carrillo promised to telephone me to make an appointment.

22 I went up in the lift to room number 25. It is very comfortable. I lack nothing. I tell you again, Mr. López, that I am going to be very happy in Spain.

Cordial greetings from your friend
Jane Adams

NOTE: **Soy yo** = *it is I*, means literally *I am I*. *It is you* = **eres tú, es Vd.**; *it is we* = **somos nosotros**; *it is they* = **son ellos, son ellas**, *etc.*

Pronunciation Aids

1 Practise:

conductor (kon-duk-ˈtor)   **velocidad** (ve-lo-θi-ˈðað) or
espantosa (es-pan-ˈto-sa)   (be-lo-θi-ˈðað)
corriendo (ko-ˈrrjen-do)   **orgullosa** (or-ɣu-ˈʎo-sa)

2 Be sure to stress these verbs on the last syllable.

salió (sa-ˈʎjo)   **bajé** (ba-ˈxe)
contestó (kon-tes-ˈto)   **pregunté** (pre-ɣun-ˈte)
respondió (rres-pon-ˈdjo)   **contesté** (kon-tes-ˈte)
se acercó (se a-θer-ˈko)   **olvidé** (ol-vi-ˈðe) or (ol-βi-ˈðe)
prometió (pro-me-ˈtjo)   **grité** (ɣri-ˈte)
entré (en-ˈtre)

Building Vocabulary

1 **ayer**	yesterday	4 **el año (mes) pasado**	last year (month)
2 **anteayer**	day before yesterday	5 **la semana pasada**	last week
3 **anoche**	last night	6 **el verano pasado**	last summer

Expresiones Importantes

A. 1 **acercarse a,** to approach   **Se acercó a mí.** He approached me
   2 **doblando la calle**   making a turn
   3 **de repente**   suddenly
   4 **tratar de**   to try to
   5 **pienso visitar**   I intend to visit
   6 **por entero**   completely
   7 **revisar el equipaje**   to examine the luggage
   8 **sano y salvo**   safe and sound (*Lit.* sound and safe)
   9 **se dan la mano**   they shake hands (*Lit.* give the hand to each other)

B **Presentaciones** (Introductions)

1 Sr. Carrillo: Quiero presentarle a Vd. a un amigo mío.
2 Sr. Sánchez: Pedro Sánchez, a su disposición. Tengo mucho gusto en conocerle a Vd.
3 Sr. Martínez: Pablo Martínez, servidor de Vd. El gusto es mío. (Se dan la mano.)

1 Mr. Carrillo: I want to present to you a friend of mine.
2 Mr. Sanchez: Peter Sánchez, at your service. I'm very glad to meet you.

3 Mr. Martínez: Paul Martínez, your servant. The pleasure is mine. (They shake hands.)

Notice that the introducer lets the persons introduced say their own names.

Exercise No. 127—Completion of Text

1 **Me revisaron el equipaje** (in the customs).
2 **Fui a** (the waiting-room).
3 (Suddenly) **un señor se acercó a mí.**
4 (Excuse me), **¿es Vd. la Sra. Adams?**
5 **Yo contesté,** — (I am pleased to meet you).
6 — (The pleasure is mine), — **respondió el Sr. Carrillo.**
7 **Pensé** — (Mr. López is very mistaken).
8 (Who knows what else?)
9 — (I am not in a hurry!) — **grité al conductor.**
10 — (Neither am I), **señora** — **me contestó.**
11 **Tenemos una habitación que** (faces the square).
12 **¿Cuánto cuesta?** (150 a day).

PARTE SEGUNDA

Grammar Notes

1 The Preterite Tense. Model Verbs—**hablar, aprender, vivir**

The preterite tense is used in Spanish to tell of things that happened at a definite time in the past.

hablar, to speak	**aprender,** to learn	**vivir,** to live
I spoke (did speak), etc.	I learned (did learn), etc.	I lived (did live), etc.
Singular	Singular	Singular
habl-é	**aprend-í**	**viv-í**
habl-aste	**aprend-iste**	**viv-iste**
habl-ó	**aprend-ió**	**viv-ió**
Plural	Plural	Plural
habl-amos	**aprend-imos**	**viv-imos**
habl-asteis	**aprend-isteis**	**viv-isteis**
habl-aron	**aprend-ieron**	**viv-ieron**

(a) To form the regular preterite tense of **-ar** verbs
    1. Drop **-ar** from the infinitive
    2. Add to the remaining stem the endings:
        Singular: **-é, -aste, -ó**   Plural **-amos, -asteis, -aron**

(b) To form the regular preterite tense of **-er** and **-ir** verbs
  1. Drop **-er** or **-ir** from the infinitive.
  2. Add to the remaining stem the endings:
    Singular: **-í, -iste, -ió**   Plural **-imos, -isteis, -ieron**

The preterite endings of **-er** and **-ir** verbs are exactly the same.

(c) **-ar** and **-ir** verbs have **-amos** and **-imos** respectively in the **nosotros** (we) form of both the present and preterite.
The sense of the sentence will tell you which is meant.

Hoy hablamos	Today we speak.
Ayer hablamos	Yesterday we spoke.
Hoy vivimos.	Today we live.
Ayer vivimos.	Yesterday we lived.

(d) **dije** *I said* and **dijo** *he said* are irregular preterites. You will learn more about these and other irregular preterites later.

2 Preterite of leer, creer, caer, oír

I read (did read), etc.	I believed, etc.	I fell, etc.	I heard, etc.
leí	creí	caí	oí
leíste	creíste	caíste	oíste
leyó	creyó	cayó	oyó
leímos	creímos	caímos	oímos
leísteis	creísteis	caísteis	oísteis
leyeron	creyeron	cayeron	oyeron

Note carefully the forms:

leyó, leyeron   creyó, creyeron   cayó, cayeron   oyó, oyeron

Ejercicios (Exercises) No. 128A–128B–128C–128D

128A. Conjugate the following verbs in the preterite tense:

1 entrar   2 comer   3 salir   4 ver   5 sentarse.

128B. Translate:

1 ¿Quién olvidó los billetes?
2 Ayer recibimos las cartas.
3 El hombre compró un vestido nuevo.
4 Anoche no oímos el timbre.
5 ¿Llegó a tiempo el tren?
6 Buscaron el equipaje.

7 El niño cayó delante de la casa.
8 Salieron del aeropuerto en un taxi.
9 ¿Dónde esperó la Sra. Adams a su amigo?
10 ¿Cuánto costó el impermeable?

128C. Answer in the negative in complete Spanish sentences. Use the preterite.

Remember: A question with **Vd.** requires an answer in the singular (**yo**). A question with **Vds.** requires an answer in the plural (**nosotros**)

Ejemplo: **¿Trabajó Vd. anoche?** Did you work last night?

      (Yo) No trabajé anoche. I did not work last night.

1 ¿Compró Vd. ayer un sombrero nuevo?
2 ¿Volvieron Vds. tarde del teatro anoche?
3 ¿Escribió Vd. unas cartas esta mañana?
4 ¿Llegaron Vds. a las ocho en punto?
5 ¿Salió Vd. a las nueve de la noche?
6 ¿Pasó Vd. el verano pasado en el campo?
7 ¿Oyeron Vds. el timbre?
8 ¿Vendió Vd. su casa?
9 ¿Dejaron Vds. el dinero en casa?
10 ¿Trabajaron Vds. toda la noche?

128D. Translate into Spanish, using the verbs indicated in the preterite tense.

1 (salir) I left
2 (llegar) we arrived
3 (examinar) they examined
4 (oír) he heard
5 (responder) you (**Vd.**) answered
6 (preguntar) I did not ask
7 (llamar) she called
8 (desear) you (**Vds.**) wanted
9 (salir) we got out
10 (parar) it stopped
11 (olvidar) I did not forget
12 (gritar) he shouted
13 (creer) they believed
14 (vender) we sold
15 (volver) did you (**Vds.**) return?
16 (leer) did he read?

Exercise No. 129—Preguntas

1 ¿Quiénes revisaron el equipaje?
2 ¿Quién se acercó a la Sra. Adams en la sala de espera?
3 ¿Qué dijo el señor?
4 ¿Qué contestó la Sra. Adams?
5 ¿Cómo pasó el taxi por una gran avenida?
6 ¿Qué deseó decir la Sra. Adams al conductor?
7 ¿Qué olvidó?
8 ¿Qué vió la Sra. Adams por la ventanilla?
9 ¿Qué gritó al conductor?
10 ¿Qué le contestó el conductor?
11 ¿Cómo llegaron al fin al hotel?
12 ¿Qué dijo la Sra. Adams al conserje?

CHAPTER 32

UNA VISITA A LA FAMILIA CARRILLO

PARTE PRIMERA

Segunda Carta de España

Estimado amigo:

1 El lunes pasado el Sr. Carrillo me llamó por teléfono. Quiso invitarme a tomar la merienda en su casa al día siguiente. Así es que tuve la oportunidad de visitar a una familia española.

2 A las cinco de la tarde llegué a una casa grande de piedra roja en los alrededores de Madrid. Me acerqué a la enorme puerta de pesado roble.

3 Toqué el timbre e inmediatamente oí pasos rápidos en el vestíbulo. Una criada me abrió la puerta y me invitó a entrar en la casa.

4 El Sr. Carrillo vino a saludarme. — Está Vd. en su casa, — me dijo, según la costumbre española.

5 Le dí las gracias y dije. — Su casa tiene un aspecto verdaderamente romántico. Me parece una casa de cuento de hadas.

6 — Hay muchas casas semejantes en España, — me respondió. — Esta casa fue construída en el siglo diez y siete.

7 Miré las gruesas paredes, los balcones y las altas ventanas con sus rejas de hierro. Me encantó el patio lleno de árboles y flores. Gran parte del suelo estaba[1] cubierto de azulejos. Admiré la fuente de piedra en el centro del patio.

8 Entramos en una sala grande, uno de los muchos cuartos que dan al patio. El Sr. Carrillo me presentó a su esposa y a sus dos hijos, jóvenes muy serios e inteligentes.

9 Los muchachos me dijeron que asisten a un instituto de enseñanza media. El mayor quiere hacerse médico. El menor quiere ser abogado.

10 Al poco tiempo tuvieron que volver a su cuarto para estudiar.

11 La señora Carrillo me sirvió una taza de chocolate y algunas pastas muy sabrosas. Entretanto el señor Carrillo y yo hablamos de la vida en España, de las costumbres y del arte.

12 Me dijo que vale la pena ver un mercado típico para buscar ejemplares del arte popular. Me dijo que el viernes es el mejor día para visitar los mercados.

13 Le respondí que tenía[1] la intención de ir a un mercado dentro de unos pocos días.

14 Sintió no poder acompañarme.

15 Después de una hora y media muy interesante y divertida nos despedimos y volví a casa, es decir, a mi hotel.

> **Su sincera amiga**
> **Juana Adams**

Dear Friend:

1 Last Monday Mr. Carillo called me on the telephone. He wanted to invite me to tea at his house the following day. So I had the opportunity of visiting a Spanish family.

2 At five o'clock in the afternoon I arrived at a big house of red stone in the suburbs of Madrid. I approached the enormous door of heavy oak.

3 I rang the bell and immediately I heard rapid steps in the hall. A servant opened the door and asked me to enter the house.

4 Mr. Carrillo came to greet me. 'My house is yours,' he said to me, according to the Spanish custom.

5 I thanked him and said: 'Your house has a truly romantic appearance. It seems to me a house out of a fairy story.'

6 'There are many similar houses in Spain,' he answered me. 'This house was built in the 17th century.'

7 I looked at the thick walls, the balconies and tall windows with their iron gratings. The courtyard full of trees and flowers enchanted me. Most of the ground was covered with tile. I admired the stone fountain in the centre of the courtyard.

8 We entered a big living-room, one of the many rooms that open onto the courtyard. Mr. Carrillo introduced me to his wife and to his two sons, very serious and intelligent young men.

9 The boys told me that they go to a secondary school (*lit.* an institute of secondary education). The elder wants to become a doctor. The younger wants to be a lawyer.

10 Within a short time they had to go back to their rooms to study.

11 Mrs. Carrillo served me a cup of chocolate and some very delicious cakes. Meanwhile Mr. Carrillo and I chatted about life in Spain, about its customs and art.

12 He told me that it is worth the trouble to go to see a typical market and to look for samples of folk art. He told me that Friday is the best day to visit the markets.

13 I answered that I intended to go to a market within a few days.

14 He regretted not being able to accompany me.

15 After a very interesting and pleasant hour and a half we took leave of one another and I returned home, that is to say, to my hotel.

> Your sincere friend
> Jane Adams

NOTE: 1. Imperfect tense. You will learn this tense later.

Pronunciation Aids

1 Practise:

llegué (ʎe-ˈɣe)	**hierro** (ˈje-rro)
acerqué (a-θer-ˈke)	**semejante** (se-me-ˈxan-te)
sirvió (sir-ˈvjo) or (sir-ˈβjo)	**inmediatamente**
sintió (sin-ˈtjo)	(in-me-ði-a-ta-ˈmen-te)
repitió (rre-pi-ˈtjo)	**enseñanza** (en-se-ˈnjan-θa)
romántico (rro-ˈman-ti-ko)	

2 **el joven, los jóvenes.** The plural must add an accent mark to hold the stress on the syllable **jo-.**

Building Vocabulary

A.

1 **casa de piedra**	stone house	4 **falda de algodón**	cotton skirt
2 **reja de hierro**	iron grating	5 **guantes de lana**	woollen gloves
3 **silla de madera**	wooden chair	6 **vestido de seda**	silk dress

NOTE: In Spanish, what things are made of is indicated by **de** plus the material, not by using the material as an adjective. Thus **casa de piedra** (house of stone).

B. **la merienda,** a light afternoon meal, tea. The Spaniards eat **la cena,** supper, rather late in the evening, about 10 o'clock or later.

Expresiones Importantes

1 **al día siguiente**	on the following day
2 **es decir**	that is to say
3 **hacerse**	to become (*lit.* to make oneself)
Se hace médico (abogado, ingeniero).	
	He becomes a doctor (lawyer, engineer).
4 **llamar por teléfono**	to telephone
Llamé por teléfono.	I telephoned.
5 **Tener la intención de**	to intend to
Tengo la intención de salir.	I intend to leave.

Exercise No. 130—Completion of Text

1 **El Sr. Carrillo** (telephoned me).
2 **Quiso invitarme** (to have tea) **en su casa.**
3 (The following day) **llegué a su casa.**
4 (I approached) **a la puerta.**
5 **Una criada** (invited me to enter) **en la casa.**

6. **El Sr. Carrillo** (came to greet me).
7. — (You are in your house) — **me dijo.**
8. **Me saludó** (according to the Spanish custom).
9. (It looks to me like) **una casa de cuento de hadas.**
10. **Hay** (many similar houses) **en España.**
11. (I admired) **la fuente de piedra.**
12. (He presented me) **a la señora Carrillo.**
13. **El hijo mayor quiere** (to become a doctor).
14. (He was sorry) **no poder acompañarme.**
15. (We took leave) **y volví** (home).

PARTE SEGUNDA

Grammar Notes

1 The Irregular Preterite with **-i** Stems.

hacer, to do (make)	**querer,** to wish	**venir,** to come	**decir,** to say
I did (made), etc.	I wished, etc.	I came, etc.	I said, etc.
hic-e	quis-e	vin-e	dij-e
hic-iste	quis-iste	vin-iste	dij-iste
hiz-o	quis-o	vin-o	dij-o
hic-imos	quis-imos	vin-imos	dij-imos
hic-isteis	quis-isteis	vin-isteis	dij-isteis
hic-ieron	quis-ieron	vin-ieron	dij-eron

(a) Irregular verbs of this group have an **-i** in the preterite stem.

(b) The ending of the **(yo)** form is unaccented **-e** instead of **-i;** the ending of the **(Vd., él, ella)** form is unaccented **-o** instead of **-ió.**

(c) In the form **hizo,** z replaces **c.**

(d) You know that the **(yo)** form of the present tense of these verbs ends in unaccented **-o.**

hago, I do   **quiero,** I wish   **vengo,** I come   **digo,** I say

The change of stem prevents the present forms from being confused with the preterite forms:

hizo, you, he, she did   **quiso,** you, he, she wished   **vino,** you, he, she came   **dijo,** you, he, she said

2 An Irregular Preterite with **-u** stem.

In the second letter from Spain at the beginning of this chapter we met the Preterite of the verb **tener** *to have* in the form **tuve** *I had.* The full Preterite is as follows: **tuve, tuviste, tuvo, tuvimos, tuvisteis, tuvieron.** You will meet more verbs with **-u** Stems in the Preterite in the next chapter.

3 The Preterite of Stem-Changing Verbs like pedir (i).

pedir (i), to ask for I asked for, etc.	servir (i), to serve I served, etc.	repetir (i), to repeat I repeated, etc.	vestir (i), to dress I dressed, etc.
pedí	serví	repetí	vestí
pediste	serviste	repetiste	vestiste
pidió	sirvió	repitió	vistió
pedimos	servimos	repetimos	vestimos
pedisteis	servisteis	repetisteis	vestisteis
pidieron	sirvieron	repitieron	vistieron

(a) The preterite of verbs like **pedir (i)** is formed almost exactly like the regular preterite of **-ir** verbs. The only differences are in the stem of the (**Vd., él, ella**) form (**pidió**) and in the (**Vds., ellos, ellas**) form (**pidieron**) where **-i** replaces **-e** in the stem.

(b) Note the same difference in the preterite of **sentir** to regret.

sentí   sentiste   *sintió*   sentimos   sentisteis   *sintieron*

Ejercicios (Exercises) No. 131A–131B–131C

131A. Translate:

1 La criada nos sirvió la merienda.
2 ¿Por qué no quiso Vd. invitarme?
3 Anoche volvimos tarde del teatro.
4 Quise llamarle a Vd. por teléfono.
5 ¿Qué hizo Vd. después de la comida?
6 Dijeron — No tenemos prisa.
7 Repetí todas las respuestas.
8 Mi amigo no vino a tiempo. Lo sentí.
9 Pidieron informes en la oficina de información.
10 Quisieron comprar billetes de ida y vuelta.

131B. Answer in complete sentences the following questions using the suggested words in the answer.

Ejemplo: ¿Qué quiso Vd. comprar? (guantes de lana)
Quise comprar guantes de lana.

1 ¿Qué dijo Vd. al señor? (pase Vd.)
2 ¿Quién hizo un viaje al Perú? (mi hermano)
3 ¿Cuándo vino Vd. a casa? (a las siete)
4 ¿De qué vistieron las mujeres? (de falda de algodón)
5 ¿Qué quiso hacerse el mayor? (médico)
6 ¿Qué sirvió la criada? (una taza de chocolate)
7 ¿Qué pidió el viajero? (información)

8 ¿Qué quisieron Vds. ver? (la nueva película)
9 ¿Cuándo hicieron Vds. un viaje a España? (el año pasado)
10 ¿Qué dijeron Vds. cuando salieron de la casa? (hasta la vista)

131C. Translate. Use the correct forms of **querer (ie), decir (i), hacer, servir (i), repetir (i), sentir (ie)**

1 I wished	9 they said
2 I did not say	10 they made
3 he made	11 What did he say?
4 they came	12 What did you (**Vds.**) say?
5 she served	13 we did not wish
6 they wished	14 I did not come
7 I repeated	15 they regretted
8 we made	

Exercise No. 132—Preguntas

1 ¿Quién llamó a la Sra. Adams por teléfono?
2 ¿A qué hora llegó a la casa del señor Carrillo?
3 ¿Quién le abrió a la Sra. Adams la puerta?
4 ¿Quién vino a saludar a la Sra. Adams?
5 ¿Qué encantó a la Sra. Adams?
6 ¿Qué admiró ella?
7 ¿Quiénes son serios e inteligentes?
8 ¿A qué clase de escuela asisten los jóvenes?
9 ¿Qué quiere hacerse el mayor?
10 ¿A dónde tuvieron que volver los jóvenes?
11 ¿De qué hablaron entretanto los señores?
12 ¿Vale la pena ir a un mercado?
13 ¿Quién quiso ir allá?
14 ¿Después de una hora, quiénes se despidieron?
15 ¿A dónde volvió la Sra. Adams?

CHAPTER 33

UN PASEO POR MADRID

PARTE PRIMERA

Tercera Carta de España

Estimado amigo:

1 ¡Qué hermosa es la Gran Vía! Los edificios son tan imponentes — algunos del estilo tradicional español, algunos de estilo moderno, otros una combinación de los dos estilos. Esta avenida es el centro comercial de Madrid. En ambos lados de la avenida hay tiendas y almacenes elegantes y tengo ganas de gastar todo mi dinero allí.

2 Estaba[1] en la Plaza de España cuando empecé mi paseo. Allí se halla el monumento a Cervantes. Naturalmente, tuve que pensar en nuestra conversación sobre las calles de Madrid. Recordé que en ellas se puede encontrar a los grandes españoles del pasado. Se puede caminar no solamente a través de la historia sino también a través de la literatura y del arte.

3 Ayer pude ver todo esto por mí misma. Era[1] domingo y vi a muchas personas en las calles.

4 Caminé despacio por la Gran Vía hasta la esquina en donde se junta con la Calle de Alcalá. Unos minutos más y estuve en la Plaza de la Cibeles. Entonces caminé a la derecha, por el Paseo del Prado hasta el museo mismo.

5 Miré mi reloj. ¡La una! Los domingos el museo cierra a las dos. Solamente una hora para ver las obras del Greco, de Velázquez, de Goya ... Es imposible, pensé. Volveré más tarde. Miré el exterior del museo y admiré la arquitectura magnífica del siglo 18, y la estatua de Velázquez, que está delante del museo.

6 Me senté un rato en la Plaza de Cánovas de Castillo, donde hay una fuente muy agradable. Entonces decidí comer en un restaurante cercano.

7 Después de una comida copiosa fui al Jardín Botánico. Pasé un buen rato mirando las flores y los árboles. Su variedad es muy imponente — dicen que hay más de treinta mil especies diferentes.

8 Es muy interesante caminar por Madrid. Cuando vi todos aquellos monumentos y museos comprendí el orgullo de los españoles en el pasado de la nación.

9 Después, me senté, muy cansada, en el parque del Retiro y — tengo que confesarlo — me dormí.

Le saluda cordialmente su amiga
Juana Adams

Dear Friend:

1 How beautiful the Gran Vía is! The buildings are so impressive—
some in the traditional Spanish style, some in modern style, others a
combination of the two styles. This avenue is the commercial centre of
Madrid. On both sides of the avenue there are elegant shops and stores,
and I am tempted to spend all my money there.

2 I was in the Plaza de España when I began my stroll. That is where
the monument to Cervantes stands. Naturally, I recalled our conversa-
tion about the streets of Madrid. I remembered that in them one can
meet the great Spaniards of the past. One can walk not only through
history, but also through literature and art.

3 Yesterday I could see all this for myself. It was Sunday and I saw
many people in the streets.

4 I walked slowly along the Gran Vía up to the corner where it joins
with the Alcalá Street. Some minutes more and I was in Cybele Square.
Then I walked to the right, along the Paseo del Prado to the museum
itself.

5 I looked at my watch. One o'clock! On Sundays the museum closes
at two. One hour only to see the works of El Greco, Velázquez, Goya ...
It's impossible, I thought. I shall come back later. I looked at the out-
side of the museum and admired the magnificent architecture of the
18th century and the statue of Velázquez which is in front of the
museum.

6 I sat down a while in Cánovas de Castillo Square, where there is
a very pleasant fountain. Then I decided to eat in a nearby restaurant.

7 After a copious lunch I went to the Botanical Garden. I spent a
good while looking at the flowers and trees. Their variety is very
impressive—they say there are more than 30,000 different species.

8 It is very interesting to walk through Madrid. When I saw all those
monuments and museums I understood the pride of the Spaniards in
the nation's past.

9 Afterwards, I sat down, very tired, in the Retiro Park and—I must
confess it—I fell asleep.

Your friend greets you cordially
Jane Adams

NOTE: 1. **estaba** and **era** are in the imperfect tense. This will be studied
in a later chapter.

Pronunciation Aids

Practise:

imponente (im-po-ˈnen-te)   **despacio** (ðes-ˈpa-θjo)
pude (ˈpu-ðe)   **Velázquez** (ve-ˈlaθ-keθ) or
esquina (es-ˈki-na)   (be-ˈlaθ-keθ)

especie (es-'pe-θje)   orgullo (or-'γu-ʎo)
empecé (em-pe-'θe)

Building Vocabulary

A. Related words:

1 **pasar,** to pass
   el paso, the step, passage
   el pasillo, vestibule

2 **pasear** or **pasearse,** to stroll   **el paseante,** the stroller
   el paseo, the walk, promenade   **dar un paseo,** to take a walk

3 **parecer,** to seem, to appear
   parecerse a, to resemble
   me parece bien. It seems all right to me.
   Jorge se parece a su padre. George resembles his father.

Exercise No. 133—Completion of Text

1 ¡(How beautiful) **es la Gran Vía!**
2 **Es** (the commercial centre) **de Madrid.**
3 **Tengo ganas de** (spend all my money).
4 (I recalled) **en nuestra conversación.**
5 **Se puede caminar** (through history).
6 (Yesterday) **era domingo.**
7 **El museo** (shuts) **a las dos.**
8 **La estatua de Velázquez** (is in front of the museum).
9 **Me senté** (for a while) **en la plaza.**
10 **Tengo que confesarlo,** (I went to sleep).

PARTE SEGUNDA

Grammar Notes

1 Irregular Preterites with **-u** Stems

In the last chapter you learned the irregular preterite of some familiar verbs. Here are more familiar verbs with an irregular preterite.

poder, to be able I was able, etc.	**poner,** to put I put (did put) etc.	**tener,** to have I had, etc.
pud-e	pus-e	tuv-e
pud-iste	pus-iste	tuv-iste
pud-o	pus-o	tuv-o
pud-imos	pus-imos	tuv-imos
pud-isteis	pus-isteis	tuv-isteis
pud-ieron	pus-ieron	tuv-ieron

estar, to be	**saber,** to know
I was, etc.	I knew, etc.
estuv-e	sup-e
estuv-iste	sup-iste
estuv-o	sup-o
estuv-imos	sup-imos
estuv-isteis	sup-isteis
estuv-ieron	sup-ieron

(a) Irregular verbs of this group have a **-u** in the preterite stem.

(b) The endings are the same as the irregular preterites (of **hacer,** etc.) you have already learned.

(c) **saber** to know, in the preterite usually means *learned, found out.*

Supe el nombre del médico. I learned the name of the doctor.

2 More Irregular Preterites

dar, to give	**ser,** to be	**ir,** to go
I gave, etc.	I was, etc.	I went, etc.
di	fui	fui
diste	fuiste	fuiste
dio	fue	fue
dimos	fuimos	fuimos
disteis	fuisteis	fuisteis
dieron	fueron	fueron

Since **di, dio,** etc. are monosyllables the accent is unnecessary, and is not written.

The verbs **ser** and **ir** have exactly the same forms in the preterite tense. The sense of the sentence will always tell you which verb is meant. Thus:

Isabel fue reina de España. Isabel was queen of Spain.
Cristóbal Colón fue a la reina. Christopher Columbus went to the queen.

Ejercicios (Exercises) No. 134A-134B-134C

134A. Translate:

1 En Navidad di regalos a todos los niños.
2 No tuve oportunidad de conocerle a Vd. personalmente.
3 No pudimos pagar toda la cuenta.
4 Esta casa fue construida en el siglo diez y seis.
5 El domingo dimos un paseo por el Parque del Retiro.
6 Pude conversar con él en su bello idioma.
7 Él no tuvo dificultad en entenderme.
8 Ella no quiso descansar mucho.

9 La familia de la Sra. Adams no pudo acompañarla.
10 Me puse el sombrero nuevo en la cabeza.

134B. Change these sentences from the present to the preterite. Be sure to keep the same person.

Ejemplo: Pongo la mesa. Puse la mesa.

1 Tengo que estudiar la lección.
2 La Sra. Adams está en el comedor.
3 Los árboles se ponen verdes.
4 Ella da las gracias al Sr. Carrillo.
5 Soy un estudiante atento.

6 Vamos al mercado.
7 Vienen del cine a las once.
8 No digo nada.
9 Vds. no hacen nada.
10 ¿Quieren Vds. comprarlo?

134C. Translate, using the preterite of the given verbs.

1 (tener), I had
2 (poder), you (Vd.) were able
3 (ir), they went
4 (decir), she said
5 (poner), he put

6 (querer), we wished
7 (dar), they gave
8 (ser), I was
9 (estar), you (Vds.) were
10 (encontrarse), we met

Exercise No. 135—Preguntas

1 ¿Cómo se titula esta lectura?
2 ¿De qué estilo son los edificios?
3 ¿Qué hay a ambos lados de la avenida?
4 ¿Dónde se halla el monumento a Cervantes?
5 ¿En qué día fue a pasearse la Sra. Adams?
6 ¿Con qué calle se junta la Gran Vía?
7 ¿A qué hora cierra el museo del Prado los domingos?
8 ¿De qué siglo es su arquitectura?
9 ¿De quién es la estatua delante del museo?
10 ¿Qué comprendió la Sra. Adams cuando vio los monumentos?
11 ¿Dónde se sentó después?
12 ¿Es interesante caminar por Madrid?

CHAPTER 34

EN EL MERCADO

PARTE PRIMERA

Cuarta Carta de España

Querido amigo:

1 La semana pasada fui a un mercado en un pueblecito que está situado acera a unas millas de Madrid.

2 Mientras que nuestro coche de línea[1] pasaba por las aldeas vi mujeres que lavaban ropa en los ríos y hombres que trabajaban en los campos.

3 Era viernes y el mercado estaba lleno de gente. Probablemente la mayor parte de ellos venía del campo, pero había también mucha gente de la ciudad.

4 Uno se puede perder fácilmente en este mercado tan grande. Pero yo no tuve dificultad, porque sabía pedir información en español.

5 Mientras caminaba por una calle de puestos donde se vendían ropa, zapatos y sombreros, vi a un muchacho de siete u ocho años, de aspecto muy serio, cuidando un puesto.

6 Parecía mucho un viejecito con su sombrero de ala ancha y sus pantalones muy grandes. Como los demás vendedores, arreglaba su mercancía con sumo cuidado. También vi que regateaba en serio.

7 En el mercado se vendía toda clase de mercancía — frutas, flores, cerámica, cestas, ropa, echarpes. Había cosas corrientes y artículos de lujo.

8 Por todas partes veía el sentido estético de muchos de los vendedores. Especialmente entre los puestos de comidas encontré color y arte.

9 Por ejemplo, una mujer estaba sentada en la acera. Delante de ella había unas pocas cebollas y pimientos. Con sumo cuidado los arreglaba en pequeños montones.

10 Junto a ella vi un puesto de frutas con algunas hojas verdes cerca de las naranjas y los limones.

11 Cerca de esos puestos escuché la conversación de las mujeres y pude aprender algo sobre la vida del campo.

12 Supe que los campesinos vienen al mercado no solamente para vender y comprar sino también para divertirse, para charlar y para visitar a sus amigos.

13 La gente gritaba, charlaba, compraba, vendía, reía, todos con animación y humor.

14 De veras pasé un día muy interesante y muy divertido en el mercado.

15 Y mientras iba a casa, es decir, a la capital, recordaba nuestras conversaciones en que hablábamos de los mercados de España y de tantas otras cosas.

Cordialmente
Juana Adams

Dear Friend:

1 Last week I went to a market in a small town which is about forty miles from Madrid.

2 While our coach passed through the villages, I saw women who were washing clothes in the rivers and men who were working in the fields.

3 It was Friday and the market was full of people. Probably the majority of them came from the country but there were also many people from the town.

4 One can easily lose one's way in this very big market. But I did not have difficulty because I knew how to ask for information in Spanish.

5 While I was walking through a street of stalls where clothing, shoes and hats were being sold, I saw a boy of seven or eight years, looking very serious, minding a stall.

6 He was just like a little old man with his broad-brimmed hat and his very large trousers. Like the rest of the sellers he was arranging his merchandise with extreme care. Also I saw he was bargaining seriously.

7 All kinds of merchandise were being sold in the market—fruit, flowers, pottery, baskets, clothing, shawls. There were ordinary things and luxury articles.

8 Everywhere I was aware (*lit.* I could see) of the aesthetic feeling of many of the sellers. Especially among the food stalls I found colour and art.

9 For example, a woman was sitting on the pavement. Before her there were a few onions and peppers. With extreme care, she was arranging them in little piles.

10 Near her I saw a fruit stall with some green leaves near the oranges and lemons.

11 Near those stalls I listened to the chatting of the women and I could learn something about life in the country.

12 I learned that the country people come to the market not only to sell and to buy but also to enjoy themselves, to chat, and to visit their friends.

13 The people were shouting, chatting, buying, selling, laughing, all with liveliness and humour.

14 Indeed I spent a very interesting and very enjoyable day in the market.

15 And while I was going home, that is to say to the capital, I kept remembering our conversations in which we used to speak of the markets of Spain and of so many other things.

Cordially
Jane Adams

NOTE: 1. **un coche de línea** is a motor-coach which serves different towns and villages.

Pronunciation Aids

1 Practise:

estética (es-'te-ti-ka)
estaba (es-'ta-βa)
caminaba (ka-mi-'na-βa)
arreglaba (a-rre-'γla-βa)
regateaba (rre-γa-te-'a-βa)
gritaba (γri-'ta-βa)

hablábamos (a-'βla-βamos)
comprábamos (kom-'pra-βa-mos)
éramos ('e-ra-mos)
íbamos ('i-βa-mos)
reía (rre-'i-a)
había (a-'βi-a)

Building Vocabulary

A. Palabras Relacionadas

1 **el ánimo,** animation
animado, animated, lively
2 **campo,** country, field
campesino, farmer, peasant, countryman
3 **difícil,** difficult
la dificultad, difficulty

4 **divertirse,** to enjoy oneself
divertido, enjoyable
5 **naranja,** orange
anaranjado, orange-coloured
6 **platicar,** to chat
la plática, chatting, conversation

B. La gente, people, requires a singular verb in Spanish.

La gente del campo estaba allí. The country people were there.

Exercise No. 136—Completion of Text

1 (Last week) **fui al mercado.**
2 (I saw) **mujeres** (who) **lavaban ropa.**
3 **El mercado estaba** (full of people).
4 **Venían** (from the country).
5 **Se puede facilmente** (lose one's way).
6 **Yo caminaba** (through a street of stalls).
7 (I saw) **a un muchacho** (of seven or eight years).
8 (Like the other sellers) **arreglaba su mercancía.**
9 **Se vendían en el mercado** (flowers, baskets and clothing).
10 (Among the stands) **encontré color y arte.**

11 **Los campesinos vienen** (to enjoy themselves).
12 **Yo escuché** (the chatting of the women).
13 **Aprendí un poco** (about country life).
14 (I remembered) **nuestras conversaciones.**
15 **Pasé** (a very pleasant day).

PARTE SEGUNDA

Grammar Notes

1 The Imperfect Tense

You have learned two tenses which indicate past time, the present perfect and the preterite. Of the two the preterite is more commonly used.

You will now learn a third tense that refers also to past time—the imperfect. We may call the imperfect the '*was, were* or *used to*' tense because it indicates actions that *were* happening or *used to* happen in past time. Thus:

(a) *We were working*, when he entered.
(b) *He used to do* his lessons in the evening.

In sentence (a), *were working* is in the imperfect; *he entered*, which interrupts the working at a definite moment, is in the preterite.

2 The Imperfect of Model Verbs—**hablar, aprender, vivir.**

Singular	Singular	Singular
I was speaking, etc.	I was learning, etc.	I was living, etc.
habl-aba	**aprend-ía**	**viv-ía**
habl-abas	**aprend-ías**	**viv-ías**
habl-aba	**aprend-ía**	**viv-ía**
Plural	Plural	Plural
habl-ábamos	**aprend-íamos**	**viv-íamos**
habl-abais	**aprend-íais**	**viv-íais**
habl-aban	**aprend-ían**	**viv-ían**

(a) To form the imperfect tense of all -ar verbs, *without* exception:

    1 Drop -ar from the infinitive
    2 Add the endings **aba, -abas, -aba; -ábamos, -abais, -aban,** to the remaining stem.

(b) To form the imperfect of all -er and -ir verbs with the exception of **ver, ser** and **ir:**

    1 Drop -er or -ir from the infinitive.
    2 Add the endings **-ía, -ías, -ía; -íamos, -íais, -ían,** to the remaining stem.

(c) The stress is on the first syllable (a) in all the -aba endings. To prevent it from shifting in the -ábamos ending the first -a must have an accent mark.

The stress in the -ía endings is always on the i.

(d) The endings of the yo and the (Vd. él ella) forms of the verb are alike in the imperfect. The subject pronoun is used when the meaning is not clear.

3 The Imperfect of ver, ser, ir.

I was seeing, etc.		I was, etc.		I was going, etc.	
veía	veíamos	era	éramos	iba	íbamos
veías	veíais	eras	erais	ibas	ibais
veía	veían	era	eran	iba	iban

(a) The endings of veía are regular. But the endings are added to ve- not to v-.

(b) In all forms of era and iba the stress must be on the first syllable.

To prevent it from shifting, an accent mark is added to the first syllable of éramos and íbamos.

Ejercicios (Exercises) No. 137A–137B–137C

137A. Translate:

1 Llovía a cántaros cuando nos despedimos de los jóvenes.
2 Yo pensaba en Vd. cuando me paseaba en coche por las calles de Madrid.
3 Los turistas y los vendedores regateaban y todos parecían divertirse mucho.
4 Me acercaba a la puerta cuando encontré a los hijos del Sr. Carrillo.
5 Mientras hablábamos sobre las artes populares, la señora Carrillo leía un periódico.
6 Hacía mucho calor cuando volvimos a Sevilla.
7 Cuando el coche se ponía en marcha se acercó un **agente de policía** (policeman).
8 Los aviones llegaban y salían a todas horas.
9 Estábamos cansados pero no queríamos descansar.
10 Ya eran las cuatro y media de la tarde y teníamos prisa.

137B. Each of these sentences indicates an action that was going on (*imperfect*) and another action which interrupted it at a definite time (*preterite*). Translate the verbs in parentheses, using the correct tense.

1 Mientras (I was eating), me llamó por teléfono.
2 Cuando (we were studying), **entraron en nuestro cuarto.**
3 Cuando (he was) **enfermo, le visitamos.**

4 **Mientras** (you were taking leave), **empezó a llover.**
5 **Cuando** (they were taking a walk), **se perdieron.**
6 **Los vendedores** (were shouting) **cuando llegamos al mercado.**
7 **Cayó en la acera cuando** (he was getting out) **del coche.**
8 **No nos oyeron cuando** (we were speaking).
9 **Los encontramos cuando** (they were going) **al mercado.**
10 **Cuando** (we were passing) **por una avenida grande, grité — no tengo prisa.**

137C. Translate the following verbs in the correct tense, preterite or imperfect, as necessary.

1 **(caminar)** I was walking
2 **(ir)** I was going
3 **(decir)** he said
4 **(jugar)** they were playing
5 **(cantar)** they sang
6 **(ver)** we were seeing
7 **(correr)** they were running
8 **(perder)** you **(Vd.)** lost

9 **(vivir)** they lived
10 **(leer)** she read
11 **(empezar)** it began
12 **(llamar)** they were calling
13 **(entrar)** you **(Vds.)** did not enter
14 **(estar)** were you **(Vd.)?** (imperfect)
15 **(ser)** we were (imperfect)
16 **(oír)** they heard

Exercise No. 138—Preguntas

1 ¿Por dónde pasaba el coche de línea?
2 ¿Qué lavaban las mujeres?
3 ¿Dónde trabajaban los hombres?
4 ¿Qué día de la semana era?
5 ¿De dónde venía la mayor parte de la gente?
6 ¿Había[1] también gente de la ciudad?
7 ¿Por qué no tenía dificultad la Sra. Adams?
8 ¿A quién vio mientras caminaba?
9 ¿Qué parecía el muchacho?
10 ¿Qué clase de sombrero llevaba?
11 ¿Qué arreglaba el muchacho?
12 ¿Qué veía por todas partes a la Sra. Adams?
13 ¿Quién estaba sentada en la acera?
14 ¿Qué había delante de ella?
15 ¿Cuándo recordaba la Sra. Adams sus conversaciones con el Sr. López?

NOTE: 1. The imperfect of **hay** (there is or there are) is **había** (there was or there were). The preterite is **hubo** (there was or there were).

CHAPTER 35

SOBRE EL DESCANSO

PARTE PRIMERA

Quinta Carta de España

Querido amigo:

Vd. recordará, amigo mío, sus últimos consejos antes de mi salida para España. Me dijo Vd. — No tenga prisa. Descanse una o dos horas por la tarde. De veras no he olvidado sus consejos acerca del descanso, pero tengo que confesar — no descanso largo rato. Hay tanto que ver, tanto que oír, tanto que descubrir, tanto que hacer.

Ayer, por ejemplo, descansaba al mediodía en un café en la esquina de la Carrera de San Jerónimo con la Calle del Prado. Había brisa, y era muy agradable.

Pero no pude descansar largo rato. Al otro lado de la Calle del Prado veía las muchas tiendas donde se venden objetos de arte, libros, artículos de cuero, de paja, de tela, de plata y de cristal. Muchas veces he visitado aquellas tiendas, pero no pude resistir la tentación de volver a visitarlas.

También tuve que visitar otra vez el Museo de Artes Decorativas. Nunca me canso de mirar las artes populares ni de hacer preguntas a los dependientes en la tienda del Museo y al director.

Saliendo del Museo, que está cerca del Parque del Retiro, volví a visitar el Museo Nacional de Arte Contemporáneo, que está a unas tres manzanas del parque. Me gusta mucho mirar los cuadros de los grandes artistas modernos de España y de los otros países.

Bien, Sr. López, Vd. ve que voy aprendiendo más cada día, sobre todo porque soy muy habladora. Y sus consejos me han sido muy útiles, excepto (tengo que confesarlo otra vez) los que me dió Vd. sobre el descanso.

Cordialmente,

Juana Adams

Dear Friend:

You will remember, my friend, your final advice before my departure for Spain. You told me 'Don't be in a hurry. Rest one or two hours in the afternoon.' Indeed I have not forgotten your advice concerning resting, but I must confess—I don't rest very much. There is so much to see, so much to hear, so much to discover, so much to do.

Yesterday, for example, I was resting at noon in a café at the corner of Prado Street and St. Jerome's Road. There was a breeze, and it was very pleasant.

But I was not able to rest very long. On the other side of Prado Street I saw the many shops where they sell art objects, books, things made of leather, straw, cloth, silver and glass. I have often visited those shops but I was not able to resist the temptation to visit them again.

I also had to visit once again the Museum of Decorative Arts. I never tire of observing the folk arts, nor of asking questions of the sales people in the shop of the Museum and of the director.

Leaving the Museum, which is near the Retiro Park, I again visited the National Museum of Contemporary Art which is some three blocks from the park. I very much enjoy looking at the pictures of the great modern artists of Spain and of other countries.

Well, Mr. López, you see I am learning more every day, especially because I am very talkative. And your advice has been very useful to me, except (I must confess again) that which you gave me about resting.

Cordially,
Jane Adams

Exercise No. 139—Completion of Text

1 (Before my departure) **para España, me dijo** — (Don't be in a hurry).
2 (I have not forgotten) **sus consejos.**
3 (I do not rest) **largo rato.**
4 **Hay** (so much to discover).
5 (Yesterday) **descansaba yo** (at noon).
6 **Objetos de arte** (are sold) **en la calle.**
7 (I was not able) **resistir la tentación.**
8 (I never tire of) **mirar las artes populares.**
9 (I visited again) **el Museo Nacional de Arte Contemporáneo.**
10 (I like very much) **los cuadros de los grandes** (painters).

PARTE SEGUNDA

Grammar Notes

1 The Possessive Pronouns

In Spanish as in English there are possessive adjectives and possessive pronouns. The possessive adjectives **mi, tu, su,** etc. are important and useful words and you have learned and used them a great deal. The possessive pronouns are not of great practical importance because there are good and easy ways of avoiding them. However, you should be sufficiently familiar with these pronouns to understand them when you hear or see them used. Study the following examples:

Possessive Adjectives	Possessive Pronouns
(a)	(a)

Mi (*my*) **libro es rojo.**	**El mío** (*mine*) **es rojo.**
Mi (*my*) **pluma es roja.**	**La mía** (*mine*) **es roja.**
Mis (*my*) **libros son rojos.**	**Los míos** (*mine*) **son rojos.**
Mis (*my*) **plumas son rojas.**	**Las mías** (*mine*) **son rojas.**

(b)	(b)
Es mi (*my*) **libro.**	**El libro es mío** (*mine*)
Es mi (*my*) **pluma.**	**La pluma es mía** (*mine*).
Son mis (*my*) **libros.**	**Los libros son míos** (*mine*).
Son mis (*my*) **plumas.**	**Las plumas son mías** (*mine*).

(a) The possessive pronoun agrees in number and gender with the noun for which it stands. Each form is preceded by **el, la, los** or **las**. (Group a.)

(b) When the possessive pronoun comes after the verb **ser** the definite article is omitted. (Group b.)

(c) The complete table of possessive pronouns:

Singular		Plural		
el mío	**la mía**	**los míos**	**las mías**	mine
el tuyo	**la tuya**	**los tuyos**	**las tuyas**	yours (*fam.*)
el suyo	**la suya**	**los suyos**	**las suyas**	yours, his hers, theirs
el nuestro	**la nuestra**	**los nuestros**	**las nuestras**	ours
el vuestro	**la vuestra**	**los vuestros**	**las vuestras**	yours (*fam.*)

(d) Memorize the following common expressions in which the long form of the possessive follows the noun:

amigo mío, my friend (*m.*)	**un amigo mío,** a friend of mine
amiga mía, my friend (*f.*)	**unos amigos míos,** some friends of mine
amigos míos, my friends	**unos amigos nuestros,** some friends of ours
amigas mías, my friends (*f.*)	**unos amigos suyos,** some friends of yours

2 The Definite Article as a Pronoun

(a) **el libro de Pedro y el libro de Ana.**	Peter's book and Anna's book.
la pluma de Pedro y la pluma de Ana.	Peter's pen and Anna's pen.
los libros de Pedro y los libros de Ana.	Peter's books and Anna's books.

las plumas de Pedro y las plumas de Ana.	Peter's pens and Anna's pens.

(b) el libro de Pedro y *el* de Ana. — Peter's book and *that* of Anna.

la pluma de Pedro y *la* de Ana. — Peter's pen and *that* of Anna.

los libros de Pedro y *los* de Ana. — Peter's books and *those* of Anna.

las plumas de Pedro y *las* de Ana. — Peter's pens and *those* of Anna.

In group (a), the noun is repeated in each sentence. This, as you see, is monotonous. In group (b), the noun is not repeated and the article that remains is translated *that* (in the singular) and *those* (in the plural).

PARTE TERCERA

Ejercicios (Exercises) No. 140A–140B

140A. Read each sentence on the left and complete the corresponding sentence on the right with the correct possessive pronoun.

Ejemplo: **¿De quién es esta revista? Es (mine) mía.**

1 ¿De quién es este traje?	1 Es (mine).
2 ¿De quiénes son estos carteles?	2 Son (yours).
3 Juan y yo tenemos corbatas.	3 Esta es (mine), ésa es (his).
4 Ana y yo hemos comprado alfombras.	4 Esta son (mine), ésas son (hers).
5 Vd. y yo hemos recibido cartas.	5 Estas son (mine), y ésas son (yours).
6 Pablo y yo compramos billetes ayer.	6 Tengo los (mine), pero él perdió los (his).
7 Las revistas han llegado.	7 Yo he leído las (mine); él ha leído las (his).
8 Fui al cine con mi madre.	8 Ella fue con la (hers).
9 Fuimos al cine con nuestros amigos.	9 Ellos fueron con los (theirs).
10 Ellos llevaron sus juguetes.	10 Nosotros llevamos los (ours).

140B. Change these sentences from the present to the imperfect and preterite. Translate each sentence.

Ejemplo: Respondo a su pregunta.	I answer his question.
Respondía a su pregunta.	I was answering his question.
Respondí a su pregunta.	I answered his question.

1 Salgo del cuarto.	5 El conductor me responde.
2 Entramos en el museo.	6 Ellos no aprenden el francés.
3 Vemos las tiendas.	7 Estoy en casa.
4 Vds. no olvidan mis consejos.	8 Los jóvenes van a la corrida.

Exercise No. 141—Preguntas

1 ¿Qué no ha olvidado la Sra. Adams?
2 ¿Por qué no descansa largo rato?
3 ¿Dónde descansaba al mediodía?
4 ¿Qué veía al otro lado de la calle?
5 ¿Ha visitado la Sra. Adams aquellas tiendas muchas veces o pocas veces?
6 ¿Qué tentación no podía resistir?
7 ¿Se cansa ella de mirar las artes populares?
8 ¿Qué museo volvió a visitar la Sra. Adams?
9 ¿A cuántas manzanas del parque está el Museo Nacional de Arte Contemporáneo?
10 ¿Le gusta mucho a la Sra. Adams mirar las pinturas de los grandes pintores?

REVISION 8

CHAPTERS 31–35 PARTE PRIMERA
Repaso de Palabras
NOUNS

1 el abogado	10 el cristal	18 el joven
2 la aldea	11 el cuadro	19 el médico
3 el ascensor	12 el dependiente	20 el orgullo
4 la brisa	13 el descanso	21 el pintor
5 el campesino	14 la dificultad	22 la sala de espera
6 la cebolla	15 la enseñanza	23 la seda
7 el coche de línea	16 la estatua	24 la tela
8 el corazón	17 la fuente	25 el viejecito
9 el conductor		

1 lawyer	10 glass	18 youth
2 village	11 picture	19 doctor
3 lift	12 employee	20 pride
4 breeze	13 rest	21 painter
5 farmer	14 difficulty	22 waiting-room
6 onion	15 education	23 silk
7 coach	16 statue	24 cloth
8 heart	17 fountain	25 little old man
9 driver		

VERBS

1 acercarse a	7 descubrir	13 hallar
2 arreglar	8 descansar	14 perder
3 asistir a	9 divertirse	15 pintar
4 cansarse	10 encantar	16 regatear
5 aconsejar	11 expresar	17 señalar
6 correr	12 gritar	18 sonar

1 to approach	7 to discover	13 to find
2 to arrange	8 to rest	14 to lose
3 to attend	9 to enjoy oneself	15 to paint
4 to get tired	10 to charm	16 to bargain
5 to advise	11 to express	17 to point out
6 to run	12 to shout	18 to sound

ADJECTIVES

1 afortunado	8 emocionante	14 sabroso
2 alegre	9 enorme	15 salvo
3 cansado	10 apuesto	16 sano
4 cuadrado	11 grueso	17 semejante
5 demasiado	12 impaciente	18 sumo
6 deseoso	13 junto	19 vacío
7 divertido		

250

1 lucky	8 exciting	14 tasty
2 happy	9 enormous	15 safe
3 tired	10 handsome	16 sound (healthy)
4 square	11 thick	17 similar
5 too much	12 impatient	18 greatest
6 eager	13 together	19 empty
7 enjoyable		

ADVERBS

1 ayer	2 anteayer	3 anoche	4 enfrente
1 yesterday	2 day before yesterday	3 last night	4 in front

PREPOSITIONS

1 dentro de	2 excepto	3 junto a	4 según
1 inside of	2 except	3 close to	4 according to

CONJUNCTIONS

1 mientras(que)	2 antes de que	3 puesto que
1 while	2 before	3 since

IMPORTANT EXPRESSIONS

1 al día siguiente	7 pensar (+ infin.)
2 de repente	8 por entero
3 dar un paseo	9 sano y salvo
4 es decir	10 darse la mano
5 largo rato	11 voy aprendiendo
6 llamar por teléfono	

1 on the following day	7 to intend to
2 suddenly	8 entirely
3 to take a walk	9 safe and sane
4 that is to say	10 to shake hands
5 a long time	11 I am learning
6 to telephone	

NOTE: **voy aprendiendo = estoy aprendiendo.** Ir is often used like **estar** to form the present progressive.

PARTE SEGUNDA

Ejercicio 142 For each Spanish word give the related Spanish word suggested by the English word in parentheses.

Ejemplo: 1. comer (the meal) — la comida

1 **comer** (the meal)	8 **caminar** (the road)
2 **difícil** (the difficulty)	9 **pintar** (the painting)
3 **hablar** (talkative)	10 **preguntar** (the question)
4 **divertirse** (enjoyable)	11 **responder** (the answer)
5 **el viaje** (to travel)	12 **llegar** (the arrival)
6 **segundo** (secondary)	13 **fácil** (easily)
7 **la ventana** (the little window)	14 **el campo** (the farmer)

Ejercicio 143   Translate each verb form and give the infinitive of the verb.

Ejemplo: dijeron, they said, **decir**

1 pudo	**6** Vd. dijo	**11** Vds. **hicieron**
2 quise	**7** tuvimos	**12** vine
3 pusieron	**8** di	**13** hizo
4 vi	**9** fue	**14** tuviste
5 leyeron	**10** pidió	**15** supe

Ejercicio 144   Select the group of words in Column II which best completes each sentence begun in Column I.

I

1 Mientras nuestro coche de línea pasaba por las aldeas,
2 Las mujeres lavaban ropa y
3 Por todas partes había puestos
4 Le gustaba mucho un muchacho
5 Cuando le encontró,
6 Escuchando la conversación de las **mujeres,**
7 ¿Recuerda Vd. las conversaciones
8 Yo estaba sentado al mediodía en el parque
9 Debajo de los árboles, en el parque
10 Mientras la Sra. Adams se divertía en España.

II

(a) el Sr. López sufría el calor de Londres.
(b) donde se vendían cosas corrientes.
(c) había una brisa fresca.
(d) en que hablábamos de los mercados de España?
(e) los hombres trabajaban en los **campos.**
(f) charlando con un estudiante.
(g) que cuidaba un puesto.
(h) el muchacho arreglaba su mercancía.
(i) la Sra. Adams podía comprender todo lo que (all that) **decían.**
(j) chocó (it collided) **con otro.**

Ejercicio 145   Complete each sentence by selecting that tense which makes good sense. Translate each sentence.

Ejemplo: 1. Ayer recibí un paquete.   Yesterday I received a package.

1 Ayer —— un paquete. (recibí, recibiré, recibo)
2 Mañana —— en casa. (quedé, quedaré, quedo)
3 Anoche no —— al cine. (vamos, iremos, fuimos)
4 Ahora —— las maletas. (hicieron, hacen, harán)
5 El maestro habla y los alumnos ——. (escuchan, escucharán, escucharon)

6 ¿—— Vds. de la ciudad pasado mañana? (salen, saldrán, salieron)

7 ¿Le —— Vd. anteayer? (vio, ve, verá)

8 El año que viene —— en Europa. (viaja, viajé, viajaré)

9 ¿Qué está diciendo él? No —— oirle. (pudimos, podemos, podremos)

10 Yo —— la semana pasada. (llegué, llego, llegaré)

PARTE TERCERA

Diálogo

En la gasolinera

Practise the Spanish aloud:

La Sra. Adams necesita gasolina y ha entrado en una gasolinera.

En seguida se acerca al coche un joven para servirla.

— Buenas tardes, — le saluda el joven.

— Muy buenas, — le contesta la Sra. Adams. — ¿Me hace el favor de llenarme el depósito de gasolina?

— ¿Regular o super?

— Super. ¿Y quiere Vd. comprobar el aceite, el agua y el aire?

— Con mucho gusto, señora, — le contesta el empleado.

El joven llena el depósito, revisa el aceite, el agua y la presión de aire en los neumáticos. Luego vuelve a la Sra. Adams.

— Todo está bien, — le dice a nuestra turista.

— Muchas gracias, ¿y cuánto le debo?

Ciento cuarenta pesetas.

La Sra. Adams le da un billete de quinientas pesetas. El joven se[1] lo cambia, entregándole trescientas sesenta. La Sra. Adams cuenta el cambio y ve que todo está en orden.

— Está bien, — le dice al empleado. — Muchas gracias y muy buenas tardes.

— Muy buenas y feliz viaje, — le contesta el joven.

Mrs. Adams needs petrol and has gone into a petrol station.

Immediately a young man approaches the car to serve her.

'Good afternoon,' the young man greets her.

'Good afternoon to you,' Mrs. Adams answers. 'Will you please fill the tank with petrol?'

'Regular or super?'

'Super. And do you want to check the oil, the water and the air?'

'With pleasure, madam,' the employee replies.

The young man fills the tank, checks the oil, the water and the air pressure in the tyres. Then he returns to Mrs. Adams.

'Everything is all right,' he says to our tourist.

'Many thanks, and how much do I owe you?'

'140 pesetas.'

Mrs. Adams gives him a five-hundred-peseta note. The young man changes it for her, returning to her 360 pesetas. Mrs. Adams counts the change and sees that everything is in order.

'All right,' she says to the employee. 'Many thanks and very good afternoon.'

'Very good afternoon and happy voyage,' the young man answers her.

NOTE: 1. The indirect objects **le** (*to* or *for him, her, you*) and **les** (*to* or *for them, you*) become **se** before any other object pronoun that begins with the letter **l**. Complete treatment of *two object pronouns* will be found in Capítulo 39.

LECTURA 1
Exercise No. 146—Una visita a La Granja

En cierta ocasión la Sra. Adams llevó a los hijos del Sr. Carrillo a una excursión al pueblo de La Granja, que está situado a unos 3.500 pies sobre el nivel del mar, en la Sierra de Guadarrama.

El pueblo no está muy lejos de la capital y nuestra amiga llegó sin dificultad. Al llegar (On arriving) al pueblo, tuvo una idea muy luminosa. Propuso (She proposed) una merienda al aire libre, cerca del Palacio Real. Los muchachos aceptaron el proyecto con entusiasmo.

La Sra. Adams entró en una tienda de comestibles, compró dos latas (tins) de sardinas con salsa de tomate. Luego compró unas tortas y unos pasteles en una panadería. Por último, compró unas naranjas y varios tomates en una verdulería.

Quedó (There remained) el problema de los refrescos. Entonces uno de los muchachos tuvo una idea luminosa. — ¿Por qué no comprar unas botellas de gaseosa? Siempre hay muchos vendedores de refrescos fríos.

— Estupenda idea, — comentó la Sra. Adams.

Luego empezaron a explorar La Granja. El rey Felipe Quinto escogió este sitio tranquilo y hermoso para su residencia de verano. Hizo construir un palacio. Se dice que el palacio con sus jardines se parece a Versalles en miniatura. Hay fuentes y un lago artificial. A la Sra. Adams le interesó también la antigua fábrica de vidrio. Después de su paseo, hallaron un lugar muy tranquilo. La Sra. Adams abrió las latas de sardinas y preparó unos bocadillos que comieron con los tomates. Para beber tuvieron la gaseosa que habían comprado y por fin tuvieron de postre las sabrosas naranjas. Era una merienda estupenda y los muchachos quedaron (were—*lit.* remained) encantados. No olvidarán esta experiencia en muchos años.

LECTURA 2
Exercise No. 147—En el Rastro

En todas las grandes ciudades del mundo hay un 'mercado de pulgas'. En Madrid se llama el Rastro. ¿Quiere Vd. comprar una sartén o un traje de luces usado de un torero? Aquí, en este mercado pintoresco, hallará Vd. todo. El Rastro se compone de dos partes — en una parte se venden antigüedades, en la otra artículos de segunda mano. Un domingo por la mañana la Sra. Adams fue al Rastro y pasó allí unas horas muy agradables y divertidas. Miró todas las mercancías. La encantaron sobre todo unos dibujos del siglo 18, y unos artículos de cerámica del siglo pasado. Por supuesto, compró todo lo que podía. Vio también unas sillas antiguas, pero le faltaba el dinero. Además, pensó, eran demasiado grandes y pesadas. En su próxima visita las comprará sin falta.

CHAPTER 36

LA PLAZA

PARTE PRIMERA

FOREWORD

In Chapters 36–40 there is no parallel translation of the texts. However, the new words and expressions that appear are given in the vocabularies which follow each text. There is also the Spanish–English vocabulary in the Appendix to which you can refer for words you may have forgotten.

You should therefore have no difficulty in reading and understanding the texts. As a means of testing your understanding a series of English questions to be answered in English are given under the heading 'Test of Reading Comprehension', instead of the usual Spanish Preguntas. You can check your answers in the Answers Section of the Appendix.

LA PLAZA

Sexta Carta de España

Querido amigo:

En nuestras conversaciones hemos hablado de muchas cosas, pero no me acuerdo de ninguna conversación sobre las plazas españolas. Tengo ganas de escribirle a Vd. mis impresiones sobre ellas.

He notado que cada pueblo en España tiene su 'corazón'. Es la plaza. Todo el mundo va a la plaza para el descanso, para los negocios, para el recreo, para todo.

Así pensaba yo mientras estaba sentada en una de las pequeñas plazas de Madrid.

Cada plaza es distinta. Algunas son redondas, otras son cuadradas. Grandes arboles crecen en algunas. En otras no se ven más que algunas pocas hojas secas de quién sabe qué pobre arbolito.

Muchas veces hay arcadas a un lado o a dos lados de la plaza. En los portales se encuentran (*are found*) toda clase de tiendas — papelerías, farmacias, mercerías, joyerías, librerías. Casi siempre hay un café. Allí se reúnen los hombres (*the men get together*) por la tarde, para charlar o para leer el periódico mientras toman un chato, es decir un pequeño vaso de vino tinto o blanco, y comen pinchos — trocitos de pescado frito o de chorizo, gambas o queso.

256

Antes de la cena, se reúnen en los cafés las tertulias. La tertulia es un grupo de amigos que se reúne regularmente para discutir todos los asuntos.

El hotel del pueblo puede estar en la plaza principal. También se ve allí una iglesia antigua.

El aspecto de la plaza cambia a cada hora. Por la mañana temprano se ven (*one sees*) solamente algunos viajeros cansados que van al mercado. Más tarde vienen los niños que son demasiado pequeños para ir a la escuela. Las madres se sientan en los bancos para charlar.

Durante las horas de la siesta hay pocas personas en la plaza. Algunos descansan en los bancos, otras duermen. Hace calor. A eso de las cuatro comienza otra vez la vida de la plaza.

El domingo por la tarde se reúne todo el mundo en la plaza para 'el paseo'. Los muchachos caminan en una dirección (*in one direction*), las muchachas en la otra (*in the other*).

Finalmente llega la noche. La plaza se pone tranquila. Se ven solamente algunos viajeros que vienen del mercado. La plaza duerme.

Reciba un cordial saludo de su amiga,
Juana Adams

Vocabulario

la arcada	arcade	**el trocito**	little piece
el aspecto	appearance	**la tertulia**	regular gathering of friends
el asunto	subject, topic		
el contrario	opposite	**discutir**	to discuss
el corazón	heart	**el paseo**	promenade
la farmacia	chemist's	**el rumbo**	direction
la hoja	leaf	**crecer**	to grow
la joyería	jewellery shop	**reunirse**	to get together
la iglesia	church	**cansado**	tired
la librería	book shop	**cuadrado**	square-shaped
la mercería	haberdashery	**cuidado**	kept, cared for
la papelería	stationery shop	**redondo**	round
la plaza	square	**seco**	dry
el chato	small glass of wine	**mientras tanto**	in the meantime
el pincho	tidbit		

Exercise No. 148—Test of Reading Comprehension

Answer these questions in English. They will test your comprehension of the text.

1 What has every town?
2 Why does everybody go to the plaza?
3 What grows in some plazas?

4 What does one see in others?
5 Name six kinds of shops which are found in the arcades.
6 For what purpose do the men get together in the café in the evenings?
7 What do they drink?
8 What do they eat?
9 What does one see in the main plaza?
10 What do some people do in the plaza during the siesta hour?
11 At what time does the life of the plaza begin again?
12 What happens on Sunday afternoons?
13 How do the boys and girls promenade?
14 Whom does one see in the plaza at night?

Exercise No. 149—Completion of Text

1 (The heart of each town) **es la plaza.**
2 **Así pensaba yo** (while I was seated) **en la plaza.**
3 (One sees nothing more) **que unas pocas hojas secas.**
4 **Hay arcadas** (where one finds) **toda clase de tiendas.**
5 **Los hombres** (get together) **en el café** (in the evening).
6 **Toman chatos** (of red or white wine).
7 **Comen** (tidbits), **trocitos de** (fried fish or sausage).
8 **También se ve allí** (an old church).
9 (One sees) **algunos viajeros** (tired).
10 (Later) **vienen los niños** (who) **son** (too small) **para ir a la escuela.**

PARTE SEGUNDA

Grammar Notes

1 The Present and Preterite of **dormir (ue)** to sleep.

Present I sleep, etc.		Preterite I slept, etc.	
duermo	**dormimos**	**dormí**	**dormimos**
duermes	**dormís**	**dormiste**	**dormisteis**
duerme	**duermen**	**durmió**	**durmieron**

Present Participle: **durmiendo**

2 Relative Pronouns

(a) **que,** who, whom, which, that

que is the most commonly used relative. Like the English *that* it can refer to persons or things, except with prepositions, when it may refer only to things.

El sombrero que compré me sienta mal. The hat which I bought fits me badly.

¿Dónde está el muchacho que per-dió su libro?	Where is the boy who lost his book?
¿Dónde está la cesta de que Vd. habló?	Where is the basket of which you spoke?

(b) **quien, quienes** (plural), who, whom

quien and **quienes** refer only to persons. When they are used as a direct object the personal **a** is required.

Los hombres de quienes hablé son abogados.	The men of whom I spoke are lawyers.
El niño a quien buscábamos está en casa.	The child whom we were looking for is at home.

(c) **lo que** what (that which), **todo lo que,** all that

Sé lo que dijo.	I know what he said.
Le diré a Vd. todo lo que he aprendido.	I will tell you all that I have learned.

(d) **cuyo (o, os, as)** whose, must immediately precede the noun it modifies, and must agree with it in number and gender.

Buscan las calles *cuyos* nombres son fechas.	They are looking for the streets whose names are dates.
¿Dónde está el hombre *cuya* casa hemos comprado?	Where is the man whose house we have bought?

(e) **donde, en donde, a donde, de donde** may often take the place of a relative pronoun.

La casa *en donde* vive es antigua.	The house in which (where) he lives is old.
No conozco la escuela *a donde* van los niños.	I do not know the school to which (where) the children go.

(f) **el cual (la cual, los cuales, las cuales),** that, which, who, whom

These longer forms of the relative pronouns are used to make clear to which of two possible antecedents the relative clause refers.

Visité a la esposa del Sr. Carrillo, la cual toca bien el piano.	I visited the wife of Mr. Carrillo, who plays the piano well.

PARTE TERCERA

Ejercicios (Exercises) No. 150A–150B

150A. Use the correct verb forms with these subjects:

1 **(Yo)** sleep	5 Do you sleep **(Vd.)**?
2 **(Yo)** am not sleeping	6 Sleep **(Vd.)** (*Imperative*)
3 **(Quién)** sleeps?	7 Do not sleep **(Vds.)**
4 **(Nosotros)** sleep	8 **(El niño)** sleeps

9 **(La niña)** is not sleeping   11 **(Ellos)** sleep
10 **(Quiénes)** sleep?   12 **(Nadie)** is sleeping

150B. Complete these sentences by using the correct relative pronoun.

Ejemplo: Déme el lápiz que compré.

1 **Déme el lápiz** (which) **compré.**
2 **¿Dónde está el alumno** (whose) **libro tengo?**
3 **Los muchachos** (who) **eran diligentes aprendieron mucho.**
4 **Aquí está la pintura** (of which) **hablábamos.**
5 **Las palabras** (which) **aprendemos son difíciles.**
6 (What, that which) **le dije a Vd. es verdad.**
7 **Me dio** (all that) **quise.**
8 **La casa** (which) **compró es de piedra.**
9 **Allí están las señoritas** (of whom) **hablábamos.**
10 **La Sra. Adams,** (who) **estaba sentada detrás de su escritorio, se levantó.**

NOTE: Use **que** for *who* (sentence 3). If the relative clause can be omitted without changing the sense or clarity of the sentence use **quien** (sentence 10).

CHAPTER 37

UN PASEO AL VALLE DE LOS CAÍDOS

PARTE PRIMERA

Séptima Carta de España

Querido amigo:

Ayer llamé por teléfono a los hijos del Sr. Carrillo y les pregunté — ¿Quieren Vds. pasear en coche conmigo? Aceptaron con alegría.

Quería (*I wanted*) volver a tiempo para ir a un concierto por la noche. Así es que muy temprano nos encontramos (*we met*) los tres delante de mi hotel. Saqué (*I took out*) el coche del garaje donde lo había alquilado (*I had rented*) para el día. Charlando y riendo con animación nos pusimos en marcha (*we set out*).

Pasamos por los suburbios de la ciudad, y por tierras labradas. Vimos de vez en cuando unas casas pequeñas. Más allá (*further on*) vimos las montañas a lo lejos.

Yo conducía el coche y de repente oí un sonido que inmediatamente conocí. — ¿Qué pasa? — preguntaron los jóvenes.

Paré (*I stopped*) el coche y bajamos. — Tenemos un pinchazo, — contesté yo.

Yo quería cambiar el neumático y los jóvenes estaban muy deseosos de ayudarme. Los dos, muy contentos, comenzaron a buscar el gato. ¡Ay! No había ningún gato (*there was no jack*) en la maleta. ¿Qué hacer?

De vez en cuando pasaba un coche a toda velocidad. A pesar de nuestras señales nadie paró. Era casi mediodía y había mucho sol. Nos sentamos bajo un pequeño árbol al lado del camino, para esperar.

Pronto Carlos vio en el horizonte un gran camión. Se acercó (*It approached*) rápidamente y paró delante de nuestro árbol. El conductor bajó.

— ¿Tienen Vds. un pinchazo? — dijo sonriendo. ¿Me permiten Vds. ayudarles?

— ¡Ya lo creo! — le respondí. Tenemos un pinchazo y nos hace falta un gato.

El conductor nos prestó su gato y nos ayudó a cambiar el neumático. Afortunadamente teníamos un neumático de repuesto (*a spare tyre*).

Le di mil gracias al hombre y le ofrecí cien pesetas, pero no quiso aceptarlas. Entonces nos dimos la mano y nos despedimos.

Seguimos nuestro camino hasta que llegamos al Valle de los Caídos,

en Cuelgamuros, que está entre el Escorial y Guadarrama. Hay una
basílica subterránea y una necrópolis construidas en homenaje a las
víctimas de la Guerra Civil. Encima se alza (*rises*) una magnífica cruz
gigante, que tiene 450 pies de altura. Los jóvenes subieron corriendo al
pie de la cruz. Yo subí muy despacio, pero sin embargo llegué a la cima
algo jadeante (*somewhat out of breath*). Desde allí, como Vd. sabe, hay
una vista maravillosa del valle entero.

Después de tomar la comida que me habían preparado (*they had
prepared*) en el hotel, subimos otra vez al coche y regresamos, cansados
pero muy contentos.

Le saluda cordialmente su amiga
Juana Adams

Vocabulario

el camión	lorry	**riendo**	laughing
el gato	car-jack, cat	**sonreír**	to smile
la maleta	boot (of car); suitcase	**ancho**	wide
		deseoso	eager
el neumático	tyre	**jadeante**	out of breath
(de repuesto)	(spare)	**subterráneo**	underground
el paseo	walk, stroll, ride	**el valle**	valley
el pinchazo	puncture, flat	**los Caídos**	the fallen
la señal	signal	**la víctima**	the victim (always feminine, even when the 'victim' is a man)
el sonido	sound		
la tierra	land		
correr	to run		
ofrecer	to offer	**el homenaje**	homage
conducir	to drive	**entero**	entire
regresar	to return	**a pesar de**	in spite of
reír	to laugh	**algo**	somewhat, something
		¡ay!	oh!

Expresiones Importantes

a lo lejos	in the distance	**hacer falta**	to be missing
a tiempo	on time	**nos hace falta un**	
a toda velocidad	at full speed	**gato**	we need a jack
dar mil gracias	to thank a thousand times	**pasear en coche**	to go on a car ride
		ponerse en marcha	to set out
nada más que	nothing but, only	**sin embargo**	nevertheless
de vez en cuando	from time to time		

Exercise No. 151—Test of Reading Comprehension

Answer these questions in English:

1 Where did Mrs. Adams want to go?
2 Whom did she invite to go with her?
3 Where did they meet at an early hour?
4 How had Mrs. Adams obtained a car?
5 What did they see on the road from time to time?
6 What did they see in the distance?
7 What happened when Mrs. Adams was driving?
8 Why weren't they able to change the tyre?
9 What time of day was it?
10 How did they finally manage to put on the spare tyre?
11 How did Mrs. Adams try to show her appreciation of the lorry driver's help?
12 How did Mrs. Adams climb to the foot of the giant cross, and how did she feel on reaching the top?
13 How did the boys go up?
14 What can one see from the foot of the cross?
15 How did they feel when they returned?

Exercise No. 152—Completion of Text

1 ¿Irá Vd. (with me by car) al Valle de los Caídos?
2 (The young men accepted) la invitación (with joy).
3 (We met) delante de mi hotel.
4 (I took the car) del garaje.
5 (I had rented it) para el día.
6 (Chatting and laughing) subimos en el coche.
7 (From time to time) vimos unas pequeñas casas.
8 (We saw nothing but) las montañas.
9 (Suddenly) oí un sonido.
10 ¿(What happened?) — preguntaron.
11 Yo quería (to change the tyre) pero (there was no jack).
12 (In spite of) nuestras señales nadie (stopped).
13 Dijimos al conductor — (We need a jack).
14 Nos prestó un gato (and helped us change the tyre).
15 Entonces (we shook hands) y (took leave of one another).

PARTE SEGUNDA

Grammar Notes

1 The Past Perfect Tense. Model Verbs, **hablar, aprender, vivir.**

Singular

había hablado (aprendido, vivido)	I had spoken (learned, lived)
habías hablado (aprendido, vivido)	you had spoken (learned, lived)
Vd.⎱ él⎰ había hablado ella⎰ (aprendido, vivido)	you⎱ he, it⎰ had spoken she, it⎰ (learned, lived)

Plural

habíamos hablado (aprendido, vivido)	we had spoken (learned, lived)
habíais hablado (aprendido, vivido)	you had spoken (learned, lived)
Vds.⎱ ellos⎰ habían hablado ellas⎰ (aprendido, vivido)	you⎱ they⎰ had spoken (learned, lived)

(a) As in English, the past perfect tense in Spanish is formed by the auxiliary verb **había** (*had*), plus the past participle of the verb. **Había** is the imperfect of **haber,** *to have.*

2 Verbs with Spelling Changes.

Note the Spelling Changes in these verbs.

sacar, to take out

present		preterite	
saco	sacamos	*saqué*	*sacamos*
sacas	sacáis	sacaste	sacasteis
saca	sacan	sacó	sacaron

imperative	
saque Vd.	*saquen Vds.*

llegar, to arrive

present		preterite	
llego	llegamos	*llegué*	*llegamos*
llegas	llegáis	llegaste	llegasteis
llega	llegan	llegó	llegaron

imperative	
llegue Vd.	*lleguen Vds.*

(a) In verbs whose infinitives end in -car or -gar, c must become qu and g must become gu before the endings e and en, in order to keep the pronunciation of c and g, as found in the infinitive.

(b) Other verbs ending in **-car** or **-gar** are: **buscar** to look for; **acercarse (a)** to approach; **pagar** to pay.

PARTE TERCERA

Ejercicios (Exercises) No. 153A–153B

153A. In the following sentences fill in the correct auxiliary verb in the past perfect tense. Translate the sentence.

Ejemplo: (Nosotros) habíamos aprendido español en España.

We had learned Spanish in Spain.

1 (Nosotros) —— visto la película.
2 ¿—— leído Vd. muchos libros?
3 ¿Quién —— abierto la ventana?
4 Los hijos no —— dormido durante la noche.
5 Yo no —— creído el cuento.
6 (Nosotros) —— volado sobre las montañas.
7 Ellos —— ido al teatro.
8 ¿—— tenido Vd. un buen viaje?
9 Vds. no —— dicho nada.
10 ¿—— comido (tú) los dulces, Juanito?

153B. Complete in Spanish:

1 (He had bought) **los billetes.**
2 (I had seen) **la película.**
3 (We had eaten) **la comida.**
4 ¿(Had they received) **la carta?**
5 ¿(Had you set) **la mesa?**
6 (You [**Vds.**] had not heard) **el cuento.**
7 (You [**tú**] had not slept) **bien.**
8 **El hombre** (had seated himself) **en el banco.**
9 (They had had) **un pinchazo.**
10 (We had said) **nada.**
11 ¿Qué (had happened)?
12 (They had not found) **el gato.**
13 ¿Por qué (had they not changed) **el neumático?**
14 **El conductor** (had approached) **a nosotros.**

CHAPTER 38

LA SEÑORA ADAMS COMPRA UN BILLETE DE LOTERÍA

PARTE PRIMERA

Octava Carta de España

Querido amigo:

Yo no soy jugadora, Sr. López. Es decir, hasta la semana pasada nunca había sido (*I had never been*) jugadora.

¿Qué pasó? Oiga bien. Le contaré a Vd. todo.

Como Vd. sabe mejor que yo, hay en todas las esquinas del centro de la capital un vendedor, y muchas veces dos vendedores, de billetes de lotería. Cuando llegué a España noté inmediatamente que todo el mundo comprada billetes de lotería. ¿Quién no quiere hacerse rico (*to get rich*)? Yo pensaba en la posibilidad de ganar uno de los muchos premios menores o, tal vez el premio gordo. El año que viene haría (*I would take*) viajes por toda España. Llevaría (*I would take*) conmigo a toda la familia. Los niños aprenderían (*would learn*) a hablar español. Podría (*I would be able*) volver a visitar a mis amigos en España. Pasaría (*I would spend*) mucho tiempo en las ciudades y pueblos de España que todavía no conozco.

Caminaría (*I would walk*) por todos los mercados para hablar con la gente del campo y para aprender más de la vida y de las costumbres de España. Compraría (*I would buy*) objetos de arte, pero no para venderlos, sino para mi casa.

Así soñaba yo.

El miércoles de la semana pasada paseaba por la Gran Vía. Vi en la esquina, como siempre, a una señora que vendía billetes de lotería. Como siempre, me dijo la señora — Compre Vd. este billete afortunado.

— Pero, señora, — le respondí, — todos estos billetes son afortunados, ¿verdad?

— No, señora, — me dijo. — Le he guardado a Vd. (*I have kept for you*) éste. Mire Vd. Tiene tres ceros.

Yo no sabía que quería decir 'tres ceros'. Pero una voz por dentro (*within*) me dijo — ¡Compra!

Y me hice jugadora.

Al día siguiente yo leía en el periódico los números que ganaron. Naturalmente no esperaba nada. De repente vi un número con tres ceros, el número 26.000. ¡Yo había ganado un premio de doscientos mil (200.000) pesetas!

Busqué (*I looked for*) mi billete. Y mientras buscaba, hacía (*I was making*) viajes con toda la familia. . . .

Al fin encontré el billete en un bolsillo. Muy impaciente lo miré. Había tres ceros. Había un dos. Pero — ¡qué lástima! Había también un '5'. Yo tenía el número veinticinco mil (25.000).

¿Pero qué importa? Desde aquel momento, fui jugadora.

Le saluda cordialmente su amiga.

Juana Adams

Vocabulario

el billete de lotería	lottery ticket	**ganar**	to win
el bolsillo	pocket	**guardar**	to keep
la esquina	corner	**hacerse**	to become
el cero	zero	**pasar**	to happen, to pass
el jugador	player, gambler	**pasear**	to stroll
el premio	prize	**soñar (ue)**	to dream
el premio gordo	first (grand) prize	**afortunado**	lucky
		gordo	fat
la voz	voice	**impaciente**	impatiently
buscar	to look for	**siguiente**	following
busqué	I looked for		

me hice jugador, -a   I became a gambler

Note the difference between **sonar (*ue*)** to sound, ring; and **soñar (ue)** to dream. **Tengo sueño:** I am sleepy.

Exercise No. 154—Test of Reading Comprehension

Answer these questions in English.

1 What kind of woman had Mrs. Adams never been?
2 What had she noted when she came to Spain?
3 What possibility was she thinking of?
4 After winning the first prize, to what country would she take trips?
5 Whom would she visit again?
6 What would she buy for her house?
7 From whom did Mrs. Adams buy a ticket with three zeros?
8 What was she reading in the newspaper next day?
9 What did she suddenly see?
10 What did she think when she saw the number with three zeros?
11 What was she dreaming of doing while she looked for her ticket?
12 What number did Mrs. Adams have?
13 What number won the prize?
14 What expression does Mrs. Adams use to show that she doesn't take the matter seriously?
15 Translate: **Desde aquel momento, fui jugadora.**

Exercise No. 155—Completion of Text

1 **Cuando** (I arrived) **a España** (everybody) **compraba billetes de lotería.**
2 **Había vendedores** (on all corners).
3 **Tal vez ganaré** (the first prize).
4 **Podría** (to visit again) **a mis amigos.**
5 **Llevaría conmigo** (the whole family).
6 **Así** (I was dreaming).
7 **Compré el billete** (with three zeros).
8 **No sabía** (what the three zeros meant).
9 (The numbers which won) **estaban en el periódico.**
10 (I looked for) **mi billete.**
11 (At last) **lo encontré** (in a pocket).
12 **Sí** (there were) **tres ceros, pero** (there was not) **un seis.**

PARTE SEGUNDA

Grammar Notes

1 The Present Conditional. Model Verbs—hablar, aprender, vivir.

The conditional may be called the *would* form of the verb. Its use in Spanish is much the same as in English.

hablar-ía I would speak		**hablar-íamos** we would speak	
hablar-ías you would speak		**hablar-íais** you would speak	

Vd.⎱		you ⎱		Vds.⎱		you ⎱	
él ⎬ **hablar-ía**		he, it ⎬ would		ellos ⎬ **hablar-ían**		you ⎬ would
ella⎰		she, it⎰ speak		ellas⎰		they⎰ speak

(a) The conditional endings of all verbs are:

singular: **-ía, -ías, -ía**   plural: **-íamos, íais, -ían**

(b) To form the regular conditional add these endings to the *whole* infinitive just as you do with the endings of the future. Thus: **hablar-ía, aprender-ía, vivir-ía, ser-ía, estar-ía.**

(c) The endings of the conditional are the same as those of **-er** and **-ir** verbs in the imperfect. But remember:

The endings of the conditional are added on to the *whole infinitive*. The endings of the imperfect are added to the *stem of the verb* after the infinitive ending has been removed.

imperfect		conditional	
aprendía	I was learning	**aprendería**	I would learn
vivía	I was living	**viviría**	I would live

2 The Irregular Conditional

Those verbs that have a change in the infinitive base for the future have the same changes in the conditional.

Infinitive	Future	Conditional
	I shall, etc.	I would, etc.
saber	(yo) sabré	(yo) sabría
poder	podré	podría
querer	querré	querría
decir	diré	diría
hacer	haré	haría
haber	habré	habría
venir	(yo) vendré	(yo) vendría
tener	tendré	tendría
salir	saldré	saldría
poner	pondré	pondría
valer	valdré	valdría

Ejercicios (Exercises) No. 156A–156B

156A. Change the following sentences from the future to the present conditional. Translate each sentence in the conditional.

Ejemplo: Future: **Haremos viajes.** We shall take trips.
Conditional: **Haríamos viajes.** We would take trips.

1 Iremos a la Puerta del Sol.
2 Juan venderá sus billetes de sombra.
3 No ganarán el premio.
4 Vd. encontrará a sus amigos.
5 Leeré muchas guías de viajero.
6 ¿Llevará Vd. a su familia a España?
7 ¿Les gustarán a Vds. los mercados?
8 Saldré de mi casa a las siete.
9 No podremos hacer los ejercicios.
10 No dirán nada.

156B. Translate:

1 I would learn
2 he would write
3 they would go
4 we would eat
5 she would speak
6 would you (Vd.) work?
7 would John see?
8 who would visit?
9 I would not travel
10 would they study?
11 I would make
12 he would come
13 they would not want
14 would you (Vd.) go out?
15 you (Vds.) would put

CHAPTER 39

LA SEÑORA ADAMS NO ES AFICIONADA A LOS TOROS

PARTE PRIMERA

Novena Carta de España

Querido amigo:

Era sábado. Yo había visitado al Sr. Carrillo en su oficina y estábamos para salir (*we were about to leave*). Me preguntó — ¿Quiere Vd. ir a una corrida de toros? Mañana sería (*would be*) el mejor día.

Al principio respondí, — sí. Pensé un rato y dije — no. Pues, — posiblemente.

Sonrió y dijo que tendría mucho gusto (*he would be very pleased*) en comprar los billetes. Por supuesto acepté.

A las tres de la tarde el Sr. Carrillo y yo llegamos a la plaza de toros. Faltaba una hora para el comienzo de la corrida. Ya había (*There were already*) mucha gente allí. Todo el mundo estaba de muy buen humor.

El Sr. Carrillo había comprado billetes de sombra. Me explicó que los verdaderos aficionados a los toros no tienen que estar cómodos. Ellos se sientan en los asientos de sol.

Al principio teníamos dificultad en hallar nuestros asientos. Todo el mundo ayudaba, señalando (*pointing out*) diferentes partes de la plaza. Al fin nos sentamos y esperamos el comienzo de la corrida.

La plaza de toros me hizo pensar en el estadio de fútbol en Gran Bretaña. Oí los gritos de los vendedores de refrescos, los gritos y las risas de los espectadores. Todos esperaban impacientes las cuatro de la tarde.

De repente oí la música muy animada que anunció el comienzo de la corrida. Pasó por el redondel un desfile (*a procession*) de hombres en traje de luces, matadores, banderilleros, picadores y monosabios. Se fueron (*they went away*) y salió el toro.

Hasta este momento yo estaba muy contenta. Me gustaban la música, los trajes de luces, los gritos y las risas, y el sol que brillaba tan alegremente.

Pero — allí estaba el toro.

No voy a tratar de describir la corrida. Vd. conoce bien este deporte y sé que le gusta mucho. Solamente quiero darle algunas de mis impresiones.

En breve: no me gusta la corrida. Sí, comprendo que la corrida de toros es un deporte muy emocionante. Pero — ¡Los pobres caballos, el pobre toro, y muchas veces, el pobre matador!

He visto una corrida pero no pienso (*I do not intend*) asistir a otra. Tengo que confesarle — no soy aficionada a los toros y nunca lo seré.

El Sr. Carrillo me dijo — En el fútbol no se puede decir (*may one not say*) — ¡Pobres jugadores! — Sí, estoy de acuerdo (*I am in agreement*), pero, por mi parte, prefiero un deporte más pacífico. Por ejemplo, el ajedrez.

Vocabulario

el aficionado	amateur, fan	la plaza de toros	bullring
el aficionado a los toros	bullfight fan	el redondel	arena
		la sombra	shade
el ajedrez	chess	refrescos	refreshments
el asiento de sol	seat in the sun	las risas	laughter
el asiento de sombra	seat in the shade	brillar	shine
		entender	to understand
el banderillero	thrower of darts (into bull)	señalar	to point out
		aficionado (adj.)	fond of
la banderilla	dart	emocionante	exciting
la corrida de toros	bullfight	pacífico	peaceful
el deporte	sport	de luces	'of lights'
el desfile	procession	traje de luces	matador's
el espectador	spectator		colourful cos-
el matador	bullfighter who kills bull		tume (*lit.* 'suit of lights')
el monosabio	a general helper at bullfight	alegremente	joyously
		anunciar	to announce
el picador	man on horse-back who jabs bull with a pike		

Expresiones Importantes

a caballo	on horseback	estar para + inf.	to be about to
en breve	in short	de buen humor	in good humour
estar de acuerdo	to be in agreement	falta una hora para	it lacks one hour to, it is one hour before

Exercise No. 157—Test of Reading Comprehension

Answer these questions in English.

1 What did Mr. Carrillo ask Mrs. Adams when they were about to leave the office?
2 How much time before the beginning of the bullfight did they arrive?
3 What kind of tickets had Mr. Carrillo bought?
4 In what seats do the bullfight fans sit?
5 Of what did the bullring remind Mrs. Adams?
6 What did Mrs. Adams hear?
7 What sort of procession passed through the arena?
8 What happened when the men left?
9 What did Mrs. Adams like about the bullfight?
10 Why does she not try to describe the bullfight?
11 In short, what does Mrs. Adams think of the bullfight?
12 Whom does she pity?
13 What must she confess to Mr. López?
14 In what does she agree with Mr. Carrillo?
15 What sport does Mrs. Adams prefer?

Exercise No. 158—Completion of Text

1 (We were about to go).
2 Pensé (a while) y dije (well, maybe).
3 Por supuesto (I accepted).
4 (It was one hour) para el comienzo de la corrida.
5 El Sr. Carrillo (had bought) billetes de sombra.
6 (Finally) hallamos nuestros asientos y (sat down).
7 La plaza de toros se parece a nuestro (football stadium).
8 Oímos (the shouts and laughter) de los espectadores.
9 Me gustó el desfile de (men in brilliant costumes).
10 (They went away) y el toro (came out).
11 Sí, comprendo que la corrida de toros es (a very exciting sport).
12 Sin embargo (I must confess to you) la verdad.
13 (I do not intend) asistir a otra corrida.
14 (I am in agreement) si Vd. dice del fútbol — (the poor players!)
15 (I prefer) el ajedrez.

PARTE SEGUNDA

Grammar Notes

1 Two Object Pronouns

Note in the following Spanish and English sentences the position of the indirect object (a person or persons) and the direct object (a thing or things).

1 Carlos *me lo* da.	1 Charles give *it* (m.) *to me.*
2 Ana *me los* trae.	2 Anna brings *them* (m.) *to me.*
3 Juan *nos la* manda.	3 John sends *it* (f.) *to us.*
4 María no *nos las* presta.	4 Mary does not lend *them* (f.) *to us.*
5 *Te lo* damos, hijito.	5 We give it *to you*, sonny.

(a) In Spanish, when there are two pronoun objects, the indirect object precedes the direct object.

(b) In English, the opposite is true.

2 Two Object Pronouns (continued)

Study the following examples and note what happens to the indirect object pronouns **le** (*to you, to him, to her*) and **les** (*to you,* pl., *to them*).

1 *Se lo* digo a Vd.	1 I tell *it to you.*
2 *Se la* traigo a él.	2 I bring *it* (f.) *to him.*
3 *Se las* prestamos a ella.	3 We lend *them to her.*
4 *Se lo* mando a ellos.	4 I send *it* (m.) *to them.*
5 *Se los* doy a Vds.	5 I give *them* (m.) *to you* (pl.)

(a) Le (*to you, to him, to her*) and les (*to you,* pl., *to them*) may not be used before another object pronoun that begins with the letter **l**. In such cases le and les must become **se**.

(b) Thus se may mean *to you* (sing. and plural), *to him, to her, to them* (masc. and fem.).

a Vd., a él, a ella, etc., after the verb, make the meaning clear.

3 Two Object Pronouns after the Verb

Like single object pronouns, two object pronouns follow the verb with the affirmative imperative, with the infinitive and with the present participle. Study the two object pronouns in the following examples.

1 **Díga***melo*.	1 Tell *it to me.*
2 **Díga***selo* a él.	2 Tell *it to him.*
3 **Dé***sela* a ella.	3 Give *it* (f.) *to her.*
4 **Dé***noslos*.	4 Give *them to us.*
5 **Mánde***selos* a ellos.	5 Send *them to them.*

(a) When two object pronouns follow the verb they are **attached to it** and to each other.

(b) An accent mark is added to the stressed syllable of the verb to keep the stress from shifting.

Ejercicios (Exercises) No. 159A–159B–159C–159D

159A. Practise the Spanish questions and answers aloud many times. They will give you a 'feeling' for the two object pronouns construction.

1 ¿Le ha escrito la Sra. Adams la carta a su agente?
Sí, se la ha escrito.

1 Has Mrs. Adams written the letter to her agent?
Yes, she has written it to him.

2 ¿Le ha dado Vd. el regalo a su madre?
Sí, se lo he dado.

2 Have you given the gift to your mother?
Yes, I have given it to her.

3 ¿Me prestará Vd. su pluma?
Sí, se la prestaré.

3 Will you lend me your pen?
Yes, I will lend it to you.

4 ¿Nos mandarán Vds. las flores?
Sí, se las mandaremos.

4 Will you send us the flowers?
Yes, we will send them to you.

5 ¿Les prestaron el dinero a Vds.?
Sí, nos lo prestaron

5 Did they lend you the money?
Yes, they lent it to us.

6 ¿Les contó Vd. los cuentos a los niños?
Sí, se los conté.

6 Did you tell the stories to the children?
Yes, I told them to them.

159B. Before doing this exercise review Grammar Notes 1.

I. Translate into English:

1 Los niños me los traen.
2 Los alumnos nos las mandan.
3 Ellos no nos los venden.
4 Te lo doy, hijito.

II. Translate into Spanish:

1 Charles gives it (*m.*) to me.
2 Anna lends them (*m.*) to us.
3 The teacher says it (*m.*) to us.
4 We give it (*f.*) to you, child.

159C. Before doing this exercise review Grammar Notes 2.

I. Translate into English:

1 Se lo decimos a Vd.
2 Se lo traemos a Vds.
3 Se los damos a él.
4 Se las mandamos a ellos.

II. Translate into Spanish:

1 John tells it (*m.*) to you (*sing.*).
2 Mary writes it (*f.*) to him.
3 The teacher gives them (*m.*) to you (*pl.*).
4 We send them (*f.*) to her.

159D. Before doing this exercise review Grammar Notes 3.

I. Translate into English:

1 Dígamelo.
2 Dénoslo.
3 Préstemelos.
4 Mándeselos a él.

II. Translate into Spanish:

1 Lend them (*m.*) to me.
2 Send it (*m.*) to us.
3 Tell it (*f.*) to him.
4 Give them (*m.*) to her.

CHAPTER 40

LA SEÑORA ADAMS SALE DE ESPAÑA

PARTE PRIMERA

Décima Carta de España

Muy amigo mío:

Cuando me fui (*I went away*) de Londres, como Vd. ya sabe, había aprendido algo acerca de España. Había leído varios libros muy interesantes sobre su (*its*) historia y sus costumbres. Ya sabía hablar español bastante bien.

Aquí en España he visitado muchos lugares. En nuestras conversaciones, que recuerdo bien, hemos hablado de algunos de ellos. En mis cartas podía describirle un poco de lo mucho que he visto y he aprendido. Lo demás (*the rest*) espero decírselo personalmente.

Como Vd. puede imaginar, me gustan mucho los lugares de interés histórico, el paisaje, el arte y las artes populares. Pero más me interesa el pueblo de España con su cariño y su generosa hospitalidad. Me gustan su humor y su filosofía frente a las dificultades.

Me gusta mucho la vida de España. De veras es más tranquila que la de Londres, a pesar de (*in spite of*) mis primeras impresiones en el taxi que me llevó con velocidad espantosa desde el aeropuerto hasta mi hotel.

Vd. sabe que vine a España en viaje de recreo y también de negocios. Afortunadamente terminé pronto los negocios y pude dedicarme enteramente al recreo.

No puedo ir a Tenerife, ni a las otras Islas Canarias. ¡Qué lástima! Pero preferí llegar a conocer (*to get to know*) mejor la Península. Hay tanto que ver, tanto que hacer, tanto que aprender. Me encantó todo.

Tendré mucho que decirle de las personas muy simpáticas que he conocido, los lugares que he visitado y todo lo que he aprendido de las costumbres, de la vida, del idioma y de las artes de España.

Claro está que pronto volveré de nuevo a España. Quiero volver el año que viene. Pero entonces llevaré conmigo a la familia entera. Estoy seguro de que (*I am sure that*) no tendré ninguna dificultad. No he ganado el premio gordo en la lotería; pero de todos modos, volveré.

Esta es la última carta que le escribo antes de salir para Londres el primero de agosto. Tendré mucho gusto en telefonearle después de mi llegada, invitándole a cenar con nosotros cuanto antes. Sin duda pasaremos gran parte de la tarde hablando de nuestra querida España.

Hasta entonces y cordialmente,
Juana Adams

Vocabulario

el cariño	affection	dedicar	to dedicate
el paisaje	landscape	encantar	to charm
la filosofía	philosophy	enteramente	entirely
la hospitalidad	hospitality	frente a	in the face of

Expresiones Importantes

de todos modos	anyway
llegar a conocer	to get to know
cuanto antes	as soon as possible

Exercise No. 160—Test of Reading Comprehension

Answer these questions in English.

1 Before leaving for Spain how had Mrs. Adams obtained some knowledge of the country?
2 How much was she able to describe in her letters?
3 What interests Mrs. Adams most in Spain?
4 Mention four qualities of the people that she likes.
5 How does Mrs. Adams compare life in London with that in Spain?
6 When did she get a different impression?
7 Why didn't she go to Tenerife or the other Canary Islands?
8 Whom will she take with her on her next trip to Spain?
9 What is she sure of?
10 When is she leaving for London?
11 What will she be glad to do after her return to London?
12 How does she think she and Mr. López will spend much of the evening?

PARTE SEGUNDA

Grammar Notes

1 saber and poder

(a) **saber** plus an infinitive means *to know how to do* something.

Sabe escribir en español.   He can (knows how to) write Spanish.

(b) poder plus an infinitive means to have the physical ability or the opportunity to do something.

Hoy no puede escribir, porque está enfermo.	Today he cannot (is not able to) write, because he is ill.

2 Untranslated que

(a) You have learned that **tener que** means *to have to.* Thus:

Tengo que estudiar la lección.	I must (have to) study the lesson.

(b) **que** appears in a number of other expressions where it is not translated:

Tendré mucho que decirle.	I will have much to tell you.
Tengo una carta que escribir.	I have a letter to write.
Hay tanto que ver.	There is so much to see.

PARTE TERCERA

Ejercicios (Exercises) No. 161A–161B–161C

161A. Translate the following sentences accurately. Be sure the tense is correct.

Ejemplo:	**Me fui de Londres.**	I left London.
	Me iré de Londres.	I shall leave London.

1 Leeré varios libros.	11 Me gustó su carta.
2 Había leído varios libros.	12 Me gustará su carta.
3 He leído varios libros.	13 Terminan los negocios.
4 Hemos visitado España.	14 Terminaron los negocios.
5 Habíamos visitado España.	15 Han terminado los negocios.
6 Visitaremos España.	16 Tienen mucho que decirme.
7 Puedo describirlo.	17 Tendrán mucho que decirme.
8 Podía describirlo.	18 Tuvieron mucho que decirme.
9 Podré describirlo.	19 Volveremos a casa.
10 Me gusta su carta.	20 Volvimos a casa.

161B. Complete with the correct form of **saber, conocer** or **poder** as needed:

1 ¿Quién (knows) **todas las respuestas?**
2 (We know) **a ese hombre, pero** (we do not know) **dónde vive.**
3 (I cannot) **hacer el viaje con Vd.**
4 La Sra. Adams quiere (to know) **mejor a su agente.**
5 Ahora (they know each other) **mejor.**
6 (I know how) **jugar al fútbol.**
7 Si Vd. (know) **el sistema monetario, Vd.** (can) **regatear en el mercado.**
8 Vd. (know) **aquellas calles mejor que yo.**

9 **Mucho gusto en** (know you).

10 (They are not able) **cambiar el neumático.**

161C.

1 Have you learned much about Spain?

2 Yes, I have been **(estado)** there, and I have read many books.

3 Can you speak Spanish?

4 Yes, I speak it quite well.

5 Do you remember the places of which **(de que)** we have spoken?

6 I remember them well.

7 Are you able to describe them in Spanish?

8 Yes, I can describe them.

9 What did you like most in Spain?

10 I liked the people most.

11 Is the life of Spain more tranquil than that of London?

12 Indeed it is more tranquil.

13 Is there much to see in Spain?

14 There is much to see, much to hear, much to do, much to learn.

15 My trip is finished.

REVISION 9

CHAPTERS 36–40 PARTE PRIMERA

NOUNS

1 la alegría	10 la gasolina	19 el refresco
2 el aficionado	11 la gasolinera	20 la risa
3 el banco	12 la joya	21 la señal
4 la biblioteca	13 la librería	22 el sonido
5 el bolsillo	14 la lotería	23 la sombra
6 la carretera	15 la posibilidad	24 el sueño
7 los dulces	16 el premio gordo	25 la tela
8 la esquina	17 el paisaje	26 el tabaco
9 el garaje	18 el recreo	27 el valle

1 joy	10 petrol	19 refreshment
2 amateur	11 petrol station	20 laugh
3 bench, bank	12 jewel	21 signal
4 library	13 bookshop	22 sound
5 pocket	14 lottery	23 shade
6 road, highway	15 possibility	24 sleep, dream
7 sweets	16 first prize	25 cloth
8 corner	17 landscape	26 tobacco
9 garage	18 recreation	27 valley

VERBS

1 alquilar	7 ganar	13 regresar
2 anunciar	8 matar	14 reunirse
3 conducir	9 nombrar	15 sacar
4 crecer	10 ofrecer	16 señalar
5 dormir(ue)	11 parar	17 soñar(ue)
6 dormirse	12 prestar	

1 to rent	7 to win	13 to return (go back)
2 to announce	8 to kill	14 to meet together
3 to drive	9 to name	15 to take out
4 to grow	10 to offer	16 to point to
5 to sleep	11 to stop	17 to dream
6 to fall asleep	12 to lend	

PREPOSITIONS

1 durante	2 a pesar de	3 hacia
1 during	2 in spite of	3 towards

IMPORTANT EXPRESSIONS

1 a lo lejos	4 estar para + infin.
2 de todos modos	5 en seguida
3 estar de acuerdo con	6 faltaba una hora

279

7 no me falta nada	**10 ¡qué importa!**
8 más allá	**11 sin embargo**
9 no (verb) más que	**12 tener sueño**

1 in the distance	7 I lack nothing
2 anyway	8 further on
3 to be in agreement with	9 (verb) nothing but, only
4 to be about to	10 what does it matter?
5 immediately	11 nevertheless
6 it was one hour before	12 to be sleepy

PARTE SEGUNDA

Ejercicio 162 Translate the following sentences accurately. All the tenses you have learned and the imperative are here illustrated.

1 ¿Quién pedirá información en la estación de ferrocarril?
2 Pablo ya había tomado el almuerzo cuando le vi.
3 ¿Querrían Vds. hacer un viaje a todos los países de Europa?
4 Conozco a ese hombre, pero no sé dónde vive.
5 Escribíamos nuestras cartas cuando el profesor entró en la sala.
6 Tomen Vds. estos papeles y pónganlos en mi escritorio.
7 Hemos comprado los diarios y los hemos leído.
8 No podía describirles todo lo que había visto.
9 Vine a España y me recibieron con cariño.
10 Guillermo hablaba toda la tarde mientras yo no decía nada.
11 No me gustó la corrida y por eso no asistiré a otra.
12 Los padres trabajaban mientras que los niños dormían.
13 Estábamos en el mercado cuando comenzó a llover.
14 Eran las ocho y media de la mañana y todavía dormían los niños.
15 No vendrán aquí porque no tendrán tiempo.
16 Niños, ¿no jugaréis en el patio?
17 Mi tío viajó por todos los países de América del Sur.
18 A la Sra. Adams le gustaban los alimentos picantes, pero recordaba los consejos de su maestro y no los comía.
19 Yo quería los juguetes, pero Carlos no me los daba.
20 Si encuentro platos con dibujos de animalitos, se los mandaré a Vd.
21 Él pidió cambio de un billete de mil pesetas y el cajero (cashier) se lo dio.
22 Vd. tiene el sombrero de María. Devuélvaselo.

Ejercicio 163 Complete these sentences in Spanish.

1 **La Sra. Adams** (is a businesswoman of London).
2 **Hizo** (a trip to Spain in order to visit) **a su agente.**
3 **Quería** (to know him better).
4 **Antes de salir para España** (she learned to speak Spanish).
5 **También** (she had read many books) **sobre España.**
6 **Desde España escribió cartas** (to her friend and teacher, Mr. López).

7 **Le gustaron mucho a ella** (the places of historic interest).
8 **A pesar de sus primeras impresiones** (Mrs. Adams found the life in Spain more tranquil than that of London).
9 **Pensó** (of the taxi which took her to her hotel).
10 **No le gustó** (the fearful speed of that taxi).
11 **Afortunadamente** (she finished her business matters quickly).
12 **Sin embargo** (she was not able to visit Tenerife).
13 **Había** (so much to see, so much to hear, so much to do, so much to learn).
14 **Pero la Sra. Adams** (will return to Spain).
15 **Llevará consigo** (the whole family).
16 **Ésta es** (Mrs. Adams's last letter) **desde España**.
17 (No doubt), **invitará al Sr. López** (to have dinner with her family) **después de su llegada a Londres**.

LECTURA
Exercise No. 164—Toledo

La ciudad de Toledo está situada a 44 millas al sur de Madrid, en la margen (*bank*) derecha del río Tajo. Tiene 1.720 pies de altura sobre el nivel del mar, y tiene unos 41.000 habitantes. Es una ciudad muy antigua y una de las más célebres de España. No es solamente una ciudad, sino también un monumento nacional, de manera que su arquitectura y carácter quedan y quedarán intactos.

En la Edad Media (*Middle Ages*) vivieron en la ciudad cristianos (*Christians*), árabes y judíos (*Jews*). Convivieron en paz (*peace*) y todos contribuyeron (*contributed*) a hacer de Toledo un centro de cultura y de gran variedad de artes.

El turista no puede dejar de visitar la catedral. Su construcción se inició en 1226 y se terminó aproximadamente (*approximately*) en 1492, el año del descubrimiento (*discovery*) de América. Vale la pena también ver el Alcázar.

Aproximadamente en 1575 llegó a Toledo un inmigrante (*immigrant*) cuyo nombre es conocido en el mundo entero. Vino de Creta (*Crete*) y se llamaba Doménico Teotocópuli, pero le conocemos mejor bajo el nombre de 'El Greco' (*The Greek*). Vivió en Toledo hasta su muerte (*death*), en 1614. Podemos ver sus pinturas en los grandes museos del mundo y en la ciudad misma de Toledo. En efecto, dicen que Toledo es un gran museo dedicado al Greco.

Querido lector (*reader*), no deje Vd. de visitar esta hermosísima ciudad.

VOCABULARY—ENGLISH–SPANISH

A

able, to be, poder(ue)

about, de, acerca de; **about 2 o'clock,** a eso de las dos

accept, to, aceptar

accompany, to, acompañar

ache, el dolor; **headache,** dolor de cabeza; toothache, dolor de muelas

according to, según

accustom, to, acostumbrar

in addition to, además de

address, la dirección

admire, to, admirar

advice, el consejo

advise, to, aconsejar

aeroplane, el avión

affection, el cariño

after, después de (*prep.*); después que (*conj.*)

afternoon, la tarde; **in the afternoon,** por la tarde; **p.m.,** de la tarde

again, otra vez; **to do again,** volver a + *infin.*

against, contra

agent, el agente

ago: **two years ago,** hace dos años

agreeable, agradable

aid, la ayuda

aid, to, ayudar

air, el aire; **in the open air,** al aire libre

airmail: **by airmail,** por correo aéreo

airport, el aeropuerto

almost, casi

alone, solo

along, por

already, ya

also, también

although, aunque

always, siempre

amusement, la diversión

and, y, e (*before* i *or* hi)

announce, anunciar

another, otro, -a

answer, la respuesta

answer, to, contestar, responder

any, cualquier

anyone, alguién, alguno, -a

apple, la manzana

approach, to, acercarse a

arm, el brazo

around, alrededor de

arrange, to, arreglar

arrival, la llegada

arrive, to, llegar

art, el arte (*f*) and (*m*)

article, el artículo

artist, el (la) artista

as . . . as, tan . . . como

ask, to, preguntar; **to ask for,** pedir(i); **to ask questions,** hacer preguntas

assortment, el surtido

at, a, en

attend, to, asistir a

attention, la atención

aunt, la tía

avenue, la avenida

awake, to be, estar despierto, -a

awaken, to (arouse), despertar(ie)

B

bacon, el tocino

bad, malo, -a

badly, mal

baggage, el equipaje

ballpoint pen, el bolígrafo

baker, el panadero

bargain, to, regatear

basket, la cesta, la canasta

bath, el baño; **bathroom,** el cuarto de baño

bathe, to, bañar, bañarse

be, to, ser, estar; **to be in a hurry,** tener prisa, ir con prisas; **to be on the way,** estar en camino; **to be about to,** estar para

beans, las habas, las judías

beautiful, bello, -a; hermoso, -a

because, porque

become, to, ponerse, hacerse; **He becomes ill. Se pone enfermo; He is becoming rich. Se hace rico.**

bed, la cama

bedroom, el dormitorio

before, (*time*) antes de; (*place*) delante de

begin, to, comenzar(ie), empezar(ie)
beginning, el principio; **at the beginning,**
   al principio
behind, detrás de
believe, to, creer
belt, el cinturón
bench, el banco
better, mejor
between, entre
big, grande
bill, la cuenta
bird, el pájaro
birth, el nacimiento
birthday, el cumpleaños
black, negro, -a
blanket, la manta
block, la manzana
blouse, la blusa
blue, azul
boat, el barco
body, el cuerpo
boiled, cocido, -a
book, el libro
booking clerk, el taquillero
bookshelf, la estantería
bookshop, la librería
boot (of car), la maleta
born, to be, nacer; **he was born,** nació
bottle, la botella
box, la caja
boy, el muchacho
bread, el pan
break, to, romper
breakfast, el desayuno
breakfast, to have, desayunar, desay-
   unarse; tomar el desayuno
bring, to, traer, llevar
British, británico, -a
brother, el hermano
building, el edificio
bundle, el bulto
bus, el autobús
business, el negocio
businessman, woman, el, la comerciante,
   negociante
busy, ocupado, -a
but, pero; **but on the contrary,** sino
buy, to, comprar
buyer, el comprador

C

cake, la pasta
call, to, llamar
can (be able to), poder(ue)

car, el coche; **by car,** en coche
caramel cream, el flan
care: **Be careful!** ¡Cuidado!
carpet, la alfombra
carry, to, llevar; **to carry away,** llevarse
catch, to, coger; **to catch cold,** coger,
   atrapar un resfriado, **catarro**
celebrate, to, celebrar
century, el siglo
certain, cierto, -a
certainly, por cierto
chair, la silla
change, el cambio; **in change,** de cambio
change, to, cambiar; **to change clothes,**
   cambiar de ropa
chat, to, charlar
cheap, barato, -a
check, to (baggage), facturar
cheese, el queso
chicken, el pollo
child, el niño, la niña
choose, to, escoger
chop, la chuleta
Christmas carol, el villancico
church, la iglesia
cigar, el puro, cigarro
cinema, el cine
city, la ciudad
class, la clase
clean, limpio, -a
clean, to, limpiar
clear, claro, -a
clerk, el dependiente
climate, el clima
close, to, cerrar(ie)
closed, cerrado, -a
cloth, la tela
clothing, la ropa
coffee, el café
cold, frío, -a; **It is cold (weather).** Hace
   frío; **I am cold.** Tengo frío; **I have a
   cold,** Tengo catarro.
colour, el color; **What is the colour
   of . . . ?** ¿De qué color es . . . ?
come, to, venir
comfortable, cómodo, -a
complete, to, completar
comprehend, to, comprender, enten-
   der(ie)
concert, el concierto
confess, to, confesar(ie)
congratulate, to, felicitar
consequently, por consiguiente
contain, to, contener
continue, to, continuar, seguir(i)

conversation, la conversación
converse, to, conversar
cooked, cocido, -a
cool, fresco, -a; It (weather) is cool. Hace fresco.
copper, el cobre
corn, el maíz
corner, la esquina
correct, correcto, -a
cost, to, costar(ue)
costume, el traje
cotton, el algodón
count, to, contar(ue)
country, el campo, el país (*nation*)
course: of course, por supuesto natural-mente; desde luego; Creo que sí; Of course not. Creo que no.
cousin, el primo, la prima
cover, to, cubrir
craftsman, el artesano
cream, la crema
cross, to, cruzar
cry, el grito
cry, to (shout), gritar
culture, la cultura
current, corriente
custom, la costumbre
cut, to, cortar

D

daily, diario, -a
dance, to, bailar
dangerous, peligroso, -a
dark, oscuro, -a
date, la fecha; What is the date? ¿Cuál es la fecha?
daughter, la hija
day, el día; nowadays, hoy día; on the following day, al día siguiente
dear, caro, -a; querido, -a (*beloved*)
death, la muerte
decide, to, decidir
decoration, el adorno
defend, to, defender(ie)
demand, to, demandar
depart, to, partir
descend, to, bajar
describe, to, describir
desire, to, desear; tener ganas
desk, el escritorio
dessert, el postre
die, to, morir(ue); he died, murió
different, diferente, distinto, -a
difficult, difícil

diligent, diligente
dine, to, tomar la cena, cenar
dining-room, el comedor
dinner, la comida
dirty, sucio, -a
discover, to, descubrir
dish, el plato
distant, lejano, -a
divide, to, dividir
do, to, hacer
doctor, el médico, el doctor
door, la puerta
doubt, la duda; without any doubt, sin duda alguna
doubt, to, dudar
drawing, el dibujo
dress, el vestido
dress, to, vestir(i); to dress in, vestirse de
drink, la bebida
drink, to, beber, tomar
drive, conducir, guiar
dry, seco, -a
dry clean, limpiar en seco
during, durante

E

each, cada; each one, cada uno
ear, el oído (*hearing*), la oreja
early, temprano
earn, to, ganar
east, el este
eat, to, comer
educate, to, educar
egg, el huevo
employ, to, emplear
employee, el empleado
empty, vacío
end, el fin; finally, al fin, finalmente
end, to, terminar, acabar
England, Inglaterra
English, el inglés (*lang.*); Englishman, el inglés; Englishwoman, la inglesa
enjoy, to, gozar de
enough, basta, bastante
enter, to, entrar en
entire, entero, -a
entrance, la entrada
equal, igual
especially, sobre todo
evening, la tarde
everybody, todo el mundo
everywhere, por (en) todas partes
examination, el examen
examine, to, examinar, revisar (*baggage*)

excellent, excelente
except, excepto, menos
excuse, to, dispensar, perdonar, excusar;
  excuse me, dispénseme, perdón
expect, to, esperar
explain, to, explicar
exporter, el exportador
express, to, expresar
eye, el ojo

F

fable, la fábula
face, la cara
fall, to, caer
fall asleep, to, dormirse(ue)
false, falso, -a
family, la familia
famous, famoso, -a, célebre
far from, lejos de
fare, el pasaje
fast, rápido, -a
fat, gordo, -a
father, el padre
favour, el favor
fear, to, temer, tener miedo
feel, to (well, ill), sentirse (ie)
few, pocos(as)
film, el film, la película
find, to, hallar; to find out, averiguar
fine, fino, -a
finish, to, terminar, acabar
first, primero, -a
fish, el pescado
flight, el vuelo
floor, el suelo; el piso (storey)
flower, la flor
follow, to, seguir(i)
following: on the following day, al día
  siguiente
food, la comida, los alimentos
foot, el pie; on foot, a pie
for, por, para
forget, to, olvidar
fork, el tenedor
form, to, formar
fountain, la fuente
fountain pen, la pluma
French (*lang.*), el francés; Frenchman, el
  francés; Frenchwoman, la francesa
friend, el amigo, la amiga
from, de; from . . . to, desde . . . hasta
fruit, la fruta
full, lleno, -a

G

game, el juego, el partido
garage, el garaje
garden, el jardín
gentleman (Mr.), el señor
get, to, obtener, conseguir(i); to get
  (become), ponerse; to get up, levan-
  tarse; to get on, subir a; to get off,
  salir, bajar de
gift, el regalo
give, to, dar; to give back, devolver(ue)
glad, alegre
glass, el vaso (*for drinking*), el vidrio, el
  cristal
glove, el guante
go, to, ir; to go away, irse; to go shopping,
  ir de compras
gold, el oro
good, bueno, -a
grandfather, el abuelo
grandmother, la abuela
grape, la uva
grapefruit, la toronja
Great Britain, Gran Bretaña
green, verde
greet, to, saludar
greeting, el saludo
grey, gris
group, el grupo
guess, to, adivinar

H

hair, el pelo
half, la mitad; medio, -a
ham, el jamón
hand, la mano; handmade, hecho a mano;
  to shake hands, darse la mano
happen, to, pasar
happy, contento, -a, feliz
hard, difícil
hat, el sombrero
have, to, haber (*auxiliary*); tener (*possess*)
head, la cabeza
headache, el dolor de cabeza
healthy, sano, -a; to be healthy, tener
  salud
hear, to, oír
heart, el corazón
heavy, pesado, -a
help, la ayuda
help, to, ayudar
here, aquí, acá (*usually after a verb of
  motion*); Here it is. Aquí lo tiene Vd.

high, alto, -a
highland, la altiplanicie
holiday, la fiesta
home,. en casa; to go home, ir a casa
hope, to, esperar; I hope so. Espero que
    sí; I hope not. Espero que no.
horse, el caballo
hot, caliente; It (weather) is hot. Hace
    calor; I am hot. Tengo calor.
hour, la hora
house, la casa
how, como, ¿cómo?
how many? ¿cuántos, -as?
how much? ¿cuánto, -a?
hungry: to be hungry, tener hambre
hurry: to be in a hurry, tener prisa
hurry, to, apresurarse
hurt, to, hacer daño a
husband, el esposo

I

ice cream, el helado
if, si
ill, enfermo, -a; malo, -a
imagine, imaginar
immediately, inmediatamente, en seguida
in, en
Indian, el indio
industry, la industria
inform, to, informar, avisar
inhabitant, el habitante
ink, la tinta
inside of, dentro de
instead of, en vez de
intelligent, inteligente
intend, to, pensar + *infin.*
interest, el interés
interest, to, interesar
introduce, to, presentar
invitation, la invitación
invite, to, invitar
Ireland, Irlanda
Irish, irlandés, -esa
iron, el hierro

J

jack, el gato
jar, jug, el jarro
jewel, la joya
jewellery shop, la joyería
juice, el zumo

K

keep, to, guardar
kill, to, matar
kind, amable
king, el rey
kiss, to, besar
kitchen, la cocina
knife, el cuchillo
know, to, saber; to know how, saber;
    to be acquainted with, conocer

L

lady (Mrs.), la señora
lamp, la lámpara
land, la tierra
language, la lengua, el idioma
last, último, -a; last year, el año pasado
laugh, la risa
laugh, to, reír(i); to laugh at, reírse de
lawyer, el abogado
lazy, perezoso, -a
leader, el caudillo
leaf, la hoja
learn, to, aprender
least, el menos; at least, por lo menos
leather, el cuero
leave, to (go out of), salir de
left, izquierdo, -a; to the left, a la
    izquierda
lemon, el limón
lend, to, prestar
less, menos
let, to (permit), permitir, dejar
letter, la carta
library, la biblioteca
lie down, to, acostarse(ue)
life, la vida
lift, el ascensor
light, la luz
like, to, gustar; I like the game. Me
    gusta el juego.
listen, to, escuchar
little, pequeño, -a; a little, un poco
live, to, vivir
lively, vivo, -a
living-room, la sala
load, la carga
long, largo, -a
look at, to, mirar
look for, to, buscar
lose, to, perder(ie)
loud, alto, -a
love, el amor

love, to, querer(ie) a, amar a
low, bajo, -a
luck, la suerte
lucky, afortunado, -a
lunch, el almuerzo

M

magazine, la revista
magnificent, magnífico, -a
maid, la criada
mail, to, echar en el buzón, echar al correo
maintain, to, mantener
majority, la mayor parte, la mayoría
make, to, hacer; to make a trip, hacer un viaje
man, el hombre
manner, la manera; in the same manner, de la misma manera
many, muchos, -as
market, el mercado
marry, to (someone), casarse con
match, la cerilla, el fósforo
matter, to, importar; It doesn't matter. No importa. What is the matter? ¿Qué hay? ¿Qué pasa? What is the matter with you? ¿Qué tiene Vd.? ¿Qué le pasa?
meal, la comida
mean, to, significar; querer(ie) decir
meanwhile, entretanto
measure, la medida
measure, to, medir(i)
meat, la carne
meet, to (make the acquaintance of), conocer a; Glad to meet you. Mucho gusto en conocerle, encantado
meet, to (come together with), encontrar(ue)
melon, el melón
memory, la memoria
menu, la lista, el menú
merchandise, la mercancía
merry, alegre
Mexican, mejicano, -a
Mexico, Méjico
mile, la milla
milk, la leche
million, el millón
Miss (young lady), la señorita
miss, to, echar de menos
mistake, la falta
mistaken (to be), estar equivocado, -a
modern, moderno, -a

money, el dinero, la moneda (*currency*)
month, el mes
moon, la luna
more, más
moreover, además
morning, la mañana; in the morning, por la mañana; a.m., de la mañana
most, el(la) más
mother, la madre
motion picture, la película
mountain, la montaña
mouth, la boca
move, to, mover(ue)
much, mucho, -a
music, la música
must (ought to), deber; (to have to), tener que; (probably), deber de

N

name, el nombre
name, to, nombrar
nature, la naturaleza
near, cerca de (*prep.*)
necessary, necesario, -a; it is necessary, es necesario, hay que + *infin.*
necessity, la necesidad
need, to, necesitar
neither, tampoco; neither . . . nor, ni . . . ni
never, nunca, jamás
nevertheless, sin embargo
new, nuevo, -a
news, las noticias
newspaper, el periódico, el diario
next, próximo, -a
nice, bonito, -a, simpático, -a
night, la noche; at night, por la noche
nobody, nadie
noise, el ruido
none, no, ninguno, -a
north, el norte
nose, la nariz
nothing, nada
now, ahora
number, el número

O

obey, to, obedecer
object, el objeto
observe, to, observar
obtain, to, obtener, conseguir(i)
occasion, la ocasión
of, de
offer, to, ofrecer

office, la oficina
often, a menudo, muchas veces
old, viejo, -a antiguo, -a
older, mayor
oldest, el(la) mayor
on (top of), encima de
only, sólo, solamente; **not only . . . but
also,** no solamente . . . sino también
open, abierto, -a
open, to, abrir
opportunity, la oportunidad
opposite, frente a
or, o (u *before* o *or* ho)
orange, la naranja
order, to, mandar, pedir(i)
other, otro, -a
ought to, deber
outside of, fuera de
over, sobre
overcoat, el abrigo
owe, to, deber
own, propio, -a

P

pack: **to pack a trunk,** hacer una maleta
package, el paquete
paint, to, pintar
painter, el pintor
painting, la pintura
paper, el papel
parcel post, el paquete postal
parents, los padres
park, el parque
pass (by), to, pasar
passport, el pasaporte
pavement, la acera
pay, to, pagar
peach, el melocotón
pear, la pera
pen, la pluma
pencil, el lápiz
penny, el penique
people, la gente, las personas
perfectly, perfectamente
permission, el permiso
permit, to, permitir, dejar
person, la persona
petrol, la gasolina; **petrol station, la**
gasolinera; **petrol tank,** el depósito
pharmacy, la farmacia
pick up, to, coger, recoger
picture, el cuadro
piece, la pieza
pink, rosado, -a

pity, la lástima; **What a pity!** ¡Qué
lástima!
place, el sitio, el lugar
place, to, poner
plain, la llanura
plane, el avión
plateau, la meseta
play, el drama, la comedia
play, to, tocar (*instrument*) jugar(ue)
(*game*)
pleasant, agradable
please, por favor; hágame Vd. el favor
de; tenga la bondad de
pleasure, el placer, el gusto; **with
pleasure,** con mucho gusto, encantado
pocket, el bolsillo
point out, to, señalar, indicar, mostrar(ue)
policeman, el agente de policía, el policía
poor, pobre
portion, la porción
portrait, el retrato
post, echar al correo
poster, el cartel
possible, posible
post office, el correo
potato, la patata
pottery, la cerámica
pound, la libra
pour, to, echar
practice, to, practicar
prefer, to, preferir(ie)
prepare, to, preparar
present, a, el regalo
present, to, presentar
pretty, bonito, -a
price, el precio
prize, el premio
produce, to, producir
production, la producción
professor, el profesor, la profesora
programme, el programa
progress, to, adelantar
promenade, el paseo
promise, to, prometer
proud, orgulloso, -a
purchase, la compra
purse, la bolsa
put, to, poner; **to put on,** (*clothing*)
ponerse

Q

quantity, la cantidad
question, la pregunta
quickly, de prisa, aprisa

R

radio, la radio
rain, la lluvia
rain, to, llover(ue)
raincoat, el impermeable
rainy, lluvioso, -a
raise, to, levantar
rapid, rápido, -a
rapidly, rápidamente
rare, raro, -a
read, to, leer
ready, listo, -a
really! ¡de veras!
receive, to, recibir
recognize, to, reconocer
recreation, el recreo
red, rojo, -a
regret, to, sentir(ie)
relate, to, contar(ue)
relative, el pariente
remain, to, quedar, quedarse
remember, to, recordar(ue), acordarse (ue)
rent, to, alquilar
repeat, to, repetir(i)
reply, to, responder, contestar
representative, el representante
request, to, pedir(i)
resemble, to, parecerse a
reservation, la reserva
resist, to, resistir
respect, el respeto
rest, el descanso
restaurant, el restaurante
return, to, volver(ue) (*to go back*); regresar (*to go back*); devolver(ue) (*to give back*)
return ticket, el billete de ida y vuelta
rice, el arroz
rich, rico, -a
ride, to, ir (en coche, etc.); to go for a ride, pasearse (en coche, etc.), dar un paseo (en coche, etc.)
right: to be right, tener razón
right, derecho, -a
river, el río
road, el camino
roll, el panecillo
roof, el tejado
room, el cuarto
round, redondo, -a
row, la fila
run, to, correr

S

salt, la sal
same, mismo, -a; the same thing, lo mismo
sandwich, el bocadillo
sash, la faja
sauce, la salsa
say, decir; How does one say? ¿Cómo se dice?
scarcely, apenas
school, la escuela
screen, la pantalla
season, la estación
seat, el asiento
seated, sentado, -a
see, to, ver; Let's see. A ver.
seek, to, buscar
seem, to, parecer
sell, to, vender
seller, el vendedor
send, to, mandar, enviar
sense, el sentido
sentence, la frase
serve, to, servir(i)
set, to, poner; to set the table, poner la mesa
shade, la sombra
shawl, el echarpe
shine, to, brillar
shipment, el envío
shirt, la camisa
shoe, el zapato
short, corto -a, breve
shout, to, gritar
show, to (point out), mostrar(ue), enseñar
sick, enfermo, -a; malo, -a
side, el lado; beside, al lado de
sight, la vista
silk, la seda
silver, la plata
silversmith, el platero
similar, semejante
simple, sencillo, -a
since (because), puesto que
sing, to, cantar
sister, la hermana
sit down, to, sentarse(ie); to be sitting, estar sentado
size, el tamaño
skirt, la falda
sky, el cielo
sleep, to, dormir(ue)

sleepy: to be sleepy, tener sueño
slowly, despacio, lentamente
small, pequeño, -a
smile, to, sonreír(i)
snow, la nieve; it is snowing, nieva
so, así; so much, tanto, -a; so that, para que, de modo que
some, alguno, -a
someone, alguien
something, algo
somewhat, algo
son, el hijo
song, la canción
soon, pronto
sorry: to be sorry, sentir(ie); I am very sorry. Lo siento mucho.
soup, la sopa
south, el sur
souvenir, el recuerdo
Spain, España
Spaniard, el español, la española
Spanish (*lang.*), el español, el castellano
speak, to, hablar
spend, to, (*time*) pasar; (*money*) gastar
spicy, picante
spite: in spite of, a pesar de
spoon, la cucharita
spring, la primavera
square, cuadrado, -a
stairway, la escalera
stamp, el sello
stand, el puesto
stand up, to, ponerse en pie; to be standing, estar de pie
star, la estrella
state, el estado
station (railway), la estación de ferrocarril
statue, la estatua
steak (beef), el bistec
stenographer, la taquígrafa
step, el paso
sterling, la esterlina
still, todavía
stop, to, parar
store, la tienda
storey, el piso
story, el cuento
straw, la paja
street, la calle
strong, fuerte
student, el(la) estudiante
study, to, estudiar
style, el estilo

subject, el tema
suburb, el suburbio
suit, el traje
suitcase, la maleta; to pack a suitcase, hacer una maleta
summer, el verano
sun, el sol; it is sunny, hay sol
supper, la cena
surely, de seguro, seguramente, sin duda
surprised, sorprendido
surrounded, rodeado, -a
sweater, jersey
sweet, dulce; sweets, los dulces

T

table, la mesa; to set the table, poner la mesa
tailor, el sastre
take, to, tomar; to take away, llevarse
take out, to, sacar
tall, grande, alto, -a
tank, el depósito
taste, to, probar(ue)
tasty, sabroso, -a
tea, el té
teach, to, enseñar
teacher, el maestro, la maestra; el profesor, la profesora
telephone, el teléfono
telephone, to, llamar por teléfono, telefonear
tell, to, decir
temperate, templado
temperature, la temperatura
textile, el tejido
thankful, agradecido, -a
thanks, gracias
that, ese, -a; aquel, aquella; que (*conj.*)
theatre, el teatro
then, entonces
there, allí, ahí, allá (*usually with a verb of motion*); there is (are), hay
therefore, por eso, por lo tanto
these (*adj.*), estos, -as
thick, grueso, -a
thing, la cosa
think, to (believe), creer; to think of, pensar en
thirsty: to be thirsty, tener sed
this (*adj.*), este, -a
those (*adj.*), esos, -as, aquellos, -as
through, por
thus, así
ticket window, la taquilla

ticket, el billete, la entrada (*cinema &
theatre*)
ticket-seller, el taquillero
tile, el azulejo
time: What time is it? ¿Qué hora es?
one time, two times, una vez, dos veces,
etc.; on time, a tiempo; to have a good
time, pasar un buen rato
time table, el horario
tin, la hojalata
tip, la propina
tire, to, cansarse
tired, cansado, -a
to, a; in order to, para
toast, la tostada
tobacco, el tabaco
today, hoy
tomato, el tomate
tomorrow morning, mañana por la
mañana
too (also), también
too many, demasiados, -as
too much, demasiado, -a
tooth, el diente
toothache, dolor de muelas
topic, el tema
tourist, el(la) turista
towards, hacia
town, el pueblo
toy, el juguete
train, el tren
tram, el tranvía
travel, to, viajar
traveller, el viajero
tray, la bandeja
tree, el árbol
trip, el viaje; to take a trip, hacer un
viaje
trousers, los pantalones
trunk, el baúl
truth, la verdad
try, to, tratar de; to try on, probar(ue)
turkey, el pavo
typewriter, la máquina de escribir
typical, típico, -a
tyre, el neumático, la llanta

U

umbrella, el paraguas
uncle, el tío
under, debajo de
underground, (railway), el metro
understand, comprender, entender(ie)
unfortunately, desgraciadamente

United States, los Estados Unidos
(*abbreviation*) EE.UU.
university, la universidad
upon, sobre, encima de
use, to, usar, emplear
useful, útil

V

vacation, las vacaciones
valise, la valija
valley, el valle
very, muy
view, la vista
visit, la visita
visit, to, visitar
voice, la voz
voyage, el viaje

W

wait for, to, esperar
waiter, el camarero
waiting-room, la sala de espera
wake up, to, (*somebody*) despertar(ie),
(*oneself*) depertarse
Wales, el País de Gales
walk, to, andar, ir a pie, caminar; to
take a walk, dar un paseo, pasearse
wall, la pared
want, desear, querer(ie)
wash, to, lavar
watch, el reloj
water, el agua (*f*)
way: by the way, a propósito
weak, débil
wear, llevar, vestir(i) de
weather: What's the weather? ¿Qué
tiempo hace?
week, la semana
weigh, to, pesar
well, pues, bien; All right. Está bien.
well known, conocido, -a
Welsh, galés, -esa
when, cuando, ¿cuándo?
where, donde, ¿dónde?
where (whither), ¿a dónde?
whether, si
which, que, ¿qué?
which one (ones)? ¿cuál (cuales)?
while, mientras
white, blanco, -a
who, que, quien, ¿quién?
whom, que ¿á quién?
whose, cuyo, -a, ¿de quién?

why? ¿por qué? ¿para qué?
wide, ancho, -a
wife, la esposa, la mujer
win, to, ganar
wind, el viento; **It is windy.** Hace
  viento.
window, la ventana
winter, el invierno
wise, sabio, -a
wish, el deseo
wish, to, querer(ie), desear
with, con
without, sin
woman, la mujer
wood, la madera
wool, la lana
word, la palabra
work, el trabajo
work, to, trabajar
world, el mundo
worry, to, preocuparse

worse, peor
worth, to be, valer; **It is worth while.**
  Vale la pena.
worthy, digno, -a
write, to, escribir
writer, el escritor
wrong: **to be wrong,** no tener razón

Y

year, el año; **last year,** el año pasado;
  next year, el año que viene, el año
  próximo
yellow, amarillo, -a
yesterday, ayer; **day before yesterday,**
  anteayer
yet, todavía; **not yet,** todavía no
young, joven
younger, menor
youngest, el menor
youth, el joven

A

a, to, at
abajo, under, below
abierto, -a, open, opened
el abogado, lawyer
el abrigo, overcoat
abril (*m*), April
abrir, to open
acá, here (*usually with a verb of motion*)
acabar, to finish; **acaba de** + *infin.* = to have just
aceptar, to accept
la acera, the pavement
acerca de, about, concerning
acercarse (a), to approach
acompañar, to accompany
aconsejar, to advise
acordarse (ue) (de), to remember
acostarse (ue), to go to bed
acostumbrar, to accustom
el acuerdo, agreement
adelantar, to progress
adelante, straight ahead, forward
además, moreover, also
además de, in addition to
adiós, good-bye
admirar, to admire
aereo: por correo aéreo, by airmail
el aeropuerto, airport
el aficionado, sport fan
afortunado, -a, lucky
afuera, outside
el agente, agent
agosto, August
agradable, agreeable, pleasant
agradecido, -a, thankful, grateful
el agua (*f*), water
ahí, there
ahora, now
ahorita, just now, in just a minute
el aire, air; **al aire libre,** in the open air
alegrar, to gladden; **alegrarse,** to rejoice, to be glad
alegre, lively, merry
la alfombra, rug, carpet
algo, something; somewhat
el algodón, cotton

alguien, someone, anyone
alguno (algún), -a, someone, any
el alimento, food
el alma (*f*), soul
el almacén, department store
el almuerzo, lunch
alquilar, to rent
alrededor de, around
los alrededores, surrounding area
alto, -a, tall, high
la altiplanicie, highland
la altura, altitude
el alumno, la alumna, student
allá, there (*usually with a verb of motion*)
allí, there
amable, kind
amar, to love
amarillo, -a, yellow
el amigo, la amiga, friend
el amor, love
ancho, -a, wide
andar, to go, to walk
animado, -a, lively, animated
el ánimo, soul, spirit; courage
anoche, last night
antaño, ancient, of long ago
ante, before, in face of
anteayer, day before yesterday
antes de, before (*refers to time*); **cuanto antes,** as soon as possible
antiguo, -a, old
anunciar, to announce
el año, year; **el año que viene,** next year
el aparador, sideboard
aparecer, to appear
apenas, scarcely
el apetito, appetite
apreciar, to appreciate
aprender (a), to learn (to)
apresurarse, to hurry
aprisa, swiftly, quickly
apropiado, appropriate
aprovecharse de, to take advantage of
aquel, aquella, that
aquél, aquélla, that (one); the former
aquí, here; **Aquí lo tiene Vd.** Here it is.
el árbol, tree
arreglar, to arrange

arriba, above, upstairs
el **arroz**, rice
el **arte** (*m* and *f*), art
el **artesano**, craftsman
el **artículo**, article
el **(la) artista**, artist
artístico, artistic
el **ascensor**, lift
así, thus, so
el **asiento**, seat
asistir (a), to attend
el **aspecto**, appearance
atento, attentive
atrás, backwards, behind
atravesar (ie), to cross
aun (aún), even, yet, still
aunque, although
el **autobús**, bus
la **avenida**, avenue
averiguar, to find out
el **avión**, aeroplane
avisar, to inform
¡**ay**! alas!
ayer, yesterday
la **ayuda**, aid
ayudar (a), to aid, help (to)
el **(la) azúcar**, sugar
el **azucarero**, sugar-bowl
azul, blue
el **azulejo**, tile

B

bailar, to dance
el **baile**, dance
bajar (de), to get out (of); to climb (go)
  down
bajo, low
el **balcón**, balcony
el **banco**, bench
la **bandeja**, tray
bañar, to bathe
el **baño**, bath; bathtub; bathroom
barato, -a, cheap
¡**basta**! enough!
bastante, quite, enough
la **batalla**, battle
el **baúl**, trunk
beber, to drink
la **bebida**, drink
bello, -a, beautiful
el **beso**, kiss
la **biblioteca**, library
bien, well
bienvenido, -a, welcome

el **billete**, bill
el **billete (de primera) (de segunda)**,
  (first-class) (second-class) ticket
blanco, -a, white
la **blusa**, blouse
la **boca**, mouth
el **bocadillo**, sandwich
el **bolígrafo**, ballpoint pen
la **bolsa**, purse
el **bolsillo**, pocket
la **bondad**, kindness
bonito, -a, pretty, nice
la **botella**, bottle
el **brazo**, arm
brillar, to shine
la **brisa**, breeze
bueno (buen), -a, good
el **bulto**, bundle
el **burro**, donkey
buscar, to look for
el **buzón**, postbox; **echar en el buzón**, to
  post

C

el **caballo**, horse
la **cabeza**, head
cada, each, every
caer, to fall
el **café**, coffee, café
la **caja**, box
el **calcetín**, sock
caliente, warm, hot
el **calor**, heat; **hace calor**, it is hot
  (weather); **tener calor**, to be hot (for
  persons)
la **calle**, street
la **cama**, bed
el **camarero**, waiter
cambiar, to change, exchange
el **cambio**, change; **de cambio**, in change
caminar, to go, to travel, to walk
el **camino**, road
la **camisa**, shirt
el **campesino**, peasant
el **campo**, country
la **canasta**, basket
la **canción**, song
cansado, tired
cansarse, to grow weary, tired
cantar, to sing
la **cantidad**, quantity
la **cara**, face
la **carga**, load
el **cariño**, affection

la carne, meat
la carnicería, butcher's shop
caro, -a, expensive, dear
la carta, letter
el cartel, poster
el cartero, postman
la casa, house
en casa, at home; **volver a casa,** to go home
casarse con, to marry
casi, almost
el castellano, Spanish (*language*)
el catarro, cold (*med.*); **atrapar un catarro,** catch cold; **tengo catarro,** I have a cold
la causa, cause; **a causa de,** because of
la cebolla, onion
celebrar, to celebrate
célebre, famous
la cena, supper
cenar, to have supper
el céntimo, cent
el centro, centre
la cerámica, pottery
cerca de (*prep.*), near
cercano, nearby
la cerilla, wax match
el cero, zero
cerrado, -a, closed, shut
cerrar (ie), to close, shut
la cerveza, beer
la cesta, basket
el cielo, sky
el científico, scientist
ciento (cien), one hundred; **por ciento,** per cent
cierto, certain, true; **por cierto,** certainly
el cigarro, cigar
el cine, cinema
el cinturón, belt
la cita, appointment
citar, to make an appointment with
la ciudad, city
claro, -a, clear, light; **¡Claro que sí!** Of course! **¡Claro que no!** Of course not!
la clase, class, kind
el clavel, carnation
el cliente, client
el clima, climate
el cobre, copper
cocido, cooked, boiled
la cocina, kitchen
el coche, car
coger, to catch, gather, pick up

el color, colour; **¿De qué color es . . .?** What colour is . . .?
el comedor, dining-room
comenzar (ie), to begin
comer, to eat; comerse, to 'eat up'
el comerciante, businessman
la comerciante, businesswoman
la comida, meal, food, dinner
como, like, as, how; **¿cómo?** how? **¿cómo no?** of course, why not? **¿cómo se dice?** how do you say?
cómodo, -a, comfortable
el compañero, companion
el compatriota, countryman
completo, -a, complete
la compra, purchase; **ir de compras,** to go shopping
el comprador, purchaser
comprar, to buy
comprender, to understand
común, common
con, with; **conmigo,** with me; **con tal que,** provided that
el concierto, concert
condecorado, -a, decorated
conducir, to lead; to conduct
confesar (ie), to confess
conocer, to know, meet, be acquainted with
conocido, -a, well known
conseguir (i), to get, obtain
el consejo, advice
consentir (ie), to consent
consiguiente: **por consiguiente,** consequently
consistir en, to consist of
contar (ue), to count; to relate
contener, to contain
contento, -a, contented, happy
contestar (a), to answer
continuar, to continue
contra, against
conveniente, convenient
conversar, to converse
la copia, copy
el corazón, heart
la corbata, tie
coronado, crowned
correcto, -a, correct
corregir (i), to correct
el correo, the post office; **por correo aéreo,** by airmail
correr, to run
la corrida de toros, bullfight
corriente, current, popular

cortar, to cut
la cortesía, courtesy
corto, -a, short
la cosa, thing; ¡qué cosa! the idea!
la costa, coast
costar (ue), to cost
la costumbre, custom; es costumbre, it's the custom
crecer, to grow
creer, to believe, 'think'; Creo que no. I think not; Creo que sí. I think so; ¡Ya lo creo! Yes indeed; I should say so!
la criada, maid
el cristal, glass
cruzar, to cross
cuadrado, -a, square
el cuadro, picture
¿cúal? ¿cuáles? which (one, ones)? what?
cualquier, any
cuando, when; ¿cuándo? when?
¿cuánto, -a? how much?
¿cuántos, -as? how many?
el cuarto, room, quarter, fourth
cubierto de, covered (with)
cubrir, to cover
la cuchara, spoon
la cucharita, teaspoon
el cuchillo, knife
la cuenta, bill
el cuento, story
el cuero, leather
el cuerpo, body
¡Cuidado! Take care!
cuidar, to look after; cuidar de, to take care of
la culpa, guilt, fault
la cultura, culture
el cumpleaños, birthday
cumplir, to fulfil
cuyo, -a, whose

CH

charlar, to chat
chico (a), small
el chico, la chica, small boy (girl)
la chuleta, chop

D

el daño, harm
dar, to give; dar a, to face (*the street etc.*); dar las gracias a, to give thanks

to; dar un paseo, to go out walking or driving; darse la mano, to shake hands
de, of, from, about
debajo de, under, beneath
deber, ought to, be obliged to, must
débil, weak
decidir, to decide
décimo, tenth
decir (i), to tell, say; es decir, that is to say
defender, to defend
dejar, to let, to leave, allow; dejar de, to fail to (do something)
delante de, in front of
demandar, to demand
los demás, the rest
demasiado, -a, too (much), (*pl.*) too many
dentro (de), inside (of)
el dependiente, clerk
el deporte, sport
el depósito, petrol tank
derecho, -a, right; a la derecha, to the right; derecho, straight ahead
desaparecer, to disappear
desayunar, desayunarse, to breakfast
el desayuno, breakfast
descansar, to rest
el descanso, rest
describir, to describe
descubrir, to discover
desde, from, since; desde luego, of course
desear, to wish, want
deseoso, desirous
el desfile, parade, procession
desgraciadamente, unfortunately
el desierto, desert
desocupado, unoccupied
despacio, slowly
despedirse (i) de, to take leave of
despertar (ie), to wake up (*somebody*)
despertarse, to wake up (*oneself*)
despierto, -a, awake
después, afterwards
después de, after
detrás de, behind
devolver (ue), to give back, return
el día, day; al día siguiente, next day; hoy día, nowadays
diario, -a, daily
el dibujo, drawing
diciembre, December
el diente, tooth

diferente, different
difícil, difficult
digno, worthy
diligente, diligent
el dinero, money
el dios, god
la dirección, address
dirigirse a, to go to, to address (a person)
dispensar, to excuse; dispénseme, excuse me
distinto, different
la diversión, amusement
diverso, -a, varied
divertido, -a, amusing
divertirse (ie), to have a good time, amuse oneself
dividir, to divide
el dolor de cabeza (muelas), (estómago), headache (toothache) (stomachache)
dominar, to dominate
el domingo, Sunday
don (*m*), doña (*f*), title used with first name
donde, where; ¿dónde? where? ¿Por dónde se va a . . .? How does one get to . . .?
dormir (ue), to sleep; dormirse (ue), to fall asleep
el dormitorio, bedroom
el drama, play
la duda, doubt; sin duda alguna, without any doubt
dulce, sweet; los dulces, candy
durante, during
durar, to last
el duro, 5-peseta piece

E

echar, to pour; echarse, to stretch out; echar de menos, to miss
el echarpe, shawl
la edad, age
elevar, to raise; elevarse, to rise
la embajada, embassy
embargo: sin embargo, nevertheless
emocionante, touching, thrilling
empezar (ie) (a), to begin (to)
el empleado, employee
emplear, to use
en, in, on; at; en seguida, at once; en vez de, instead of
encantar, to enchant, charm
encima (de), on top (of)
encontrar (ue), to find, meet

enero, January
enfermo, -a, sick, ill
enfrente de, opposite, facing
enorme, enormous
enseñar, to teach
entender (ie), to understand
entero, whole
entonces, then
la entrada, entrance; ticket (theatre and cinema)
entrar (en), to enter
entre, between
entretanto, meanwhile
enviar, to send
el envío, shipment
el equipaje, baggage
equivocado, -a, mistaken
la escalera, stairway
escocés, -esa, Scottish
Escocia, Scotland
escoger, to choose
escribir, to write
el escritor, writer
el escritorio, desk
escuchar (a), to listen (to)
la escuela, school
ese, -a, that
ése, -a, that (one)
eso, that (*referring to a statement or idea*); a eso de, at about (*time*); por eso, therefore
espacioso, spacious
el español, Spanish (*lang.*)
el español, Spaniard; la española, Spanish woman
el espectador, spectator
esperar, to wait (for), hope, expect; Espero que no. I hope not; Espero que sí. I hope so.
el esposo, husband; la esposa, wife
la esquina, corner
la estación de ferrocarril, railway station
el estado, state
los Estados Unidos, (*abbr.* EE.UU.), the United States
la estantería, shelf, bookcase
estar, to be (*place*); estar en camino, to be on the way; estar para, to be about to
la estatua, statue
el este, east
este, -a, this
éste, -a, this (one)
esterlina, sterling
el estilo, style

esto, this (*referring to a statement or idea*)
estrecho, -a, narrow
la estrella, star
el estudiante, student
el estudio, study
estudiar, to study
el examen, examination
examinar, to examine
excelente, excellent
excepto, except
explicar, to explain
expresar, to express
la expresión, expression
extender (ie), to extend

F

fácil, easy
facilitar, to facilitate
fácilmente, easily
facturar, to check (baggage)
la faja, sash
la falda, skirt
falso, -a, false
la falta, mistake, lack; Me hace falta, I lack, I need
faltar, to be lacking, need; me falta, I need
la familia, family
famoso, -a, famous
la farmacia, pharmacy
favor: hágame el favor de, please; Es favor que Vd. me hace, You flatter me; por favor, please
febrero, February
la fecha, date; ¿Cuál es la fecha? What is the date?
felicitar, to congratulate
feliz, happy
la fiesta, holiday
la fila, row
el fin, end; al fin, finally, at last
fino, -a, fine
firmar, to sign
el flan, caramel custard
la flor, flower
la formalidad, formality
la fortuna, fortune
el fósforo, match
el francés, French (*lang.*), Frenchman; la francesa, Frenchwoman
la frase, sentence
la frente, front; en frente de, in front of; frente a, opposite, facing

fresco, cool
frío, cold; hacer frío, to be cold (*weather*); tener frío, to be cold (*persons*)
la fruta, fruit
el fuego, fire
la fuente, fountain
fuera de, outside of
fuerte, strong
la función, performance

G

Gales, Wales
galés, -esa, Welsh
la gana, desire; de buena gana, willingly
ganar, to earn, to win
el garaje, garage
gastar, to spend
el gato, jack (for car); cat
generoso, generous
la gente, people
gordo, -a, fat
gozar (de), to enjoy
gracias, thanks
gracioso, -a, graceful, amusing
grande, large, great
gris, grey
gritar, to shout
el grito, shout, cry
grueso, -a, thick
el grupo, group
el guante, glove
guapo, -a, neat, elegant, handsome
guardar, to keep, guard
la guía, guide book
gustar, to be pleasing to; me gusta, I like
el gusto, pleasure; con mucho gusto, with much pleasure; el gusto es mío, the pleasure is mine; tanto gusto en conocerle, very pleased to meet you

H

haber, to have (*auxiliary*)
el habitante, inhabitant
hablador, -a, talkative
hablar, to speak
hacer, to do, make; hace algún tiempo, some time ago; hace calor, frío, etc., it is hot, cold, etc. (weather); hacer daño a, to hurt; me hace falta, I need; hacer preguntas, to ask questions
hallar, to find

el hambre (*f*), hunger; **tener hambre**, to be hungry

hasta, until, to, as far as, even; **hasta luego**, so long; **hasta mañana**, until tomorrow; **hasta la vista**, so long

hay, there is, there are; **hay que**, it is necessary to, one must; **hay (sol) (viento) (polvo) (lodo)**, it is (sunny) (windy) (dusty) (muddy)

hecho, made; **hecho a mano**, handmade

el **helado**, ice cream

el **hermano**, brother; **la hermana**, sister

hermoso, -a, beautiful

el **héroe**, hero

el **hierro**, iron

el **hijo**, son; **la hija**, daughter; **los hijos**, children

la **hoja**, leaf, sheet (of paper)

la **hojalata**, tin

el **hombre**, man

la **hora**, hour; time; **¿A qué hora?** At what time?

el **horario**, time table

la **hospitalidad**, hospitality

hoy, today; **hoy día**, nowadays

el **huevo**, egg

huir, to flee

húmedo, wet

I

ida: **un billete de ida y vuelta**, a return ticket

el **idioma**, language

la **iglesia**, church

igual, equal

igualmente, equally, the same to you

imaginar, to imagine

imitar, to imitate

impaciente, impatient

el **impermeable**, raincoat

imponente, imposing

el **importador**, importer

importante, important

importar, to matter, to be important; to import; **no importa**, it does not matter

la **impresión**, impression

indicar, to point out

indígena, indigenous, native

el **indio, -a**, Indian

la **industria**, industry

la **información**, information; **pedir información**, to ask for information

informar, to inform

el **inglés**, English (*lang*.); Englishman; **la inglesa**, Englishwoman

el **iniciador**, founder

inmediatamente, immediately

inmenso, -a, immense

inteligente, intelligent

el **interés**, interest

interesar, to interest

el **invierno**, winter

invitar, to invite

ir, to go; **irse**, to go away, leave; **ir de compras**, to go shopping; **ir de paseo**, to go out walking or riding

irlandés, -esa, Irish

Irlanda, Ireland

izquierdo, -a, left; **a la izquierda**, to the left

J

¡ja! ¡ja! ha! ha!

el **jabón**, soap

jamás, never

el **jamón**, ham

el **jardín**, garden

el **jarro**, jar

el **jefe**, chief

jira, ir de, to go on a picnic

joven, young

el **joven**, young man

la **joya**, jewel

la **joyería**, jewellery shop, **jewellery**

el **juego**, game, set

el **jueves**, Thursday

el **jugador**, player, gambler

jugar, to play (*a game*)

el **juguete**, toy

julio, July

junio, June

juntar, to join, unite

junto a, near, close to; **junto con**, together with

K

el **kilo**, kilogramme

el **kilómetro**, kilometre

L

el **labio**, lip

labrado, worked, tilled

la **laca**, lacquer

el **lado**, side; **al lado de**, beside

la **lámpara**, lamp

la lana, wool
el lápiz, pencil
largo, -a, long
la lástima, shame, pity; ¡Qué lástima!
    What a pity!
la lata, tin
lavar, to wash; lavarse, to wash oneself
la lección, lesson
la leche, milk
la lechuga, lettuce
leer, read
la legumbre, vegetable
lejano, -a, far-off
lejos de, far from; a lo lejos, in the dis-
    tance
lentamente, slowly
levantar, to raise, lift; levantarse, to rise,
    get up
la libra, pound
la librería, bookshop
el libro, book
el líder, leader
ligero, -a, light
la lima, lime
el limón, lemon
limpiar, to clean
la lista, menu
listo, -a, ready
la lotería, lottery
la lucha, struggle
luego, then; hasta luego, so long
el lugar, place
el lujo, luxury
luminoso, -a, bright
la luna, moon
el lunes, Monday
la luz, light

LL

llamar, to call; llamar por teléfono, to
    call up
llamarse, to be called; Me llamo Pablo.
    My name is Paul.
la llanura, plain
la llegada, arrival
llegar, to arrive
llenar, to fill
lleno, -a, full
llevar, to carry; to take, to wear;
    llevarse, to carry (take) away
llover (ue), to rain
la lluvia, rain
lluvioso, -a, rainy

M

la madera, wood
la madre, mother
el madrugador, early riser
el maestro, teacher
magnífico, magnificent
el maíz, corn
el malestar, indisposition
la maleta, suitcase; boot of a car; hacer
    una maleta, to pack a suitcase
malo, -a, bad, sick
la mamá, mummy
mandar, to order, to send
manejar, to drive
la manera, manner; de manera que, so
    that; de (otra) (la misma) manera, in
    (another) (the same) way
la mano, hand; darse la(s) mano(s), to
    shake hands; a mano derecha, on
    the right; a mano izquierda, on the
    left
la manta, blanket
mantener, to maintain
la manzana, apple; block of houses
mañana, tomorrow; hasta mañana, till
    tomorrow
la mañana, morning; por la mañana, in
    the morning
la máquina de escribir, typewriter
el mar, sea
el martes, Tuesday
marzo (m), March
más, more, most; más o menos, more or
    less
la máscara, mask
matar, to kill
las matemáticas, mathematics
mayo (m), May
mayor, older
la mayoría, majority
la media, stocking
el médico, doctor
la medida, measure
medio, -a, half (a, an)
medir (i), to measure
Méjico, Mexico
mejor, better; el (la) mejor, best
el melocotón, peach
el melón, melon
la memoria, memory; de memoria, by
    heart
menor, younger; el (la) menor, youngest
menos, less, minus, except; por lo menos,
    at least; echar de menos, to miss

menudo: a menudo, often
el mercado, market
la mercancía, merchandise
la merienda, a light supper, 'tea'
la mesa, table
la meseta, plateau
el metro, the underground (railway)
mientras, while; mientras tanto, mean-
while
miércoles, Wednesday
mil, thousand
la milla, mile
el millón, million
mirar, to look (at)
mismo, -a, same; él mismo, he himself;
lo mismo, the same thing
la mitad, half
moderno, -a, modern
el modismo, idiom
el modo, way; de este modo, in this way;
de todos modos, anyway
mojado, -a, soaked, wet
la moneda, currency, money
la montaña, mountain
el montón, heap, pile
morir (ue), to die
mostrar (ue), to show
el movimiento, movement
el mozo, waiter
el muchacho, boy; la muchacha, girl
mucho, -a, much; muchos, -as, many
mudarse, to move (change house)
la muerte, death
la mujer, woman, wife
el mundo, world; todo el mundo, every-
body
murió, he died
el museo, museum
muy, very

N

nacer, to be born
nació, he was born
el nacimiento, birth
nada, nothing, not anything; de nada,
you're welcome
nadie, no one, nobody
la naranja, orange
la nariz, nose
la naturaleza, nature
la Navidad, Christmas
necesario, -a, necessary
la necesidad, necessity
necesitar, to need

el negociante, business man
el negocio, business
negro, -a, black
el neumático, tyre
ni . . . ni, neither . . . nor; ni yo tampoco,
nor I either, neither do I
la nieve, snow
ninguno, -a, no, none, nobody
el niño, la niña, child
no, not
la noche, night; por la noche, in the
evening; esta noche, tonight
nombrar, to name
el nombre, name
el norte, north
el norteamericano, North American
(*usually means a person from the U.S.*)
notable, worthy of note
las noticias, news
nuevo, -a, new
el número, number
nunca, never

O

o, or (u *before* o *or* ho)
obedecer, to obey
el objeto, object
observar, to observe
obtener, to obtain
occidental, western
octubre, October
ocupado, -a, busy
el oeste, west
la oficina, office
ofrecer, to offer
el oído, ear (*hearing*)
oír, to hear
el ojo, eye
olvidar, to forget

omitir, to omit
la oportunidad, opportunity
la orden, order
a sus órdenes, at your service
ordinario, -a, ordinary
el orgullo, pride
orgulloso, -a, proud
el oro, gold
oscuro, -a, dark
el otoño, autumn
otro, -a, other, another

P

pacífico, peaceful
el padre, father

pagar, to pay

el país, country

la paja, straw

el pájaro, bird

la palabra, word

el palo, stick

el pan, bread

el panadero, baker

el panecillo, roll

la pantalla, screen

el papá, papa

el papel, paper, role

el paquete, package; el paquete postal, parcel post

el par, pair

para, in order to, for; para que, in order that

el paraguas, umbrella

parar, to stop

parecer, to seem; Le parece bien. It seems all right to him; parecerse a, to resemble

la pared, wall

el pariente, relative

el parque, park

la parte, part; por todas partes, everywhere

la partida, departure

el partidario, partisan, supporter

partir, to leave

el pasado, past

el pasaje, fare, passage

el pasaporte, passport

pasar, to pass, spend (*time*), happen; pasar sin, to get along without; pasar un buen rato, to spend a pleasant time; ¿Qué pasa? What is going on?

Pase Vd. Come in: Go ahead.

pasear, to take a walk, to walk about; pasearse (en coche) (a caballo) (en barco), to go for a walk or a ride (in a car) (on horseback) (in a boat)

el paseo, promenade

el paso, step

el pastel, cake

la patata, potato

el patio, courtyard

el pato, duck

el pavo, turkey

pedir (i), to ask for

pedir información, to ask for information

la película, motion picture, film

peligroso, -a, dangerous

el pelo, hair

el penique, penny

pensar (ie), to think, to intend to; pensar en, to think about

peor, worse

pequeño, -a, small

la pera, pear

perder (ie), to lose

perdonar, to pardon

perezoso, -a, lazy

perfectamente, perfectly

el periódico, newspaper

el permiso, permission; con su permiso, allow me

permitir, to permit

pero, but

la persona, person

pesado, -a, heavy

pesar, to weigh; a pesar de, in spite of

el pescado, fish

pescar, to fish

el peso, weight

picante, spicy, 'hot' (*of food*)

el pico, peak

el pie, foot

estar de pie, to stand

la piedra, stone

la pierna, leg

la pieza, piece

pintar, to paint

el pintor, painter

pintoresco, -a, picturesque

la pintura, painting

el piso, storey

el placer, pleasure

la plata, silver

el plátano, banana

el platero, silversmith

el platillo, saucer

el plato, dish

la plaza, square

la pluma, pen, fountain pen

pobre, poor

poco, -a, little; dentro de poco, in a short time; pocos, -as, few

poder (ue), to be able, can, may; (no) se puede, one can (not)

el agente de policía, policeman

el pollo, chicken

poner, to put, to place; poner la mesa, to set the table; ponerse, to put on, to become; La naturaleza se pone verde. Nature turns green; ponerse en marcha, to start

por, for, in exchange for, by, through,

along; **por cierto,** certainly; **por eso,**
therefore; **por lo tanto,** therefore; **por
supuesto,** of course; **por todas partes,**
everywhere
la porción, portion
¿por qué? why?
porque, because
el portal, arcade
el porvenir, future
posible, possible
postal: el paquete postal, parcel post
el postre, dessert
practicar, to practise
el precio, price
precioso, -a, exquisite, beautiful
precisamente, exactly
preferir (ie), to prefer
la pregunta, question
preguntar, to ask
el premio, prize
preocuparse de, to worry (about)
presentar, to introduce
prestar, to lend
la primavera, spring
primer (o), -a, first
el principio, beginning; al principio, at
    first
prisa: de prisa, fast, quickly; tener prisa,
    to be in a hurry
probablemente, probably
probar (ue), to try, to prove, to taste
el problema, problem
producir, to produce
el profesor, professor
profundo, -a, profound
el programa, programme
prometer, to promise
pronto, soon
la propina, tip
propio, -a, own
proponer, to propose
propósito: a propósito, by the way
proteger, to protect
próximo, -a, next (in time)
el pueblo, town; people
la puerta, door
pues, well, then
el puesto, stand, booth
puesto que, since
el punto, point, period; en punto, on the
    dot (*time*)

Q

que, who, that, which, than; lo que, that
    which, what

¿qué? what, which; ¿Qué tal? How's
    everything?
quedar (se), to remain, stay
querer (ie), to wish, want; querer a, to
    love; ¿Qué quiere decir? What does it
    mean?
querido, -a, dear, beloved
quien, -es, who
¿quién, -es?, who? ¿a quién, -es? whom?
    to whom? ¿de quién, -es? whose?
    quién sabe, goodness knows
quitar, to remove; quitarse, to take off
    (*clothing*)

R

la radio, radio
rápidamente, rapidly
la rapidez, speed
rápido, -a, rapid, swift
raro, -a, strange, rare
el rato, while; largo rato, a long time
razón: tener razón, to be right; no tener
    razón, to be wrong
recibir, to receive
reconocer, to recognize
recordar (ue), to remember
el recreo, recreation
el recuerdo, souvenir
el refresco, soft drink
el regalo, gift
regatear, to bargain
regresar, to return
reír (i), to laugh; reírse de (i), to laugh
    at
el reloj, watch, clock
reluciendo, shining, glittering
repente: de repente, suddenly
repetir (i), to repeat
el representante, representative
requisito, necessary
la reserva, reservation, reserved seat
el resfriado, cold (illness)
resistir, to resist
respecto a, in regard to
el respeto, respect
responder, to answer
la respuesta, answer
el restaurant(e), restaurant
los restos, remains
el retrato, portrait, photograph
revisar, to examine
la revista, magazine
el rey, king

rico, -a, rich
el río, river
la risa, laugh
rodeado, -a, surrounded
rojo, -a, red
romper, to break
la ropa, clothing
rosado, -a, pink
el ruido, noise

S

el sábado, Saturday
saber, to know, to know how
sabroso, -a, tasty, delicious
sacar, to take out
la sala, living-room, hall; la sala de espera, waiting-room
salir de, to leave, to go out of; salir para, to leave for
la salsa, sauce
la salud, health
saludar, to greet
el saludo, greeting
el santo, saint
santo, holy
satisfecho, -a, satisfied
seco, -a, dry
sed: tener sed, to be thirsty
la seda, silk
seguida: en seguida, at once
seguir (i), to continue, to follow
según, according to
segundo, -a, second; el billete de segunda clase, second-class ticket
seguramente, surely
seguro, sure; de seguro, surely
el sello, postage stamp
la semana, week
semejante, similar
sencillo, -a, simple
sentado, -a, seated, sitting down
sentarse (ie), to sit down
el sentido, meaning, sense
sentir (ie), to regret, be sorry; Lo siento mucho, I am very sorry; sentirse (ie), to feel
la señal, signal
señalar, to point out
el señor, gentleman; Mr.
la señora, lady; Mrs.
la señorita, young lady; Miss
septiembre, September
ser, to be
el servicio, service

el servidor, servant
servir (i), to serve; servir para, to serve as; ¿En qué puedo servirle? May I help you?
si, if; whether
sí, yes; certainly
siempre, always
la sierra, mountain range
la siesta, afternoon nap, rest
el siglo, century
significar, to mean
siguiente, following; al día siguiente, the following day
la silla, chair
el sillón, armchair
simpático, pleasant, nice
sin, without (prep.); sin que, without (conj.)
sino, but (on the contrary)
el sistema, system
el sitio, place
situado, -a, situated
sobre, upon, over
el sol, sun
solamente, only; no solamente . . . sino también, not only . . . but also
solo, -a, alone, only
sólo, only (adv.)
la sombra, shade
el sombrero, hat
sonar (ue), to sound, ring
el sonido, sound
sonreír (i), to smile
soñar (ue), to dream
la sopa, soup
sorprendido, surprised
subir, to go up, to climb, to get into (bus, taxi, etc.)
el suburbio, suburb
sucio, -a, dirty
el suelo, floor, ground
el sueño, dream; tener sueño, to be sleepy
la suerte, fate, luck; buena suerte, good luck
el suéter, sweater
sumamente, extremely
supuesto: por supuesto, of course
el sur, south
el surtido, assortment

T

el tabaco, tobacco
tal, such (a); tal vez, maybe

el tamaño, size
también, also
tampoco, neither, either; **ni yo tampoco,** nor I either
tan, as, so; **tan ... como,** as ... as
tanto, -a, so much, (*pl.*) so many; **tanto ... como,** as much ... as, (*pl.*) as many ... as
la taquígrafa, stenographer
la taquilla, ticket window
el taquillero, ticket-seller, booking clerk
la tarde, afternoon; **tarde** (*adj.*), late
la taza, cup
el té, tea
el teatro, theatre
el tejado, roof
el tejido, textile
la tela, cloth
el teléfono, telephone; **llamar por teléfono,** to call up
la televisión, television
el tema, theme, subject; **temer,** to fear
la temperatura, temperature
templado, temperate
temprano, early
el tenedor, fork
tener, to have; **tener calor, frío,** to be warm, cold (person); **tener cuidado,** to be careful; **tener dolor de (cabeza) (muelas),** to have a (head) (tooth) ache; **tener ganas de,** to have a desire to; **tener hambre, sed,** to be hungry, thirsty; **tener prisa,** to be in a hurry; **tener que,** to have to; **tener razón,** to be right; **tener sueño,** to be sleepy; **¿Qué tiene Vd.?** What is the matter with you?
teñido, dyed
tercer(o), -a, third
terminar, to end
la ternera, veal
el tiempo, weather; time; **a tiempo,** on time
la tienda, store
la tierra, land
el timbre, bell
la tinta, ink
el tío, uncle; **la tía,** aunt
típico, typical
tocar, to play (an instrument); to ring (a bell)
el tocino, bacon
todavía, still, yet; **todavía no,** not yet
todo, -a, all, every, whole, everything; **ante todo,** first of all; **todo el mundo,** everybody; **todo el año,** all year; **todo lo posible,** as much as possible; **sobre todo,** especially
tomar, to take, to eat, drink; **tomar la cena,** to dine
el tomate, tomato
el torero, bullfighter
el toro, bull
la toronja, grapefruit
la torta, cake
la tortilla, omelette
la tostada, toast
trabajador, -a, hard-working
trabajar, to work
el trabajo, work
traducir, to translate
traer, to bring
el traje, suit, costume
el tranvía, tram
tratar (de), to try (to), deal with
el trigo, wheat
triste, sad
el (la) turista, tourist

U

u, or (*before words beginning with* o *or* ho)
último, last
unir, to unite; **unirse,** to join
la universidad, university
usar, to use
el uso, use
útil, useful
la uva, grape

V

la vaca, cow
las vacaciones, vacation
vacío, -a, empty
valer, to be worth; **no vale nada,** it is not worth anything; **valer la pena,** to be worth while; **más vale tarde que nunca,** better late than never
la valija, valise
el valle, valley
la variedad, variety
varios, several
el vaso, glass (*for drinking*)
la velocidad, speed; **a toda velocidad,** at full speed
el vendedor, seller
vender, to sell

venir, to come
la ventana, window
ver, to see; ¡a ver! let's see!
el verano, summer
veras: ¿de veras? really?
la verdad, truth; ¿verdad? is(n't) that so?
verdaderamente, truly
verde, green
el vestíbulo, hall
el vestido, dress
vestir (i), to dress; vestirse (de), to dress in
la vez, *pl.* veces, time; a la vez, at the same time; a veces, sometimes; de vez en cuando, from time to time; en vez de, instead of; otra vez, again; tal vez, perhaps
el viaje, trip; desear buen viaje, to wish a pleasant journey
la vida, life
el viejecito, little old man
viejo, -a, old
el viento, wind; hace viento, it is windy
el viernes, Friday

la visita, visit, visitor
la vista, view; hasta la vista, so long
vivir, to live; ¡viva! long live!
vivo, -a, lively
volver (ue), to return; volver a casa, to go home; volver a + *inf.*, to do again
la voz, voice
el vuelo, flight
la vuelta, turn, return; change (money); a la vuelta, around the corner; un billete de ida y vuelta, a return ticket

Y

y, and
ya, already, now; ¡Ya lo creo! I should say so!

Z

la zapatería, shoe shop
el zapatero, shoemaker
el zapato, shoe
el zumo, juice

ANSWERS

Exercise No. 1

1 comerciante	6 hay	11 piso
2 quién	7 se llaman	12 calle
3 con	8 su	13 grande
4 padre	9 particular	14 allí, todo el día
5 madre	10 todos los cuartos	15 ciudad

Exercise No. 2A

1 la	5 una, un	8 unos, la, unas, la
2 una	6 el	9 los, la
3 la, los	7 los, un	10 los, las, la
4 el, la		

Exercise No. 2B

1 las calles	6 las cocinas	11 las ciudades
2 los comedores	7 las madres	12 los años
3 los cuartos	8 los padres	13 las mujeres
4 los señores	9 las salas	14 los hombres
5 los dormitorios	10 las hijas	15 los tíos

Exercise No. 2C

1 La señora Adams es inglesa.
2 Vive en Londres.
3 Hay seis personas en la familia.
4 La casa tiene seis cuartos.
5 Es una casa particular.
6 La señora Adams es la madre.
7 El señor Adams es el padre.
8 La oficina está en la calle de Oxford.
9 Va por tren a la ciudad.
10 Allí trabaja todo el día.

Exercise No. 4

1 quién	9 estudia
2 una comerciante de Londres	10 martes, jueves
3 su oficina	11 rápidamente
4 otros	12 muy inteligente
5 va	13 español
6 desea	14 un buen profesor
7 además (también)	15 en la primera conversación
8 pero	

Exercise No. 5A

1 es	3 es	5 es	7 está	9 es
2 está	4 está	6 es	8 está	10 es

Exercise No. 5B

1 (d)	2 (f)	3 (a)	4 (b)	5 (c)	6 (e)

L

307

Exercise No. 5C

1 y	8 por eso	15 gracias
2 en	9 allí	16 grande
3 con	10 aquí	17 pequeño
4 también	11 casi	18 bueno
5 a	12 siempre	19 malo
6 tal vez	13 ¿Cómo está Vd.?	20 rápidamente
7 pero	14 muy bien	

Exercise No. 7

1 está sentado	5 mi esposo	8 están en la mesita
2 hay	6 sobre el piano	9 basta
3 saber	7 un lápiz, un bolígrafo,	10 hasta el jueves
4 Dígame	y unos papeles	

Exercise No. 8A

1 la calle, las calles, street	6 la mesa, las mesas, table
2 la oficina, las oficinas, office	7 el papel, los papeles, paper
3 la pared, las paredes, wall	8 la puerta, las puertas, door
4 la silla, las sillas, chair	9 la estantería, las estanterías, bookcase
5 el señor, los señores, gentleman	10 la ventana, las ventanas, window

Exercise No. 8B

1 debajo de	5 entre	8 detrás de
2 cerca de	6 delante del	9 debajo de
3 encima del	7 alrededor de	10 cerca del
4 sobre		

Exercise No. 8C

1 de la	3 de las	5 a la	7 a los	9 al
2 al	4 del	6 de los	8 a la	10 a las

Exercise No. 9

1 Está sentada en la sala de su casa.
2 El Sr. López está sentado cerca de ella.
3 Sí, hay muchas cosas alrededor de nosotros.
4 Sí, hay muchas cosas en la calle.
5 El esposo de la Sra. Adams toca bien el piano.
6 Está encima del piano.
7 Está sobre el piano.
8 La estantería está delante de una ventana.
9 Está cerca de la puerta.
10 Cerca del escritorio está una silla.
11 Están encima del escritorio.
12 Están en la mesita.

Exercise No. 10

1 (g)	3 (i)	5 (j)	7 (k)	9 (d)	11 (b)
2 (e)	4 (h)	6 (l)	8 (a)	10 (c)	12 (f)

Exercise No. 11

1 todo el día	5 con mucho gusto	8 Dónde
2 por favor	6 Por eso	9 Qué
3 tal vez	7 Cómo	10 Quién
4 Buenas tardes		

Exercise No. 12

1 (*d*)	3 (*i*)	5 (*h*)	7 (*c*)	9 (*a*)	11 (*e*)
2 (*f*)	4 (*k*)	6 (*g*)	8 (*j*)	10 (*b*)	

Exercise No. 13

1 delante de la casa	6 Los libros del muchacho
2 cerca de la puerta	7 La madre de las muchachas
3 alrededor de la ciudad	8 El hermano de Felipe
4 detrás del escritorio	9 El padre de María
5 encima del piano	10 El maestro de los niños

Exercise No. 14A   Reading Selection

Mrs. Adams, London Merchant

Mrs. Adams is an English businesswoman who imports art objects from Spain. Therefore she wants to make a trip to Spain in the spring. She wants to talk with her agent and to visit some places of interest in Spain. But she does not know how to speak Spanish.

Mrs. Adams has a good teacher. He is a Spaniard who lives in London, and his name is Mr. López. Tuesdays and Thursdays the teacher goes by train to the house of his student. There Mrs. Adams and Mr. López speak a little in Spanish. Mrs. Adams is very intelligent and learns rapidly. For example, in the first conversation she learns by heart the salutations and farewells. She already knows how to say 'Good day', 'How are you?', 'Good-bye', 'Until tomorrow.' She already knows how to say in Spanish the names of many things which are in her living-room and she knows how to answer well the questions: 'What is this?' and Where is . . .?'

Mr. López is very satisfied with the progress of his student and says: 'Good. Enough for today. Goodbye.'

Exercise No. 15

1 son importantes	6 a otros países
2 unos verbos corrientes	7 en tren o en avión
3 Por qué	8 Cuánto
4 Porque, mi	9 muy rápidamente
5 con él en español	10 Basta por hoy

Exercise No. 16A

1 to listen	6 to converse	11 to begin
2 to want	7 to practise	12 to study
3 to begin	8 to travel	13 to import
4 to form, make	9 to ask	14 to play
5 to expect	10 to answer	15 to visit

Exercise No. 16B

1 Do you speak Spanish?	3 Are the students studying the lesson?
Yes, I speak Spanish.	No, they are not studying the lesson.
What languages does your teacher	Are they speaking in Spanish?
speak?	Yes, they are speaking in Spanish.
He speaks English, Spanish and	4 Do you listen attentively when the
French.	teacher is speaking?
2 Who plays the piano?	Yes, we listen attentively when the
Mary plays the piano.	teacher is speaking.
Don't you play the piano, Rosie?	
No, I do not play the piano.	

Exercise No. 16C

1 no habla	5 espero	9 esperamos
2 estudiamos	6 charlan	10 empiezan
3 importa	7 practican	
4 desea	8 viaja	

Exercise No. 16D

1 empiezo	5 practican	9 desean
2 escucha	6 ¿pregunta Vd.?	10 visito
3 formas	7 contestan	11 viajo
4 conversa	8 ¿estudiamos?	12 ¿espera Vd.?

Exercise No. 17

1 Están sentados en la sala de la Sra. A.	8 No, no habla español.
2 El Sr. L. empieza a hablar.	9 Porque desea hacer un viaje a España.
3 La Sra. Adams escucha con atención.	*or* Porque desea hablar con su agente.
4 El Sr. L. pregunta.	10 Espera visitar España, Tenerife, y tal
5 La Sra. A. contesta.	vez a las otras Islas Canarias.
6 Sí, son importantes.	11 Viaja en avión.
7 Sí, es comerciante.	12 Aprende rápidamente.

Exercise No. 18

1 abre	5 otros	9 la menor
2 Pase	6 tengo	10 el mayor
3 Buenas tardes, su	7 somos	11 un rato más
4 catarro	8 años	12 al Sr. López

Exercise No. 19A

1 es, Es	5 Está, está	8 Son, somos
2 está, Estoy	6 están, estamos	9 están, están
3 están, Estamos	7 están, Están	10 Son, somos
4 Es, soy		

Exercise No. 19B

1 al señor	5 a la señora	8 a su agente
2 la escuela	6 el tren	9 el parque
3 a su amigo	7 a Isabel	10 a José
4 la lección		

Exercise No. 19C

1 ¿Cómo está Vd.?
2 Regular, gracias.
3 Mi hija está enferma.
4 Lo siento mucho.
5 Vds. son una familia de seis personas.
6 ¿Van sus niños a la escuela?
7 ¿Habla Vd. español?

8 No, no hablo español.
9 Invito a Carlos a visitar mi casa.
10 Vamos a charlar un rato.
11 Vamos a principiar (comenzar) (empezar)
12 Deseo (quiero) estudiar el español.

Exercise No. 20

1 La criada abre la puerta.
2 El Sr. L. toca el timbre
3 Espera al Sr. L. en la sala.
4 Anita, la hija de la Sra. A. está enferma.
5 Tiene catarro
6 Tiene cuatro hijos.
7 Hay seis personas en su familia.

8 Sus hijos se llaman Felipe, Guillermo, Rosita y Anita.
9 Tiene diez años.
10 Sí, hablan un rato más.
11 La Sra. A. invita al Sr. L. a visitar su oficina.
12 Sí, acepta la invitación.

Exercise No. 21

1 dan a la calle
2 periódicos
3 detrás de su escritorio
4 entra en la oficina
5 Mucho gusto en verle
6 El gusto es mío
7 Me gusta
8 A propósito

9 Veo
10 De qué color
11 De qué color
12 ¡Dios mío!
13 Tengo hambre
14 No lejos de aquí
15 ¡Vámonos!

Exercise No. 22A

1 vivos	3 rojos	5 altos	7 blancas	9 azul
2 cómoda	4 verdes	6 muchos	8 muchas	10 simpática

Exercise No. 22B

1 son	3 es	5 estoy	7 estamos	9 son
2 está	4 está	6 están	8 somos	10 son

Exercise No. 22C

1 La oficina de la Sra. A. es muy bonita.
2 Las ventanas de la oficina son grandes.
3 Muchos papeles están en el suelo.
4 Los tejados de las casas son rojos.
5 El cielo es azul.

6 Las montañas son verdes.
7 El edificio es muy alto.
8 ¿Cómo está Vd., Sra. A?
9 Estoy muy bien, gracias.
10 Los carteles son hermosos.

Exercise No. 23

1 Está en el quinto piso de un edificio alto.
2 No es grande.

3 Sí, es cómoda.
4 En las paredes grises hay algunos carteles.

5 En el escritorio de la Sra. A. hay muchos papeles.
6 Está cerca de la puerta.
7 Una mesa larga está entre las dos ventanas.
8 La Sra. A. está sentada.
9 Es amarillo.

10 Es negro.
11 Son verdes.
12 Sí, es azul.
13 Son blancas.
14 Sí, son rojos.
15 Es la oficina de la Sra. Adams.

Exercise No. 24

1 sus padres
2 adelanta
3 ¿Qué tal?
4 A propósito, ¿verdad?

5 ¿Cómo no?
6 Aprendo
7 fácil. difícil
8 Estudio, deseo

9 comprendo
10 palabras, diaria
11 las expresiones
12 Me gusta

Exercise No. 25B

1 aprendo
2 toca
3 estudiamos
4 comprenden

5 Leen
6 beben
7 escribe
8 vive

9 bebes
10 quieres
11 viajan
12 abre

Exercise No. 26

1 El Sr. Gómez es un habitante de Londres.
2 Sí, habla bien el español.
3 No, son españoles.
4 Sabe que su amiga la Sra. Adams aprende el español.
5 Entra en la oficina de la Sra. A.
6 Saluda a la Sra. Adams en español.
7 La Sra. Adams aprende a hablar, a leer y a escribir el español.
8 Estudia diligentemente.

9 El Sr. Lopez es su profesor de español.
10 Sí, es un buen profesor.
11 Sí, comprende.
12 Aprende las palabras de la vida diaria.
13 La Sra. Adams va a hacer un viaje a España.
14 Espera ir a España la primavera que viene.
15 El Sr. Gómez dice — Buen viaje y buena suerte. *or* El Sr. G. lo dice. (He says *it*.)

Exercise No. 27

1 civilización
2 reservación
3 instrucción
4 excepción

5 revolución
6 observación
7 invitación

8 elección
9 invención
10 solución

Exercise No. 28

1 Es azul.
2 Hablan español.
3 La Sra. A. tiene hambre.
4 Es blanca y negra.
5 Vivo en Gran Bretaña.

6 Son rojos.
7 Beben leche.
8 Saluda a su amigo.
9 Tengo treinta años.
10 Me llamo . . .

Exercise No. 29

1 (*e*)	3 (*a*)	5 (*b*)	7 (*c*)	9 (*j*)
2 (*g*)	4 (*i*)	6 (*h*)	8 (*d*)	10 (*f*)

Exercise No. 30

1 trabajamos	5 escriben	8 bebe
2 aprenden	6 abres	9 adelantamos
3 empieza	7 permito	10 veo
4 sabe		

Exercise No. 31

1 Sí, aprendo . . .	4 Sí, espero . . .	7 Sí, comprendo . . .
2 Sí, estudio . . .	5 Sí, veo . . .	8 Sí, acepto . . .
3 Sí, trabajo . . .	6 Sí, leo . . .	9 Sí, visito . . .

Exercise No. 32

1 es	6 está	11 son
2 está	7 están	12 eres
3 estoy	8 es	13 es
4 estamos	9 son	14 son
5 es	10 está	15 estoy

Exercise No. 33—Reading Selection 1

Two Friends of Mrs. Adams

Mrs. Adams already knows the names of all the objects in her house. Now she is beginning to study the verbs because she wants to learn to read, to write and to converse in Spanish. She also wants to know the numbers in Spanish. Being a merchant who expects to visit her agent in Spain she needs practice chatting with Spaniards or Spanish-Americans. Fortunately she has two friends who are from Spain and who work near her office in Oxford Street.

One day Mrs. Adams goes to visit these Spaniards. The two gentlemen listen attentively to Mrs. Adams while she speaks with them in Spanish. After ten minutes of conversation the Spaniards ask their friend many questions and are very pleased with her answers.

Exercise No. 34—Reading Selection 2

Mrs. Adams Falls Ill

On Thursday, April 18, at nine o'clock in the evening Mr. López arrives at the house of his pupil, Mrs. Adams. The oldest child, a boy of ten, opens the door and greets Mr. López. They enter the living-room where Mrs. Adams usually awaits her teacher.

But this evening she is not in the living-room. Neither is Mr. Adams there. Mr. López is very surprised and asks the boy: 'Where is your mummy?' The boy answers sadly: 'My mummy is ill and cannot leave her bedroom. She is in bed because she has a severe cold. She also has a headache.'

The teacher becomes very sympathetic and says: 'What a pity! It is not possible to have a lesson today, but next week we are going to study for two hours. Until next Tuesday.'

Exercise No. 35

1 toman	6 para agua	11 muy sencillo
2 dibujos	7 despacio	12 muchas veces
3 por todas partes	8 Tiene que	13 para usarlo
4 cada, propio	9 de todos modos	14 Quiere Vd.
5 para crema	10 tengo	15 No quiere Vd.

Exercise No. 36A

1 aquellas	4 Estas	7 Aquella	10 esta
2 Esta	5 Esas	8 este	11 esa
3 Estos	6 Esos	9 aquellas	12 estos

Exercise No. 36C

1 Estos señores están sentados en el comedor.
2 Estas tazas son de Puebla.
3 Me gustan estos dibujos.
4 Esos platos son de Oaxaca.
5 ¿Trabajan despacio aquellos artistas?
6 ¿Tiene esta familia cinco niños?
7 ¿Tienes hambre, hijito?
8 No, no tengo hambre.
9 ¿Tiene Vd. que escribir una carta, Sra. Adams?
10 Sí, tengo que escribir una carta.

Exercise No. 37

1 Están sentados en el comedor.
2 Toman café y pastas.
3 Dice — ¿Le gustan estas tazas y estos platillos?
4 Es de Puebla.
5 Sí, cada distrito tiene su propio estilo.
6 Es de Oaxaca.
7 Es de Michoacán.
8 Sí, son verdaderos artistas.
9 Trabajan despacio.
10 No tienen prisa.
11 Es difícil obtener un surtido adecuado para el mercado británico.
12 La Sra. Adams ve mucha cerámica de interés artístico.
13 Están en el aparador.
14 Son amarillos y azules.
15 Sí, tiene ejemplares de cerámica corriente, *or* Sí, *los* tiene. (She has them.)

Exercise No. 38

1 Sabe Vd.	6 no valen
2 tan importantes como	7 Necesitamos, la fecha
3 Nuestra civilización	8 pasar
4 tiene Vd. razón	9 entretanto, que
5 Puede Vd., que	10 ¿Qué quiere decir . . .?

Exercise No. 39A

1 treinta	5 diez y seis	9 sesenta y dos
2 diez	6 setenta y ocho	10 noventa y siete
3 cincuenta	7 diez y siete	11 ochenta y cuatro
4 cuarenta y nueve	8 quince	12 trece

Exercise No. 39B

cuatro más nueve son trece
ocho más siete son quince
siete por ocho son cincuenta y seis
ocho por tres son veinte y cuatro
diez y nueve menos ocho son once

diez y seis menos tres son trece
cincuenta dividido por diez son cinco
Ochenta dividido por veinte son cuatro

Exercise No. 39C

1 treinta	5 sesenta	8 treinta y seis
2 doce	6 sesenta	9 treinta y cinco
3 siete	7 setenta y cinco	10 diez y seis
4 veinte y cuatro		

Exercise No. 39D

1 quiero	6 quiere	11 vale
2 puedo	7 quieren Vds.	12 cuento
3 pensamos	8 pueden	13 tú cuentas
4 piensa Vd.	9 puedes tú	14 cuenta
5 quiere	10 piensan	

Exercise No. 40

1 Sí son importantes.
2 Sí son tan importantes como los nombres.
3 Necesitamos números.
4 Piensa en comprar y vender.
5 No valen mucho sin dinero.

6 No es posible comprar y vender sin dinero.
7 Sí, vende y compra.
8 Sí, es comprador y vendedor.
9 La Sra. Adams adelanta día por día.
10 diez, veinte, treinta, cuarenta, cincuenta, ciento.

Exercise No. 41

1 es decir	6 cada
2 Cuántas veces	7 céntimos
3 billetes y comida	8 Es cierto, de cambio
4 maletas, tamaños, distancias	9 doscientas noventa
5 El sistema monetario	10 próxima, este

Exercise No. 41A

1 cuatrocientos	6 cuatrocientos noventa
2 trescientos cincuenta	7 quinientos sesenta
3 quinientos veinte y cinco	8 setecientos ochenta
4 ochocientos sesenta	9 doscientos
5 seiscientos veinte y siete	10 novecientos setenta

Exercise No. 41C

1 Sé los números.	6 ¿Qué da Juan?
2 ¿Sabe Vd. dónde vive?	7 Ella no sabe la respuesta.
3 Sabemos qué desea.	8 No damos nuestros libros.
4 No damos el dinero.	9 ¿Sabes las preguntas?
5 ¿Dan los billetes?	10 No saben quién vive aquí.

Exercise No. 42

1 (400) cuatrocientas pesetas
2 (75) setenta y cinco pesetas
3 (30) treinta pesetas
4 (4) cuatro pesetas
5 (350) trescientas cincuenta pesetas
6 Sí, es millonario.

7 £50 (cincuenta libras)
8 No sé
9 Sí, lo conozco
10 Vamos a continuar este tema en nuestra próxima conversación.

Exercise No. 43A

1 nuestros
2 su
3 sus
4 mis

5 su
6 su
7 nuestro

8 tu
9 mis
10 nuestra

Exercise No. 43B

1 diez, veinte y dos
2 veinte, cuarenta y cuatro
3 treinta, sesenta y seis
4 cuarenta, ochenta y ocho
5 cincuenta, ciento diez

6 diez y seis, diez
7 treinta y dos, veinte
8 cuarenta y ocho, treinta
9 sesenta y cuatro, cuarenta
10 ochenta, cincuenta

Exercise No. 43C

1 digo
2 hago
3 salgo
4 tengo
5 decimos

6 no ponemos
7 hacen
8 ponen
9 ¿hace Vd.?
10 ¿salen Vds.?

11 ¿dicen Vds.?
12 haces
13 ¿pone Vd.?
14 pongo
15 vale

Exercise No. 43D

1 sino
2 sino
3 pero
4 sino
5 pero

Exercise No. 44

1 Cenamos en el restaurante.
2 Damos al camarero el diez por ciento.
3 La propina es cuarenta y siete pesetas.
4 Tengo mi maleta pesada en la estación de ferrocarril.
5 Pesa treinta kilos. Sesenta y seis libras.

6 Se usan kilómetros.
7 La Sra. Adams sabe cambiar kilómetros en millas.
8 Compra dos echarpes, tres corbatas, un sombrero y tres cestas.
9 El tema es 'la hora'.
10 Usa el refrán — Más vale tarde que nunca.

Exercise No. 45

1 la película
2 la función
3 otras preguntas
4 la taquilla
5 la estación de ferrocarril
6 pide información

7 un billete de ida y vuelta
8 sale el tren
9 a las nueve de la noche
10 Muchas gracias
11 De nada
12 hago el papel

Exercise No. 46A

1 a las cinco y media de la tarde
2 a las ocho y cuarto de la tarde
3 a las diez menos cinco de la mañana
4 a las once menos diez de la mañana
5 a las ocho de la tarde
6 a las once de la noche
7 a las cuatro y media de la tarde
8 a las siete menos diez de la tarde
9 a las diez menos cuarto de la noche
10 las dos de la tarde

Exercise No. 46B

1 pido
2 comenzamos
3 repiten
4 ¿pide?
5 comienzo
6 ¿empieza Vd.?
7 pides
8 ¿piden Vds.?
9 repite
10 ¿comienza?

Exercise No. 46C

1 Quiero un billete de ida y vuelta.
2 Pide información.
3 ¿Cuándo sale el tren para Bilbao?
4 ¿Sabe Vd. cuándo llega el tren de Madrid?
5 Llega a las cinco y media de la tarde.
6 ¿A qué hora comienza la primera función?
7 Comienza a las siete y media.
8 ¿Repiten la función?
9 Sí, repiten la función dos veces.
10 Aquí tiene Vd. las entradas.

Exercise No. 47

1 Todo el mundo quiere saber — ¿Qué hora es?
2 La Sra. Adams hace el papel de viajero.
3 El Sr. López hace el papel de taquillero.
4 Quiere comprar un billete de primera clase.
5 Cuesta mil novecientas ocho pesetas.
6 El Sr. L. hace el papel de taquillero de un cine.
7 La Sra. A. pide información.
8 Tiene dos funciones.
9 Compra dos entradas para la segunda función.
10 Paga cien pesetas.

Exercise No. 48

1 Sí, pienso . . .
2 Sí, quiero . . .
3 Sí, puedo . . .
4 Sí, pongo . . .
5 Sí, salgo . . .
6 Sí, cuento . . .
7 Sí, digo . . .
8 Sí, continúo . . .
9 Sí, le doy . . .
10 Sí, sé contar . . .

Exercise No. 49

1 No repetimos . . .
2 No hacemos . . .
3 No pedimos . . .
4 No tenemos . . .
5 No venimos . . .
6 No creemos . . .
7 No traemos . . .
8 No tomamos . . .
9 No necesitamos . . .
10 No tenemos . . .

Exercise No. 50

1 (*b*)	3 (*h*)	5 (*i*)	7 (*e*)	9 (*f*)
2 (*d*)	4 (*a*)	6 (*c*)	8 (*j*)	10 (*g*)

Exercise No. 51

1 ¿Cuánto cuesta?, tiene que saber
2 pide información, ¿A qué hora?, a las siete y media.
3 tiene hambre, una comida, paga la cuenta, de cambio, una propina, es decir
4 Piensa, en todas partes, dinero

Exercise No. 52

1 esta	4 esos	7 aquella	10 esas
2 estos	5 este	8 esos	11 aquel
3 ese	6 esa	9 estas	12 aquellas

Exercise No. 53

1 (*e*)	3 (*a*)	5 (*b*)	7 (*d*)	9 (*c*)
2 (*f*)	4 (*g*)	6 (*h*)	8 (*j*)	10 (*i*)

Exercise No. 54—Reading Selection 1

The Family of Mrs. Adams Comes to Visit Her Office

It is the first time that the Adams family comes to visit Mrs. Adams's office. Mr. Adams and their four children enter a very large building and go up to the fifth floor in the lift. Annie the younger daughter who is only five years old, is very curious and asks her daddy many questions about the office.

When they arrive in the office the mother gets up and says: 'I am very happy to see you all here. What a pleasant surprise!'

The children admire the objects which they see in the office,—the typewriter, the various articles imported from Spain, the Spanish magazines, the many coloured posters. All are very happy.

Philip, the older boy, looks out of the high window and sees the blue sky and the bright sun. Below he sees the cars which pass through the street. From the fifth floor they seem quite small.

After the visit the whole family goes to a restaurant which is not far from the office. They eat with great pleasure, especially the boys, because they are very hungry.

Exercise No. 55—Reading Selection 2

A Modern Fable

Annie, the youngest of Mr. Adams's children, likes the old fables of Aesop very much. She also likes this modern fable which Mr. López has written for her. 'The Fable of the Car and the Donkey' follows:

A car is passing along the road and sees a donkey. The poor donkey is carrying a big, heavy load of wood.

The car stops and says to the donkey: 'Good morning. You are walking very slowly. Do you not want to run fast like me?'

'Yes, yes sir! But tell me how is it possible?'

'It is not difficult,' says the car. 'In my tank there is much petrol. You have to drink a little.'

Then the donkey drinks the petrol. Now he does not walk slowly. He does not run fast. He does not go to the market. He stretches out in the road. He has a stomach-ache.

Poor donkey! He is not very intelligent, is he? He does not know that petrol is good for a car, but is not at all good for a donkey.

Exercise No. 56A

1 los	3 la	5 le	7 la	9 las
2 lo	4 la	6 las	8 los	10 le

Exercise No. 56B

1 La criada la lleva.
2 Los niños lo comen.
3 Los pongo en la mesa.

4 Las digo al estudiante.
5 ¿Por qué no le saluda Vd.?
6 ¿La visitas?

Exercise No. 56C

1 Le veo a Vd., Sra. A.
2 ¿Me ve Vd.?
3 ¿Quién nos ve?
4 El profesor los ve a Vds., muchachos.
5 Vemos la casa. La vemos.
6 Tomo el plato. Lo tomo.

7 Ella escribe los verbos. Los escribe.
8 Tenemos las sillas. Las tenemos.
9 Las espero a Vds., señoras.
10 Los esperamos a Vds., señores.

Exercise No. 57

1 La Sra. A. sabe pedir información.
2 Prefieren el teatro.
3 Prefieren las películas policíacas.
4 Claro está, las conocen.
5 Vive en los suburbios.

6 Está a cosa de un kilómetro de su casa.
7 Prefieren las filas catorce o quince.
8 Sí, es posible ver y oír bien.
9 Piden ayuda a la acomodadora.
10 Vienen temprano.

Exercise No. 58

1 No saben nada
2 pueden
3 en memoria de, patria
4 más importantes
5 se llama más comúnmente
6 ensayista y filósofo

7 desde el punto de vista
8 del siglo pasado
9 descubrió América
10 Estos nombres
11 caminar, cuyos
12 recordar

Exercise No. 59A

1 de Vd.	3 ellas	5 conmigo	7 ellos, ellos	9 ella
2 nosotros	4 mí	6 contigo	8 usted	10 él

Exercise No. 59B

1 ¿Dónde está su libro (el libro de ella)?
2 ¿Dónde está su libro (el libro de él)?
3 ¿Dónde están sus libros (los libros de ella)?
4 ¿Dónde están sus libros (los libros de él)?
5 ¿Dónde están vuestros padres, muchachos (los padres de vosotros)?

6 ¿Dónde está su casa (la casa de Vd.), Sra. A.?
7 ¿Dónde están sus sillas (las sillas de ellos, or ellas)?
8 ¿Dónde está su cuarto (el cuarto de ellos, or ellas)?

Exercise No. 60

1 El 26 de julio es la fecha de la fiesta de Santiago.
2 El fundador de la Falange fue José Antonio Primo de Rivera.
3 El Generalísimo Franco es el Caudillo de España.
4 Se llama más comúnmente la Gran Vía.
5 Prim es el nombre del general.
6 José Ortega y Gasset fue un célebre filósofo y ensayista.
7 Murió en 1955.
8 Núñez de Balboa es el nombre de uno de los conquistadores.
9 Sí, le interesan mucho.
10 Va a recordar las palabras de su maestro y amigo.
11 Hay diez y seis días de fiesta en España.
12 Sí, hay muchos más que en Gran Bretaña.

Exercise No. 61

1 cuyos, recuerdan
2 ciudades españoles
3 más conocidos
4 se encuentran
5 de veras, puede educarse bien y barato
6 a propósito, acerca de
7 recibir
8 más grande
9 más pequeño
10 el más grande y el más largo
11 más alto
12 más altos
13 sus conocimientos
14 Tiene que conocer

Exercise No. 62

1 tan alto como
2 mejor
3 más, que
4 mejor
5 tan, como
6 más nuevo
7 más, que
8 más, que
9 más alta
10 peor
11 mayor
12 más modernos
13 peor
14 tan, como
15 de
16 menor

Exercise No. 63

1 El Amazonas es el río más largo de América del Sur.
2 Londres es la ciudad más grande del mundo.
3 El Aconcagua es el pico más alto de América del Sur.
4 Londres es más grande que Nueva York.
5 Madrid no es tan grande como Londres.
6 Nueva York no es tan antigua como Madrid.
7 Londres es más antigua.
8 Nueva York tiene los edificios más altos del mundo.
9 El Salvador es el país más pequeño de Centro América.
10 (a) El Sr. García es el menor.
   (b) El Sr. Torres es el mayor.
   (c) Sí, el Sr. Rivera es mayor que el Sr. García.
   (d) El Sr. García es el más rico.
   (e) El Sr. Torres es el menos rico.
   (f) El Sr. Torres no es tan rico como el Sr. García.

Exercise No. 64

1 preguntarle a qué hora
2 a las seis y media
3 madrugadora, madrugador
4 temprano
5 estoy lista para salir
6 Leo, dicto

7 un bocadillo con café y tal o cual postre
8 muchas veces, a visitarme
9 a las cinco en punto
10 Las costumbres

Exercise No. 65A

1 At what time do you go to bed?
I go to bed at 11 p.m.
2 At what time do you get up?
I get up at 7 a.m.
3 Do you wash (yourself) before dressing (yourself)?
Yes I wash (myself) before dressing (myself).
4 Where will you be at noon?
I shall be in my office.

5 When do you go from here?
I go from here tomorrow.
6 Do you become ill when you eat too many sweets?
Yes I become ill.
7 In what row do you sit in the cinema?
We sit in the fourteenth or fifteenth row
8 Do you remember our conversations?
Yes, we remember them.

Exercise No. 65B

| 1 se | 3 se, se | 5 me | 7 se | 9 nos |
| 2 se | 4 se | 6 se | 8 se | 10 me |

Exercise No. 66

1 Se levanta a las seis y media.
2 Se lava y se viste.
3 Se viste en treinta minutos.
4 a eso de las siete se sienta a la mesa.
5 Se levanta temprano.
6 Desayunan juntos.
7 Toma zumo de naranja, café, panecillos y huevos.
8 Toma té en vez de café.
9 A las siete y media está lista para salir.

10 Va en coche a la estación.
11 A eso de las nueve llega a su oficina.
12 Lo toma casi siempre a la una.
13 Toma un bocadillo, con café y tal o cual postre.
14 Muchas veces vienen clientes a visitarle.
15 Termina el trabajo a las cinco en punto.

Exercise No. 67

| 1 (*i*) | 3 (*j*) | 5 (*b*) | 7 (*h*) | 9 (*g*) |
| 2 (*e*) | 4 (*d*) | 6 (*c*) | 8 (*a*) | 10 (*f*) |

Exercise No. 68

1 Sí, les invito de vez en cuando.
2 No, no lo prefiero.
3 Sí, las conocen bien.
4 Sí, les esperamos a Vds.
5 Las pone en la mesa.
6 No, no le busca a Vd., señor.

7 Me levanto a las ocho.
8 Sí, nos lavamos antes de comer.
9 Se sientan en la fila quince.
10 Mi padre se llama . . .

Exercise No. 69

1 más grande del mundo
2 más grande que
3 mayor que
4 tan alto como
5 la menor de

6 el primer día
7 el 30 de enero de 1968
8 conmigo
9 sin mí
10 oigo, la recuerdo

Exercise No. 70

1 se dan la mano
2 Tenemos que estudiar
3 Me acuesto
4 hace muchas preguntas
5 Por consiguiente

6 de vez en cuando
7 dar un paseo
8 Vd. debe de estar
9 otra vez
10 a eso de las siete y media de la mañana.

Exercise No. 71—Reading Selection

A Visit to Soho

It is Saturday. Mrs. Adams gets up at eight o'clock, and looks out of the window. The sky is blue. There is a bright sun. She says to her husband: 'Today we are going to visit Soho. It's an international district. There they sell Spanish newspapers and magazines, and there are Spanish shops.'

'Very well,' says her husband.

At nine they get into their car and after a journey of forty-five minutes they reach Soho. They get out of the car and begin to walk through the streets. In a little while they see a group of girls who are standing near a shop, and who are talking quickly in Spanish.

Mrs. Adams greets the girls and begins to chat with them. The conversation follows:

'Good morning, are you Spanish?'

'Yes, madam. I am a student. I am in London to learn English.'

'I am also Spanish. I work in a private house. I help the lady and look after her children.'

'I am English, madam, but I can Speak Spanish well. I have many Spanish girl-friends, and they are my teachers. At home I have some Spanish books and I study a lot. By the way, are you Spanish?'

'No, I am also English, and like you I am studying Spanish. I like the language a lot. It seems that in London there are many people who are studying Spanish. Today I want to buy some bottles of Spanish wine. Tell me, do you know a good shop?'

'Yes, madam. On the corner there is an excellent shop. There they sell a very good Málaga wine.'

'Thank you very much,' she says to the girl. 'Good-bye.'

'Good-bye, madam.'

Mr. and Mrs. Adams go to the shop.

'¡Qué muchacha tan simpático!' says Mrs. Adams to her husband. And then she translates the sentence, because the latter does not understand Spanish: 'What a nice girl!'

'¡Ya lo creo!' replies Mr. Adams smiling, who after all can say a few words in Spanish.

Exercise No. 72

1 ¡Qué tiempo tan lluvioso!
2 Pase, pase, mojado
3 Déme
4 Ponga
5 A cántaros

6 Venga conmigo
7 Tome
8 Permítame
9 Mientras toman
10 Sigue lloviendo

Exercise No. 73A

1 Póngala	5 Tráigalos	8 Cómprenlos
2 No la abra	6 No lo tomen	9 Invítenle
3 Repítalas	7 Salúdenlos	10 Háganlo
4 No lo deje		

Exercise No. 73B

1 escribo I write escriba Vd. escriban Vds. write
2 leo I read lea Vd. lean Vds. read
3 tengo I have tenga Vd. tengan Vds. have
4 veo I see vea Vd. vean Vds. see
5 pregunto I ask pregunte Vd. pregunten Vds. ask
6 recibo I receive reciba Vd. reciban Vds. receive
7 repito I repeat repita Vd. repitan Vds. repeat
8 voy I go vaya Vd. vayan Vds. go
9 doy I give dé Vd. den Vds. give
10 soy I am sea Vd. sean Vds. be

Exercise No. 74

1 Hace mal tiempo.
2 La criada abre la puerta.
3 Lo pone en el paragüero.
4 Le espera en la sala.
5 Pasan al comedor.
6 Toman té con ron

7 Pone en la mesa dos tazas y platillos, una tetera, un azucarero y unas cucharitas.
8 Sale del comedor.
9 La Sra. Adams sirve al Sr. López.
10 Echa té con ron en las tazas.

Exercise No. 75

1 está lloviendo
2 están charlando y tomando
3 hace calor, hace frío
4 prefiere Vd.
5 Dígame. Oiga Vd. bien

6 Acabamos de hablar
7 Al atravesar; se sube
8 se elevan
9 más alta de España
10 los Pirineos

Exercise No. 76A

1 Estamos estudiándolas
2 Carlos está escribiéndola
3 ¿Estás leyéndolo?
4 La criada está poniéndola
5 Los señores están tomándolo.

6 Juan y yo estamos contándolo.
7 ¿Están comprándolos Vds.?
8 No estoy leyéndolas.
9 ¿Quién está escribiéndolas?
10 Están vendiéndolos.

Exercise No. 76B

1 No estamos esperándola a Vd., señora.
2 No estamos esperándole a Vd., señor.
3 No están mirándolos a Vds., señores.
4 No están mirándolas a Vds., señoras.
5 ¿Quién está buscándome?
6 Yo estoy buscándote, hijita.
7 El Sr. López está enseñándonos a hablar español.

M

Exercise No. 76C

1 Estamos estudiando	7 ¿Está tomando Vd.?
2 Está poniendo	8 Estás hablando
3 Estamos abriendo	9 No estoy escribiendo
4 ¿Está leyendo Vd.?	10 ¿Está trabajando Maria?
5 Está trayendo	11 Está buscando
6 ¿Quién está esperando?	12 Están enseñando

Exercise No. 77

1 Están hablando del clima.
2 Hace buen tiempo.
3 No se pone verde en invierno.
4 Ve el gran panorama de sierras y grandes altiplanicies.
5 Está situado en la Meseta Central.
6 Su altura es de 2.200 pies sobre el nivel del mar.
7 El Pico de Mulhacén es la cima más alta de España.
8 Las montañas determinan en gran parte el clima.
9 Hay dos zonas — la zona seca y la zona húmeda.
10 En Andalucía hace mucho calor.

Exercise No. 78

1 seguimos charlando	6 Nunca, excepto
2 de fuertes contrastes	7 Tenga cuidado con
3 goza de, días sin nubes	8 quedarse, sin
4 verse sorprendido por la lluvia	9 acordarme
5 Vale la pena	10 al hacer, a olvidar

Exercise No. 79

1 nada	6 nadie	11 ningún
2 nada	7 nunca	12 ningún
3 nunca	8 nunca	13 ninguno
4 Tampoco	9 Tampoco	14 ninguna
5 Nadie	10 ni, ni	15 nada

Exercise No. 80

1 En el Levante parece que hace primavera todo el año.
2 No, hace gran frío.
3 Los meteorologistas lo dicen.
4 Llueve mucho en Galicia (en el noroeste).
5 Sí, hace frío en invierno.
6 porque a veces hace fresco por la noche.
7 Porque el sol es muy fuerte.
8 No va a olvidar el impermeable.
9 Van a hablar de los alimentos.
10 Sí, le gusta mucho.

Exercise No. 81

1 Se hace, trozos de pollo	8 la hacen de huevos
2 cocina española	9 lo conozco
3 de muchas indisposiciones turísticas	10 muy nutritivo
4 para acostumbrarme	11 Se puede comer fría
5 Tenga cuidado	12 debe
6 platos conocidos	13 Comemos. No vivimos
7 ensalada líquida	14 a olvidar

Exercise No. 82A

1 Se puede	8 Conoce Vd.
2 Cómo se dice	9 No los conozco
3 se venden	10 Sabe Vd.
4 se ven	11 me voy
5 Se dice	12 Sabemos
6 se habla español	13 se parece
7 Se comen	14 dolor de estómago

Exercise No. 82B

1 (*i*)	4 (*k*)	7 (*b*)	10 (*n*)	13 (*j*)	16 (*o*)
2 (*m*)	5 (*a*)	8 (*e*)	11 (*g*)	14 (*p*)	
3 (*f*)	6 (*c*)	9 (*d*)	12 (*h*)	15 (*l*)	

Exercise No. 83

1 La comen en un restaurante español de Londres.
2 El aceite es la base de la cocina española.
3 Causa muchas indisposiciones turísticas.
4 El gazpacho se llama una ensalada líquida.
5 La tortilla mejicana es el pan de Méjico.
6 La hacen de huevos, patatas, cebollas y aceite.
7 No, se puede comer también fría.
8 Comen un dulce, flan o frutas.
9 Porque el estómago británico no se acostumbra rápidamente a los alimentos de España.
10 Cenan a eso de las diez de la noche.

Exercise No. 84

1 (*b*)	3 (*g*)	5 (*j*)	7 (*i*)	9 (*e*)	11 (*c*)
2 (*a*)	4 (*k*)	6 (*h*)	8 (*l*)	10 (*d*)	12 (*f*)

Exercise No. 85

1 Tengo frío	6 Hace frío
2 Tengo calor	7 Llevo impermeable
3 Hace buen tiempo	8 Llevo abrigo
4 Llueve mucho	9 Hay polvo
5 Hace fresco	10 Todas las estaciones

Exercise No. 86

1 (*d*)	3 (*a*)	5 (*c*)	7 (*e*)	9 (*g*)
2 (*f*)	4 (*b*)	6 (*h*)	8 (*j*)	10 (*i*)

Exercise No. 87

1 La abro	5 Las repito	8 Las aprendemos
2 Los cuento	6 Los dejamos	9 Lo escribimos
3 La como	7 Las tomamos	10 Lo leemos
4 La pongo		

Exercise No. 88

1 lloviendo	5 pensando	8 contando
2 echando	6 trayendo	9 poniendo
3 pidiendo	7 oyendo	10 haciendo
4 leyendo		

Exercise No. 89—Reading Selection

Philip Does Not Like to Study Arithmetic

One day upon returning from school Philip says to his mother:

'I don't like to study arithmetic. It is so difficult. Why do we need so many exercises and problems nowadays. Is it not a fact that we have adding machines?'

Mrs. Adams looks at her son and says: 'You are wrong, my boy. It is not possible to get along without numbers. For example, one must always change money, calculate distances, and . . . and . . .'

The mother stops speaking on seeing that Philip is not paying attention to what she is saying.

'By the way,' continues the mother with a smile, 'doesn't football interest you either, my son?'

'I should say so, mummy.'

'Well if Chelsea has won thirty games and has lost ten, do you know what percentage of the games it has won?'

On hearing this Philip opens his mouth and exclaims:

'You are right, mother. Numbers, arithmetic and mathematics are very important. I think I'm going to study much more.'

Exercise No. 90

1 hacerle	9 artistas y artesanos
2 acerca del pueblo	10 se ocupan
3 Aquí tiene Vd. Continúe	11 Se ocupan
4 Quiénes	12 cestas y artículos de cuero
5 hoy dia	13 Acabo de recibir
6 31 millones de reyes	14 Volveremos a charlar
7 una variedad de productos	15 Que Vd. lo pase bien
8 el producto más importante	

Exercise No. 91B

1 ¿Cuándo vuelven a casa?	6 Acabo de hablar sobre el clima.
2 Vuelven a casa a las diez de la noche.	7 Ella acaba de volver de la joyería.
3 Los alumnos vuelven a escribir los ejercicios.	8 Acaban de comprar aretes de plata.
4 Vuelvo a leer la guía de viajero.	9 ¿Acaba de venir Vd. del cine?
5 Acabamos de recibir un envío de mercancía.	10 Acabamos el trabajo.

Exercise No. 92

1 La Sra. Adams va a hacer algunas preguntas.	6 Son el trigo, el arroz, las naranjas y los limones
2 La primera pregunta es — ¿Quiénes son los españoles?	7 El aceite es el producto más importante.
3 Se llaman los iberos.	8 Se ocupan de las artes populares.
4 España tiene 31 millones de habitantes más o menos.	9 Hacen artículos artísticos de cuero, de cobre, de hojalata, de plata, etc.
5 El sentido típico es el de la independencia, del honor y del orgullo.	10 La Sra. A. acaba de recibir un envío de España.

Exercise No. 93

1 a ver
2 entretanto, las artes populares
3 de uso diario
4 con bordados sencillos
5 falda larga
6 una camisa blanca
7 es sencillo pero hermoso
8 los colores brillantes, de los gitanos
9 Me gustan
10 de lana o de algodón
11 sirve para proteger
12 Por supuesto, cestas de varios tamaños
13 Tenemos que hablar
14 ¿Le parece bien el martes?
15 Me parece bien.

Exercise No. 94A

1 Visto
2 Me visto
3 visten de
4 Vestimos
5 se visten
6 lleva Vd.
7 Llevo
8 llevan
9 llevan
10 llevamos

Exercise No. 94B

1 Este, ése
2 Estos, ésos
3 Esas, éstas
4 Esta, ésa
5 Aquella, ésta
6 Esta, aquél
7 Esta, aquélla
8 esto, eso
9 Eso
10 Eso

Exercise No. 95

1 La Sra. A. acaba de recibir una caja de mercancía de España.
2 El vestido típico de las regiones les da este aspecto.
3 Los hombres vascos la visten.
4 Están tejidos de lana, de algodón o de seda.
5 Dibujos de pájaros y de animalitos adornan los jarros.
6 Están envueltas en cuero.
7 Sirve para proteger el vidrio.
8 Viene de Talavera y de Manises.
9 Sabe muy poco de las fiestas.
10 Dice — Que Vd. lo pase bien.

Exercise No. 96

1 en un pueblo u otro
2 se celebran
3 Por supuesto
4 Se cantan villancicos
5 también una fiesta mundana
6 Vd. quiere decir
7 se asan
8 del gran sorteo
9 doce días después
10 en el Día del Trabajo
11 va de jira
12 Qué lástima
13 ¡Es un deporte magnífico!
14 hacerme torero

Exercise No. 97A

1 primer
2 tercer
3 buen
4 buen
5 gran, grande
6 tercera
7 mal
8 primero
9 buenos
10 algún

Exercise No. 97B

1 Cantan	5 Estoy preparando	8 trata de
2 Celebramos	6 Usa Vd.	9 cogen
3 Visitan	7 contiene	10 llevan (traen)
4 escogen		

Exercise No. 98

1 Se titula — Los días de fiesta.
2 Se celebran con procesiones, ferias, juegos y fuegos artificiales.
3 La corrida de toros es el elemento casi esencial.
4 Celebra el nacimiento de Jesucristo.
5 Se come el pavo tradicional.
6 En la Nochebuena se asan castañas y patatas.
7 Representa la escena de Belén.
8 El gran sorteo se hace en diciembre.
9 Los reciben el Día de Reyes.
10 Se celebra la Fiesta del Trabajo.
11 Las fiestas de Sevilla son las más importantes.
12 Se puede ver el Encierro.

Exercise No. 99

1 Estoy leyendo	9 que es muy imponente
2 Viajaré	10 Mientras estoy en la capital
3 Visitaré	11 No deje Vd. de
4 Veré	12 Vd. hallará
5 Pasaré	13 Sin falta
6 Estoy seguro	14 fuera de los grandes centros
7 al Rastro	15 Tengo ganas
8 En los alrededores	

Exercise No. 100A

1 We shall visit Salamanca.	9 I shall not be cold.
2 I shall spend a week there.	10 He will not come here.
3 I shall be glad to see the university	11 We shall leave at 8 o'clock.
4 Who will travel to Spain?	12 I shall play this role.
5 They will not work hard.	13 They will want to eat.
6 Will you study the lesson?	14 She will put it on the table.
7 Will you have coffee?	15 I shall not be able to go there.
8 Philip will not write the letter.	

Exercise No. 100B

1 Compraré una corbata.	7 Saldré a las ocho de la mañana.
2 Costará cien pesetas.	8 Tomaremos la cena a las siete.
3 Iré al campo.	9 Visitaremos a nuestros amigos.
4 Mi hermano irá conmigo.	10 Estudiaremos nuestras lecciones de
5 Volveré a las nueve de la tarde.	español.
6 Veré a mi amigo Guillermo.	

Exercise No. 100C

1 Aprenderé	7 ¿Verá Juan?	13 Vd. pondrá
2 Escribirá	8 ¿Quién visitará?	14 No querrán
3 Irán	9 No viajaré	15 ¿Saldrá Vd.?
4 Comeremos	10 ¿Estudiarán?	16 Tendré
5 Hablará	11 Haré	17 Estarán aquí.
6 ¿Trabajará Vd.?	12 Vendrá	18 ¿Irán Vds.?

Exercise No. 101

1 ¿Se titula — ¿Qué lugares quiere Vd. visitar, Sra. A?
2 La Sra. A. va a salir pronto.
3 Está leyendo guías de viajero.
4 Viajará en avión.
5 Tomará el centro de la ciudad.
6 Se llama el Parque del Retiro.
7 Pasará al menos un día en el museo.
8 Espera comer artículos de interés folklórico.
9 Miguel de Cervantes nació en Alcalá de Henares.
10 El rey Felipe Segundo lo hizo construir.
11 Se llama El Alcázar.
12 Dos pueblos célebres por su cerámica son Talavera y Manises.
13 Verá quizás monumentos árabes.
14 El Sr. López tiene ganas de acompañarla.

Exercise No. 102

1 (*c*)	3 (*a*)	5 (*d*)	7 (*i*)	9 (*f*)	11 (*l*)
2 (*e*)	4 (*g*)	6 (*h*)	8 (*j*)	10 (*b*)	12 (*k*)

Exercise No. 103

1 los pantalones	5 la faja	8 la camisa
2 el sombrero	6 los zapatos	9 el vestido
3 el traje	7 los guantes	10 el abrigo
4 la corbata		

Exercise No. 104

1 (*c*)	2 (*e*)	3 (*b*)	4 (*f*)	5 (*d*)	6 (*a*)

Exercise No. 105

1 El panadero, panadería	6 comprador
2 El platero, platería	7 la boca
3 El zapatero, zapatería	8 los oídos
4 El sastre, sastrería	9 los ojos
5 vendedor	10 la cara, la nariz, los labios

Exercise No. 106—Reading Selection

Mrs. Adams's Birthday

It is March 22, the birthday of Mrs. Adams. Today she is 35 years old. In order to celebrate this day the Adams family is going to dine in a fine Spanish restaurant in London.

When they enter the restaurant they see a beautiful basket full of red roses in the centre of the table reserved for the Adamses. Naturally Mrs. Adams is very surprised and gives her dear husband a thousand thanks and kisses.

After a delicious meal, Annie, the younger daughter, says in a low voice to her brothers and sister: 'Now!' and each one of the four children takes out from under the table a pretty little box. They are gifts for the mother.

Anita gives her a silk handkerchief; Rosie, a cotton blouse; William, a pair of gloves; and Philip, a woollen shawl.

The following week Mr. Adams works out the bill for that day, which is as follows:

Supper	£ 8·70
Tip	·87
Flowers	1·25
Gifts	4·15
Total	£14·97

Exercise No. 107

1 a leerle
2 Me gustará mucho
3 de informarle
4 le he apreciado
5 Tenga la bondad de, más conveniente
6 muy ocupado
7 Por eso, de antemano
8 de verle a Vd.
9 le mostrará a Vd.
10 en entenderme
11 No hay ninguna
12 darle a Vd. mis gracias más sinceras
13 Vd. es muy bondadoso
14 ¿Me hará Vd. el favor de . . .?

Exercise No. 108A

1 Will you give him the oranges?
2 Bring me the shoes.
3 Kindly read us the letter.
4 As soon as possible I shall write her a letter.
5 Will you teach me the new words?
6 We are not able to send you the money.
7 Who will read the story to us?
8 Tell me: What is Mary doing in the kitchen?
9 I shall not like the bullfight.
10 Does that date seem all right to you?
11 It suits me.
12 These things don't matter to me.

Exercise No. 108B

1 le	5 les	9 me	13 Tráiganos
2 nos	6 dígame	10 comprándoles	14 me
3 le	7 les	11 le	15 Nos
4 me	8 les	12 trayéndole	

Exercise No. 109

1 Están sentados en la sala de la Sra. A.
2 Tiene en la mano una copia de la carta a su agente.
3 Va a leerle al Sr. L. la carta.
4 Le gustará mucho oírla al Sr. L.
5 La fecha es — 4 de mayo de 1968.
6 Escribe la carta al Sr. Rufino Carrillo.
7 Usa el saludo — Muy señor mío.
8 La Sra. A. irá de viaje a España.
9 Saldrá de Londres el 31 de mayo.
10 Llegará al aeropuerto de Madrid a la una menos veinte.
11 Permanecerá en la capital dos meses.

12 Hará viajes a lugares de interés en España.
13 Irá a Tenerife, en las Islas Canarias.
14 Ha apreciado los servicios del Sr. Carrillo.
15 Desea conocer personalmente al Sr. Carrillo.

Exercise No. 110

1 una carta en la mano
2 Estoy muy agradecido
3 de informarme
4 Tendré gran placer
5 hablaré
6 Estoy seguro de que
7 felicitarles
8 sin duda alguna, muy simpático
9 Perdóneme, orgulloso
10 por sí misma, muy simpáticos
11 Estoy seguro, podré
12 Lo mejor es
13 Lo peor es
14 Nos
15 unos últimos consejos

Exercise No. 111A

1 Cuánto tiempo
2 Hace seis meses
3 Hace diez años
4 Hace cuarenta y cinco minutos
5 Hace tres días
6 le conozco
7 viven en esta casa
8 están en el cine
9 está en este país
10 estoy aquí

Exercise No. 111B

1 No los pongan Vds. . . .
2 No les escriba Vd. . . .
3 No los traigan . . .
4 No me diga . . .
5 No le mande . . .
6 No me traiga . . .
7 No me dé . . .
8 No me compre . . .
9 No les lean . . .
10 No le venda . . .

Exercise No. 111C

1 Sí, lo visitaré. No, no lo visitaré.
2 Sí, la escribiré. No, no la escribiré.
3 Sí, lo compraré. No, no lo compraré.
4 Sí, los traeré. No, no los traeré.
5 Sí, lo tomaré. No, no lo tomaré.
6 Sí, los pediremos. No, no los pediremos.
7 Sí, la venderemos. No, no la venderemos.
8 Sí, las querremos. No, no las querremos.
9 Sí, los seguiremos. No, no los seguiremos.
10 Sí, las repetiremos. No, no las repetiremos.

Exercise No. 112

1 Acaba de recibir una carta de su agente en España.
2 Estará en la capital durante los meses de junio y julio.
3 Esperará a la Sra. Adams en el aeropuerto.
4 Conversará con ella en español.
5 Está seguro de que la Sra. Adams habla perfectamente el español.
6 Quiere felicitar a la Sra. Adams y a su maestro.
7 El Sr. López está orgulloso de su pueblo.
8 Verá que el Sr. Carrillo es muy simpático, como tantos españoles.
9 Será el martes que viene.
10 Se verán en la oficina de la Sra. Adams.

Exercise No. 113

1 Me alegro de
2 Tengo ganas
3 Por lo menos, darme
4 Eso de la cortesía
5 Quiere decir, es digno
6 Les gusta, acerca de
7 conocerse el uno al otro
8 Como le he dicho

9 Se dice, Espero que sí
10 de ir con prisas
11 Ha leído Vd.
12 En cuanto a mí
13 He gozado
14 despedirnos
15 Se dan la mano

Exercise No. 114A

1 We have had a good trip.
2 The pencils have fallen on the floor.
3 They have said nothing.
4 What has Paul done with the money?
5 No one has opened the doors.

6 We have not read those newspapers.
7 Have you been at the cinema?
8 Has the child been ill?
9 I have never believed that story.
10 What have they said?

Exercise No. 114B

1 He notado
2 Ha dicho
3 No han leído
4 Han sido
5 Hemos estado
6 No he trabajado
7 ¿Ha enseñado Vd.?
8 ¿Quién no ha escrito?

9 ¿Qué han hecho Vds.?
10 Has abierto
11 ¿Qué ha dicho Juan?
12 Ha tomado
13 No he creído
14 Hemos oído
15 ¿Han oído Vds.?

Exercise No. 114C

1 El Sr. García venderá . . .
　El Sr. García ha vendido . . .
2 Trabajaré . . .
　He trabajado . . .
3 Escribiremos . . .
　Hemos escrito . . .
4 Leerán . . .
　Han leído . . .
5 ¿Tomará Vd. . . . ?
　¿Ha tomado Vd. . . . ?

6 Tú no aprenderás . . .
　Tu no has aprendido . . .
7 ¿Buscará el niño . . . ?
　¿Ha buscado el niño . . . ?
8 ¿Comprarán Vds. . . . ?
　¿Han comprado Vds. . . . ?
9 Saldré . . .
　He salido . . .
10 Entrarán . . .
　Han entrado . . .

Exercise No. 115

1 Se encuentran en la oficina de la Sra. A.
2 Hace calor.
3 Se oyen los ruidos de la calle.
4 La Sra. A. se alegra de irse de la ciudad.
5 El Sr. L. tiene ganas de ir a España.
6 Desgraciadamente, no es posible.
7 Sí, es más formal.
8 Quiere decir que cada hombre es digno de respeto.
9 Ha notado que entre los negociantes hay más formalidad en España que en Gran Bretaña.

10 La Sra. A. está cansada de ir con prisas.
11 La Sra. A. ha leído libros sobre España.
12 El Sr. L. los ha recomendado.
13 Pasará el verano en Londres.
14 Pensará a menudo en su maestro.
15 Sí, le escribirá cartas.

Exercise No. 116

1 Hace cinco meses
2 ha obtenido
3 Por supuesto
4 Al fin
5 a acompañarla
6 no es solamente, sino también
7 está lista
8 ha hecho dos maletas
9 suben al coche
10 Se pone en marcha, a eso de
11 de su equipaje, libras
12 tiene que
13 se despide de
14 A las once en punto
15 La Sra. A. está en camino.

Exercise No. 117A

1 We are beginning the lesson.
2 We have begun the exercise
3 I do not remember him.
4 I have remembered her.
5 Are they sitting down?
6 Have they sat down?
7 Are you repeating the words?
8 Have you repeated the words?
9 The maid is setting the table.
10 The maid has not set the table.
11 The table is set.
12 She is serving the coffee.
13 She has served the tea.
14 What fruits do you prefer?
15 What fruits have you preferred?
16 The children are going to bed.
17 They have already gone to bed.
18 Are you asking for information?
19 Have you asked for information?
20 The work is not finished.

Exercise No. 117B

1 abierta
2 cerrada
3 despiertos
4 puesta
5 vendida
6 vestidos
7 sentados
8 escritas
9 terminado
10 hecho

Exercise No. 117C

1 Duermo
2 Está durmiendo
3 Duermen
4 ¿Duerme Vd.?
5 Me despido
6 Se despiden
7 No nos despedimos
8 He dormido
9 ¿Ha dormido Vd.?
10 No hemos dormido
11 Me he despedido
12 No se han despedido
13 ¿Se han despedido Vds.?
14 Duerma Vd.
15 No duerman Vds.

Exercise No. 118

1 Hace cinco meses que la Sra. A. estudia el español.
2 Ha pasado muchas horas en conversación con su profesor.
3 Ha aprendido la gramática necesaria.
4 Ha trabajado mucho.

5 Ahora habla español bastante bien.
6 Ha obtenido los billetes para el vuelo.
7 Ha escrito a su agente.
8 Su agente ha prometido recibirla en el aeropuerto.
9 Están despiertos a las cinco de la mañana.
10 Sale a las diez y media de la mañana.
11 Cada pasajero tiene que mostrar su billete.
12 No. La familia no va a acompañarla.
13 Tienen que terminar el año escolar.
14 El señor tiene que quedarse en casa para negocios.

Exercise No. 119

1 (*f*)	3 (*e*)	5 (*d*)	7 (*g*)	9 (*i*)
2 (*c*)	4 (*a*)	6 (*b*)	8 (*h*)	10 (*j*)

Exercise No. 120

1 Dispénseme
2 Hay que
3 Hace algún tiempo
4 Tienen la intención de
5 A menudo

6 tengo prisa
7 Se quedará en casa
8 Por lo menos
9 En cuanto a mí
10 bastante bien

Exercise No. 121

1 (*d*)	3 (*g*)	5 (*a*)	7 (*b*)	9 (*c*)
2 (*e*)	4 (*f*)	6 (*h*)	8 (*j*)	10 (*i*)

Exercise No. 122

1 Me gusta la carta.
2 A ellos les gusta viajar
3 Nos gustan los aviones
4 ¿Le gustan a Vd. las pinturas?
5 A él no le gustan los tomates.

6 No le gusta a ella esta moda.
7 ¿Les gusta a Vds. bailar?
8 ¿No te gusta jugar?
9 Nos parece bien.
10 No me importa

Exercise No. 123

1 cantado
2 vuelto
3 llegado
4 puesto

5 hecho
6 abierto
7 recibido

8 dicho
9 leído
10 despedido

Exercise No. 124

1 sentadas
2 cubierta
3 abierta
4 cerrados

5 hechos
6 escritas
7 puesta

8 escrito
9 acabado
10 abierto

Exercise No. 125

1 La he comprado	6 Los hemos visto
2 La he abierto	7 Los hemos vendido
3 Lo he oído,	8 Lo hemos completado
4 Lo he obtenido	9 Las hemos escrito
5 Los he ayudado	10 La hemos leído.

Exercise No. 126—Reading Selection

An Extraordinary Programme at the Cinema

This evening Mr. Adams and his wife are going to the cinema. Mr. Adams does not like the majority of Hollywood films, especially those in which the American cowboys fire shots at each other. Neither do the detective pictures interest him.

But this evening an extraordinary programme is being shown in a cinema which is about one kilometre from his house. The film is called: 'A Trip Through Spain.' It is a film about the country which our friend Mrs. Adams is going to visit within a few months and which deals with its history, geography, rivers, mountains, cities, etc., that is to say, a film which ought to interest tourists very much.

The Adamses enter the cinema at 8.30. Almost all the seats are occupied and therefore they have to sit in the third row. Mrs. Adams does not like this, because the movements on the screen hurt her eyes. Fortunately, they are able to change seats after fifteen minutes, and move to the thirteenth row.

The Adamses enjoy this picture very much, and also learn a great deal about the customs of Spain.

On leaving the cinema Mrs. Adams says to her husband:

'Do you know, Charles, I believe that I shall get along very well in Spain. I have understood almost all the words of the actors and actresses in this film.'

Exercise No. 127

1 en la aduana	8 ¿Quién sabe qué más?
2 la sala de espera	9 No tengo prisa
3 de repente	10 Ni yo tampoco
4 Dispénseme	11 da a la plaza
5 Mucho gusto en conocerle.	12 ciento cincuenta pesetas al día
6 El gusto es mío	
7 El Sr. López está muy equivocado	

Exercise No. 128A

1 entré	2 comí	3 salí	4 vi	5 me senté
entraste	comiste	saliste	viste	te sentaste
entró	comió	salió	vio	se sentó
entramos	comimos	salimos	vimos	nos sentamos
entrasteis	comisteis	salisteis	visteis	os sentasteis
entraron	comieron	salieron	vieron	se sentaron

Exercise No. 128B

1 Who forgot the tickets?	6 They looked for the baggage.
2 Yesterday we received the letters.	7 The child fell in front of the house.
3 The man bought a new suit.	8 They left the airport in a taxi.
4 Last night we did not hear the bell.	9 Where did Mrs. A. wait for her friend?
5 Did the train arrive on time?	10 How much did the raincoat cost?

Exercise No. 128C

1 No compré . . .	6 No pasé . . .
2 No volvimos . . .	7 No oímos . . .
3 No escribí . . .	8 No vendí . . .
4 No llegamos . . .	9 No dejamos . . .
5 No salí . . .	10 No trabajamos . . .

Exercise No. 128D

1 salí	9 salimos
2 llegamos	10 paró
3 examinaron	11 no olvidé
4 oyó	12 gritó
5 Vd. respondió	13 creyeron
6 no pregunté	14 vendimos
7 llamó	15 ¿volvieron Vds.?
8 Vds. desearon	16 ¿leyó?

Exercise No. 129

1 Los aduaneros españoles lo revisaron.
2 Un apuesto señor se acercó a ella.
3 Dijo — Dispénseme ¿Es Vd. la Sra. A?
4 Contestó — soy yo.
5 Pasó a una velocidad espantosa.
6 Deseó decir — Por favor, más despacio.
7 Olvidó el español.
8 Vio autobuses, coches, y tranvías.
9 Gritó — ¡No tengo prisa!
10 Le contestó — Ni yo tampoco.
11 Llegaron al hotel sanos y salvos.
12 Buenos días. ¿Tiene Vd. un cuarto con baño?

Exercise No. 130

1 me llamó por teléfono.
2 a tomar la merienda
3 Al día siguiente
4 Me acerqué
5 me invitó a entrar
6 vino a saludarme
7 Está Vd. en su casa
8 Según la costumbre española
9 Me parece
10 muchas casas semejantes
11 Admiré
12 Me presentó
13 hacerse médico
14 Sintió
15 Nos despedimos, a casa

Exercise No. 131A

1 The maid served us the (late) luncheon.
2 Why did you not wish to invite me?
3 Last night we returned late from the theatre.
4 I wanted to telephone you.
5 What did you do after the meal?
6 They said—'We are not in a hurry.'
7 I repeated all the answers.
8 My friend did not come on time, I was sorry.
9 They asked for information at the information office.
10 They wanted to buy return tickets.

Exercise No. 131B

1 Le dije — Pase Vd.
2 Mi hermano hizo un viaje al Perú.
3 Vine a casa a las siete.
4 Vistieron de falda de algodón.
5 Quiso hacerse médico.

6 Sirvió una taza de chocolate.
7 Pidió información.
8 Quisimos ver la nueva película.
9 El año pasado hicimos un viaje a España.
10 Dijimos — Hasta la vista.

Exercise No. 131C

1 quise
2 no dije
3 hizo
4 vinieron
5 sirvió

6 quisieron
7 repetí
8 hicimos
9 dijeron
10 hicieron

11 ¿Qué dijo?
12 ¿Que dijeron Vds.?
13 no quisimos
14 no vine
15 sintieron

Exercise No. 132

1 El Sr. Carrillo la llamó por teléfono.
2 Llegó a su casa a las cinco de la tarde.
3 Una criada le abrió la puerta.
4 El Sr. Carrillo vino a saludarla.
5 El patio lleno de árboles y flores le encantó.
6 Admiró la fuente de piedra en el centro del patio.
7 Los dos hijos del Sr. Carrillo son serios e inteligentes.
8 Asisten a un instituto de enseñanza media.
9 Quiere hacerse médico
10 Tuvieron que volver a su cuarto.
11 Hablaron de la vida en España, de las costumbres y del arte.
12 Sí, vale la pena de ir allá.
13 La Sra. Adams quiso ir allá.
14 La Sra. Adams y el Sr. Carrillo se despidieron.
15 Volvió a su hotel.

Exercise No. 133

1 ¡Qué hermosa!
2 el centro comercial
3 gastar todo mi dinero
4 Tuve que pensar
5 a través de la historia

6 Ayer
7 cierra
8 está delante del museo.
9 un rato
10 me dormí

Exercise No. 134A

1 At Christmas I gave gifts to all the children.
2 I did not have the opportunity to know you personally.
3 We were not able to pay the whole bill.
4 This house was constructed in the 16th century.
5 On Sunday we took a walk in the Retiro Park.

6 1 was able to converse with him in his beautiful language.
7 He had no difficulty in understanding me.
8 She did not wish to rest much.
9 Mrs. A's family could not accompany her.
10 I put my new hat on my head.

Exercise No. 134B

1 Tuve que estudiar ...	6 Fuimos al ...
2 La Sra. A. estuvo ...	7 Vinieron ...
3 Los árboles se pusieron ...	8 No dije nada.
4 Ella dio ...	9 Vds. no hicieron nada.
5 Fui un estudiante ...	10 Quisieron Vds. ...?

Exercise No. 134C

1 tuve	5 puso	8 fui
2 Vd. pudo	6 quisimos	9 Vds. estuvieron
3 fueron	7 dieron	10 nos encontramos
4 dijo		

Exercise No. 135

1 Se titula 'Un paseo por Madrid'.
2 Algunos son del estilo tradicional español, algunos de estilo moderno, y otros una combinación de los dos estilos.
3 Hay tiendas y almacenes elegantes.
4 Se halla en la Plaza de España.
5 Fue a pasearse el domingo.
6 Se junta con la Calle de Alcalá.
7 Los domingos cierra a las dos.
8 Es del siglo 18.
9 Es de Velázquez.
10 Comprendió el orgullo de los españoles en el pasado de su nación.
11 Se sentó en el Parque del Retiro.
12 Sí, es muy interesante.

Exercise No. 136

1 La semana pasada	9 flores, cestas y ropa
2 Vi, que	10 Entre los puestos
3 lleno de gente	11 a divertirse
4 del campo	12 la conversación de las mujeres
5 perderse	13 sobre la vida del campo
6 por una calle de puestos	14 recordaba
7 Vi, de siete u ocho años	15 un día muy divertido
8 Como los demás vendedores	

Exercise No. 137A

1 It was raining buckets when we took leave of the young men.
2 I was thinking of you when I was riding in a car through the streets of Madrid.
3 The tourists and vendors were bargaining and all seemed to be enjoying themselves greatly.
4 I was approaching the door when I met Mr. Carrillo's sons.
5 While we were speaking about the folk arts, Mrs. Carrillo was reading a newspaper.
6 It was very hot when we returned to Seville.
7 When the car was starting, a policeman approached.
8 The aeroplanes were coming and going at all hours.

9 We were tired but we did not want to rest.
10 It was already 4.30 p.m. and we were in a hurry.

Exercise No. 137B

1 yo comía	4 Vds. se despedían	7 bajaba
2 estudiábamos	5 se paseaban	8 hablábamos
3 estaba	6 gritaban	9 iban
		10 pasábamos

Exercise No. 137C

1 caminaba	7 corrían	12 llamaban
2 iba	8 Vd. perdió	13 Vds. no entraron
3 dijo	9 vivieron	14 ¿estaba Vd.?
4 jugaban	10 leyó	15 eramos
5 cantaron	11 empezó	16 oyeron
6 veíamos		

Exercise No. 138

1 Pasaba por las aldeas.
2 Lavaban ropa.
3 Trabajaban en los campos
4 Era viernes.
5 Venía del campo.
6 Sí, había gente de la ciudad.
7 Porque sabía pedir información en español.
8 Vio a un muchacho de siete u ocho años.
9 Parecía un viejecito.
10 Llevaba un sombrero de ala ancha.
11 Arreglaba su mercancía.
12 Veía el sentido estético de muchos de los vendedores.
13 Una mujer estaba sentada en la acera.
14 Delante de ella había unas pocas cebollas y pimientos.
15 Mientras iba a casa recordaba sus conversaciones con el Sr. L.

Exercise No. 139

1 antes de mi salida, No tenga prisa
2 No he olvidado
3 no descanso
4 tanto que descubrir
5 ayer, al mediodía
6 se venden
7 No pude
8 Nunca me canso de
9 volví a visitar
10 Me gustan mucho, pintores

Exercise No. 140A

1 mío	5 mías, suyas	8 suya
2 suyos	6 míos, suyos	9 suyos
3 mía, suya	7 mías, suyas	10 nuestros
4 mías, suyas		

Exercise No. 140B

1 Salía ...	I was leaving ...
Salí ...	I left ...
2 Entrábamos ...	We were entering ...
Entramos ...	We entered ...

3 Veíamos . . .	We were seeing . . .
Vimos . . .	We saw . . .
4 Vds. no olvidaban . . .	You were not forgetting . . .
Vds. no olvidaron . . .	You did not forget . . .
5 El conductor me respondía.	The driver was answering me.
El conductor me respondió.	The driver answered me.
6 Ellos no aprendían . . .	They were not learning . . .
Ellos no aprendieron . . .	They did not learn . . .
7 Estaba . . .	I was . . .
Estuve . . .	I was . . .
8 Los jóvenes iban . . .	The young men were going . . .
Los jóvenes fueron . . .	The young men went . . .

Exercise No. 141

1 No ha olvidado los consejos del Sr. L.
2 Hay tanto que ver, tanto que oír, etc.
3 Descansaba en un café.
4 Veía las tiendas.
5 las ha visitado muchas veces.
6 No podía resistir la tentación de volver a visitar las tiendas.
7 Nunca se cansa de mirarlas.
8 Volvió a visitar el Museo de Artes Decorativas.
9 Está a tres manzanas del parque.
10 Le gusta mucho mirarlas.

Exercise No. 142

1 la comida	6 segundario	11 la respuesta
2 la dificultad	7 la ventanilla	12 la llegada
3 hablador	8 el camino	13 fácilmente
4 divertido	9 la pintura	14 el campesino
5 viajar	10 la pregunta	

Exercise No. 143

1 he (she) was able, poder
2 I wanted, querer
3 they put, poner
4 I saw, ver
5 they read, leer
6 you said, decir
7 we had, tener
8 I gave, dar
9 he was (went), ser, ir
10 he (she) asked, pedir
11 You did (made) hacer
12 I came, venir
13 he, she made (did), hacer
14 you (*fam. sing.*) had, tener
15 I found out, saber

Exercise No. 144

1 (*j*)	3 (*b*)	5 (*h*)	7 (*d*)	9 (*c*)
2 (*e*)	4 (*g*)	6 (*i*)	8 (*f*)	10 (*a*)

Exercise No. 145

1 recibí, Yesterday I received a package.
2 quedaré, shall remain at home.
3 fuimos, We did not go to the cinema.
4 hacen, Now they are packing the valises.
5 escuchan, The teacher speaks and the students listen.
6 saldrán, Will you leave the city the day after tomorrow?
7 Vio, Did you see him the day before yesterday?
8 Viajaré, Next year I shall travel in Europe.
9 podemos, We are not able to hear him.
10 llegué, I arrived last week.

Exercise No. 146—Reading Selection 1

A Visit to La Granja

On one occasion Mrs. Adams took the sons of Mr. Carrillo on an excursion to the town of La Granja, which is situated some 3,500 feet above sea level, in the Guadarrama mountain range.

The town is not very far from the capital, and our friend arrived without difficulty. On arriving at the town she had a very bright idea. She proposed a lunch in the open air, near the Royal Palace. The boys accepted the project with enthusiasm.

Mrs. Adams entered a grocer's, bought two tins of sardines with tomato sauce. Then she bought some cakes and some buns in a bakery. Finally she bought some oranges and tomatoes at a fruiterer's.

There remained the problem of cold drinks. Now one of the boys had a bright idea. 'Why not buy some bottles of lemonade? There are always lots of cold-drink sellers.'

'Wonderful idea,' commented Mrs. Adams.

Then they began to explore La Granja. King Philip IV chose this quiet and beautiful site for his summer residence. He had a palace built. It is said that the palace with its gardens resembles Versailles in miniature. There are fountains and an artificial lake. The old glass-factory interested Mrs. Adams as well. After their stroll, they found a very quiet place. Mrs. Adams opened the tins of sardines and prepared some sandwiches which they ate with the tomatoes. For refreshment they had the lemonade they had bought and finally they had as dessert the delicious oranges. It was a wonderful lunch and the boys were enchanted. They will not forget this experience for many years.

Exercise No. 147—Reading Selection 2

In the Rastro

In all the great cities of the world there is a 'flea market'. In Madrid it is called the Rastro. Do you want to buy a frying-pan or a worn suit of lights of a bullfighter? Here in this picturesque market you will find everything. The Rastro is composed of two parts—in one part they sell antiques, in the other, worn secondhand goods. One Sunday morning Mrs. Adams went to the Rastro and spent a few pleasant and amusing hours there. She looked at all the goods. Some drawings from the 18th century and some articles of pottery from the last century interested her most of all. Of course, she bought all she could. She also saw some antique chairs, but she had no money. Moreover, she thought, they were too big and heavy. On her next visit she will buy them without fail.

Exercise No. 148

1 Every town has a plaza.
2 Everybody goes to the plaza for rest, business, recreation—for everything.
3 Big trees grow on some plazas.
4 In others one sees nothing but dry leaves from some poor little tree.
5 Six kinds of shops in the arcades are: stationery shops, pharmacies, haberdashers, jewellery shops, and bookshops.
6 They get together in the cafe to chat or read the newspapers.
7 They drink small glasses of wine.
8 They eat tidbits, little slices of fried fish, prawns, sausage or cheese.
9 One sees an old church in the main plaza and perhaps the hotel of the town.
10 During the siesta hours some people rest on the benches, others sleep.
11 The life of the plaza begins again about 4 o'clock.
12 On Sunday afternoons everybody gets together on the plaza for the 'promenade'.
13 The boys walk in one direction and the girls in the opposite direction.
14 At night one sees some travellers who come from the market.

Exercise No. 149

1 El corazón de cada pueblo	6 de vino tinto o blanco
2 mientras estaba sentado (a)	7 pinchos, pescado frito o chorizo
3 No se ven más	8 una iglesia antigua
4 donde se encuentran	9 Se ven, cansados
5 se reúnen, por la tarde	10 Más tarde, que, demasiado pequeños

Exercise No. 150A

1 Duermo	8 Duerme
2 No estoy durmiendo	9 La niña no está durmiendo
3 ¿Quién duerme?	10 ¿Quiénes duermen?
4 Dormimos	11 duermen
5 ¿Duerme Vd.?	12 está durmiendo
6 Duerma Vd.	
7 No duerman Vds.	

Exercise No. 150B

1 que	3 que	5 que	7 todo lo que	9 de quienes
2 cuyo	4 de que	6 lo que	8 que	10 quien

Exercise No. 151—Test of Reading Comprehension

1 She wanted to take a car trip to the Valley of the Fallen.
2 She invited the sons of Mr. Carrillo to go with her.
3 They met in front of Mrs. A.'s hotel.
4 Mrs. A. had rented a car.
5 They saw nothing but some small houses.
6 They saw the mountains in the distance.
7 They had a puncture.
8 They could not find a jack in the boot.
9 It was noon.
10 A lorry driver stopped, lent them a jack and helped them change the tyre.
11 She thanked him and offered him 100 pesetas.
12 She climbed up slowly, but was nevertheless out of breath.
13 The boys ran up.
14 One can see the whole valley.
15 They felt tired but happy.

Exercise No. 152

1 conmigo en coche	9 De repente
2 los jovenes aceptaron, con alegría	10 ¿Qué pasó?
3 Nos encontramos	11 cambiar la llanta, no había gato
4 Saqué el coche	12 a pesar de, paró
5 Lo había alquilado	13 Nos hace falta un gato
6 charlando y riendo	14 y nos ayudó a cambiar la llanta
7 de vez en cuando	15 Nos dimos la mano y nos
8 No vimos más que	despedimos.

Exercise No. 153A

1 habíamos We had seen the film.
2 había Had you read many books?

3 había   Who had opened the window?
4 habían   The children had not slept during the night.
5 había   I had not believed the story.
6 habíamos   We had flown over the mountains.
7 habían   They had gone to the theatre.
8 Había   Had you had a good trip?
9 habían   You had said nothing.
10 Habías   Had you eaten the sweets, Johnny?

Exercise No. 153B

1 Él había comprado . . .
2 Yo había visto . . .
3 Habíamos comido . . .
4 ¿Habían recibido . . .?
5 ¿Había puesto Vd. . . .?
6 Vds. no habían oído . . .
7 No habías dormido . . .
8 se había sentado . . .
9 Habían tenido . . .
10 No habíamos dicho . . .
11 ¿Qué había pasado?
12 No habían hallado . . .
13 no habían cambiado
14 se había acercado

Exercise No. 154—Test of Reading Comprehension

1 She had never been a gambler.
2 She had noted that everybody was buying lottery tickets.
3 She was thinking of the possibility of winning one of the lesser prizes or perhaps the first prize.
4 She would take trips all over Spain.
5 She would visit her friends in Spain.
6 She would buy art objects for her house.
7 She bought a ticket from the woman vendor on the corner of the Gran Vía.
8 Next day she was reading the winning numbers in the newspaper.
9 She saw a number with three zeros.
10 She thought she had won a prize of 200,000 pesetas.
11 She was taking trips with her whole family through all Spain.
12 Mrs. A. had the number 25,000.
13 The number 26,000 won the prize.
14 ¿Qué importa? What does it matter?
15 From that moment I was a gambler.

Exercise No. 155

1 llegué, todo el mundo
2 en todas las esquinas
3 el premio gordo
4 volver a visitar
5 a toda la familia
6 soñaba yo
7 con tres ceros
8 qué querían decir los tres ceros
9 Los números que ganaron
10 Busqué
11 Al fin, en un bolsillo
12 había, no había

Exercise No. 156A

1 Iríamos . . .
2 Juan vendería . . .
3 No ganarían . . .
4 Vd. encontraría . . .
5 Leería . . .
6 ¿Llevaría Vd. . . .?
We would go . . .
John would sell . . .
They would not win . . .
You would meet . . .
I would read . . .
Would you take . . .?

7 ¿Les gustarían . . .?	Would you like . . .?
8 Saldría . . .	I would leave . . .
9 No podríamos . . .	We would not be able . . .
10 No dirían . . .	They would say nothing . . .

Exercise No. 156B

1 yo aprendería	6 ¿trabajaría Vd.?	11 yo haría
2 él escribiría	7 ¿vería Juan?	12 él vendría
3 irían	8 ¿quién visitaría?	13 no querrían
4 comeríamos	9 yo no viajaría	14 ¿saldría Vd.?
5 ella hablaría	10 ¿estudiarían?	15 Vds. pondrían

Exercise No. 157—Test of Reading Comprehension

1 Do you want to go to a bullfight?
2 They arrived one hour before the beginning of the bullfight.
3 Mr. Carrillo had bought tickets for seats in the shade.
4 The bullfight fans sit in the sun seats.
5 The bullring reminded Mrs. A. of our football stadiums.
6 Mrs. A. heard the shouts of the refreshment vendors and the cries and laughter of the spectators.
7 A procession of men in brilliant costumes passed through the arena.
8 The bull came out.
9 Mrs. A. liked the music; the brilliant costumes, the shouts and the laughter, and the cheerful sunlight.
10 She does not try to describe the bullfight because Mr. L. knows this sport well.
11 She doesn't like it.
12 She pities the poor horses, the poor bull, and often the poor bullfighter.
13 She must confess that she is not and never will be a bullfight fan.
14 She agrees that one may say about football: 'the poor players'.
15 She prefers a more peaceful sport, chess.

Exercise No. 158

1 Estábamos para salir	9 hombres en traje de luces
2 un rato, Pues, posiblemente	10 Se fueron, salió
3 acepté	11 un deporte muy emocionante
4 Faltaba una hora	12 tengo que confesarle
5 había comprado	13 No pienso
6 Al fin, nos sentamos	14 Estoy de acuerdo, ¡pobres
7 estadio de fútbol	jugadores!
8 los gritos y las risas	15 Prefiero

Exercise No. 159B

I. 1 The children bring them to me.	II. 1 Carlos me lo da.
2 The students send them to us.	2 Ana nos los presta.
3 They do not sell them to us.	3 El profesor nos lo dice.
4 I give it to you, sonny.	4 Te la damos, niño.

Exercise No. 159C

I. 1 We say it to you.	II. 1 Juan se lo dice a Vd.
2 We bring it to you (*pl.*)	2 María se la escribe a él.
3 We give them to him.	3 El profesor se los da a Vds.
4 We send them (*f.*) to them.	4 Se las mandamos a ella.

Exercise No. 159D

I. 1 Tell it to me.
  2 Give it to us.
  3 Lend them to me.
  4 Send them to him.

II. 1 Préstemelos.
   2 Mándenoslo.
   3 Dígasela a él.
   4 Déselos a ella.

Exercise No. 160—Test of Reading Comprehension

1 She had read various interesting books about its history and customs.
2 She was able to describe a little of what she had seen and learned.
3 The people interest her most.
4 Four qualities are: affection, generous hospitality, humour, and their philosophy in face of difficulties.
5 She finds life in Spain more tranquil.
6 She got a different impression in the taxi which brought her to her hotel at fearful speed.
7 She preferred to get a better knowledge of Spain.
8 She will take her whole family with her.
9 She is sure there will be no difficulties.
10 She leaves for London on August 1.
11 She will be glad to telephone Mr. L. and invite him to supper as soon as possible.
12 They will spend much of the evening speaking of their beloved Spain.

Exercise No. 161A

1 I shall read . . .
2 I had read . . .
3 I have read . . .
4 We have visited . . .
5 We had visited . . .
6 We shall visit . . .
7 I can describe it.
8 I was able to describe it.
9 I shall be able . . .
10 I like your letter . . .
11 I liked your letter.
12 I shall like your letter.
13 They finish . . .
14 They finished . . .
15 They have finished . . .
16 They have much to tell me.
17 They will have . . .
18 They had . . .
19 We shall return home.
20 We returned . . .

Exercise No. 161B

1 sabe
2 Conocemos, no sabemos
3 no puedo
4 conocer
5 se conocen
6 Sé
7 Vd. conoce, Vd. puede
8 Vd. conoce
9 conocerle
10 no pueden

Exercise No. 161C

1 ¿Ha aprendido Vd. mucho sobre España?
2 Sí, he estado allí y he leído muchos libros.
3 ¿Sabe Vd. hablar español?
4 Sí, lo hablo bastante bien.
5 ¿Recuerda Vd. los lugares de que hemos hablado?
6 Los recuerdo bien.
7 ¿Puede Vd. describirlos en español?
8 Sí, puedo describirlos.
9 ¿Qué le gustó más en España?

10 Me gustó sobre todo el pueblo.
11 ¿Es más tranquila la vida de España que la de Londres?
12 En efecto, es más tranquila.
13 ¿Hay mucho que ver en España?

14 Hay mucho que ver, mucho que oír, mucho que hacer y mucho que aprender.
15 Mi viaje está acabado (terminado).

Exercise No. 162

1 Who will ask for information in the railway station?
2 Paul had already eaten lunch when I saw him.
3 Would you want to take a trip to all the countries of Europe?
4 I know that man, but I do not know where he lives.
5 We were writing our letters when the teacher entered the room.
6 Take these papers and put them on my desk.
7 We have bought the newspapers and we have read them.
8 I was not able to describe to them everything I had seen.
9 I came to Spain and they received me with affection.
10 William was speaking all afternoon while I was saying nothing.
11 I did not like the bullfight and therefore I shall not attend another.
12 The fathers (parents) were working while the children were sleeping.
13 We were in the market when it began to rain.
14 It was 8.30 in the morning and still the children were sleeping.
15 They will not come here because they will not have time.
16 Children, won't you play in the yard?
17 My uncle travelled through all the countries of South America.
18 Mrs. Adams liked spicy foods, but she remembered the advice of her teacher and would not eat them.
19 I wanted the toys but Charles would not give them to me.
20 If I find plates with designs of little animals I shall send them to you.
21 He asked for change of a note of 1,000 pesetas and the cashier gave it to him.
22 You have Mary's hat. Return it to her.

Exercise No. 163

1 es una comerciante de Londres
2 un viaje a España para visitar
3 conocerle mejor
4 aprendió a hablar español
5 había leído muchos libros
6 a su amigo y profesor, el Sr. López
7 los lugares de interés histórico
8 la Sra. Adams encontró la vida de España más tranquila que la de Londres
9 en el taxi que la llevó a su hotel
10 la velocidad espantosa del taxi
11 pronto terminó sus negocios
12 no pudo visitar Tenerife
13 tanto que ver, tanto que oír, tanto que hacer, tanto que aprender.
14 volverá a España
15 o toda la familia
16 la última carta de la Sra. Adams
17 Sin duda, a cenar con su familia

Exercise 164—Reading Selection

Toledo

The city of Toledo is situated 44 miles to the south of Madrid, on the right bank of the river Tagus. It is 1,720 feet above sea level, and has some 41,000 inhabitants. It is a very old city and one of the most famous in Spain. It is not only a city, but also a national monument, so that its architecture and character remain and will remain intact.

In the Middle Ages Christians, Arabs and Jews lived in the city. They lived in peace and all contributed to make of Toledo a centre of culture and of a great variety of arts.

The tourist cannot miss visiting the cathedral. Its construction was begun in 1226 and was finished approximately in 1492, the year of the discovery of America. It is worthwhile also to see the Alcázar.

In about 1575 there came to Toledo an immigrant whose name is known in all the world. He came from Crete and was called Domeniko Theotokopouli, but we know him better under the name El Greco. He lived in Toledo until his death in 1614. We can see his paintings in the great museums of the world and in the city of Toledo itself. Indeed, they say that Toledo is one big museum dedicated to El Greco.

Dear reader, don't fail to visit this very beautiful city.